Damit unser Leben gelingt

Georg Popp (Hrsg.)

Damit unser Leben gelingt

Geistliche Grundhaltungen, die uns einen Weg zeigen

Unter Mitarbeit von
Norbert Baumert, Günter Benker, Roman Bleistein, Richard Brüchsel, Christian Feldmann, Werner-Egon Groß, Anselm Grün, M. Margareta Gruber, Ernst Gutting, Benedikta Hintersberger, Elisabeth Kralemann, Willi Lambert, Johannes Mohr, Michael Plattig, Georg Popp, Bernardin Schellenberger, Esther Schöler, Michael Sievernich, Josef Sudbrack und M. Immolata Wetter

Verlag Friedrich Pustet
Regensburg

Die Deutsche Bibliothek – CIP-Einheitsaufnahme

Damit unser Leben gelingt : Geistliche Grundhaltungen für unseren Alltag / Georg Popp (Hrsg.). Unter Mitarb. von Norbert Baumert ... – Regensburg : Pustet, 1993
ISBN 3-7917-1385-X
NE: Popp, Georg [Hrsg.]; Baumert, Norbert

ISBN 3-7917-1385-X

Umschlagfoto: Fritz Pustet, Regensburg
Umschlaggestaltung: Peter Loeffler, Regensburg
Gesamtherstellung: Friedrich Pustet, Regensburg
Printed in Germany 1993

Inhalt

Was ist ein gelungenes Leben?

Der Materialismus mit seinem Leistungs- und Erfolgsdenken hat ebenso wie das naturwissenschaftliche Weltbild mit seinem Rationalismus unser zu Ende gehendes Jahrhundert entscheidend geprägt. Besitz und Reichtum, Wissen, Anerkennung und hohe Auszeichnungen zählen zu den Belegen eines erfolgreichen Lebens.

Aber ist ein solches »erfolgreiches« Leben auch schon ein gelungenes? Ein Leben, in dem wir tatsächlich Erfüllung und Zufriedenheit, Angenommensein und Liebe gefunden haben?

Die Ratio, die Vernunft, das Beweisbare und das Greifbare stehen heute fast ausnahmslos im Vordergrund. Auch die Kirchen sind davon beeinflußt. Aktivitäten und Organisationstalent, persönliche Leistung und eigenes Können sind gefragt.

Selbst Pfarrgemeinderatssitzungen und Akademie-Vorträge über den Heiligen Geist beginnen und enden heute sehr oft ohne Gebet. Der Mensch, auch der »moderne Christ«, erwartet die Lösung seiner Probleme von menschlicher Tüchtigkeit.

Dabei müßten wir nur an das Gleichnis Jesu vom Weinstock denken, um wieder einmal daran erinnert zu werden, daß uns ohne ihn »nichts gelingt« (Johannes 15,5).

Die kleine, unscheinbare Klosterfrau Therese von Lisieux – die in der Welt »gar nichts geleistet hatte«, aber nach ihrem Tod zur »Patronin der Weltmission« und zur »Patronin der Priester« ernannt wurde – hat es uns in ihrer schlichten Frömmigkeit gesagt und gezeigt: »Ohne Gott ist alles leerer Aktivismus.«

»Ohne mich stolpert ihr«, »ohne mich tappt ihr im Dunkeln«, hat uns Jesus wiederholt erinnert (Johannes 11,10). Und doch versuchen wir weiterhin unser Leben allein zu gestalten, mit eigenem Können für unsere Familien zu sorgen und unsere Gemeinden zu erneuern.

Viele Fehlentscheidungen und Konflikte im Alltag des einzelnen und selbst manche Anordnungen der Kirchenleitung stammen aus dieser Überbetonung des eigenen Ich und seiner Ratio. Auch viele unserer Ängste kommen von unserem »ver-sach-lichten« Denken.

Gerade heute fehlt uns die Weisheit der alten Mönchsväter, die Ausgewogenheit eines Ignatius von Loyola, das rechte Maß eines Benedikt, die Freude eines Franziskus, das Gottvertrauen eines Thomas Morus oder die enge Vertrautheit eines Basilius mit dem Heiligen Geist, dem »Gott in meinem Herzen«, damit wir trotz aller Widrigkeiten und Hindernisse zu einem ausgeglichenen, zufriedenen, segens-reichen – und damit wohlgelungenen Leben finden können.

In diesem Buch geht es in erster Linie nicht um die *Biografien* großer Frauen und Männer. Vielmehr sollen am Beispiel der *Erfahrungen* geist-licher Menschen uns wichtige Grundhaltungen neu bewußt werden, durch die wir zu einer Sichtweise und Lebenseinstellung finden, die allein unserem Leben Sinn, Wert und Erfüllung geben können.

Dabei kommt es nicht auf ein einmaliges Lesen und Kennenlernen an. »Wenn der Mensch mehr mit dem Verstand aufnimmt, als er mit dem Herzen verarbeiten und in die Tat umsetzen kann, wird er krank« (Hildegard von Bingen).

Von Herzen wünsche ich, daß die Botschaft dieses Buches recht bald über Ihre Ratio in Ihr Herz einfließen möge und daß wir alle durch das Beispiel eines Paulus, einer Maria Ward oder eines Franz von Sales zu Menschen werden, deren Leben anderen zum Segen wird.

Ein Leben in »engagierter Gelassenheit«, ein Leben, das alle Widrigkeiten besiegt und trotz vieler Begrenzungen für andere zum Segen werden darf: das wäre für mich – und sicher auch für Sie – ein gelungenes Leben.

Georg Popp

Gottes Kraft in meiner Schwachheit

PAULUS

Norbert Baumert

Es scheint alles klar: Damit unser Leben gelingt, müssen wir uns anstrengen. Wir müssen viel lernen, um »lebenstüchtig« zu werden; und je wertvoller der Inhalt unseres Bemühens ist, um so bedeutsamer ist es für das Gelingen. Darum setzen viele alles auf eine Karte, wie Paulus, der von sich sagt: »In der Treue zum Gesetz Gottes übertraf ich die meisten meiner Altersgenossen« (Galater 1,14). Auch wenn er diesen Ruhm später ablehnt und die selbstgemachte Gerechtigkeit für Schaden ansieht (Philipper 3,7 f), sagt er doch auf der Höhe seiner apostolischen Tätigkeit von sich: »Ich habe mehr gearbeitet als die anderen Apostel« (1 Korinther 15,10). Er hat es in der Tat zu etwas gebracht, denn kein Autor hat so viel Anteil am Neuen Testament wie er, der »Lehrer der Völker«.

Leistungsfrömmigkeit?

Und doch steckt darin ein Problem! Woher weiß man, was hier und jetzt vor Gott recht ist? Hat nicht Paulus erst lange Zeit auf die falsche Karte gesetzt? Und woher nahm er die Kraft, woher nehme ich die Kraft für die täglichen Überforderungen? Forderungen, die von außen an mich herangetragen werden: im Beruf, von Freunden, von der Gesellschaft, in der Politik; und Forderungen von innen: Ideale und sittliche Normen, unter denen ich stehe, Ziele, die ich mir selbst gesetzt habe, ehrgeizige Pläne, die Wünsche meines Herzens und die Triebe meines Leibes – wie kann ich ihnen »gerecht« werden oder sie gegebenenfalls »beherrschen«?
Dieses Leben zu meistern ist wirklich ein Problem! Nur wenige scheinen die Kraft dazu zu haben. Manche versuchen es, indem sie andere übertrumpfen wollen. Ist nicht gerade Paulus für die Ruhmreden auf seine eigenen Leistungen bekannt?

Doch genau dies, der religiöse Ehrgeiz, ist der Punkt, an dem Paulus von Gott eingeholt wird. Vor Damaskus begegnet er einem Gott, der ganz anders ist; nicht einer, der ihn mit sittlichen Forderungen zu Höchstleistungen treibt; nicht einer, der Bedingungen stellt oder den Menschen verfolgt, sondern ein Gott, der sich selbst als der Verfolgte zu erkennen gibt: »Paulus, warum verfolgst du mich?«

Gibt es das, daß wir ihn verfolgen, ihm weh tun? Vielleicht weil wir gerade dann, wenn wir besonders eifrig in seinem Dienst sind, sein großzügiges Angebot mißachten und aus eigenen Kräften ›gut‹ sein wollen; vielleicht weil wir ihn mit eigenen Plänen programmieren oder vor unseren Wagen spannen möchten; weil wir mit all unserer Frömmigkeit uns selbst bestätigen und nicht seine Ehre suchen; letztlich, weil wir nicht begreifen, daß Gott eine Beziehung sucht, eine Begegnung von Du zu Du, von Person zu Person, von Herz zu Herz, eine Beziehung, in der jeder ganz das ist, was er ist: in der ich ganz Mensch bin und in der Gott Gott ist.

Warum ist das so wichtig? Manchen erscheint es als unerträglicher Ehrgeiz Gottes, daß er immer den ersten Platz haben und in alles hineinreden will. Aber wenn er es nicht täte, würden wir elend zugrunde gehen, weil er allein der Grund unserer Existenz ist und weil alles andere uns zerstört. Gott *muß* uns zeigen, daß er Gott ist und was es bedeutet, von ihm geschaffene Person zu sein. Nur wenn wir von dieser Wurzel her leben, kann unser Leben gelingen; nur wenn wir auf diesem Fundament bauen, liegen wir richtig. Denn »ein anderes Fundament kann niemand legen als das, das gelegt ist: Jesus Christus« (1 Korinther 3,11).

Geschöpf des liebenden Gottes

Es ist also lebenswichtig, daß wir nicht auf uns selbst bauen, sondern auf ihn allein. Das hat Paulus begriffen – und zwar dort vor Damaskus, wo sein forderndes Gottesbild zusammenbrach und er in Jesus den schenkenden Gott erlebte, den Gott, der sein eigenes Leben für uns hingab, um eine Beziehung des Vertrauens aufzubauen – nicht mehr unter der Forderung des Gesetzes, sondern in der ungeschützten Freiheit der Liebe. »Trauen« nennt Paulus dieses gegenseitige Verhältnis, das mit dem Vertrauensvorschuß Gottes beginnt und das auf unser Zutrauen, unseren »Glauben« wartet. Dann ist es keine Schande, alles von Gott zu empfangen, sondern ein tiefes Glück, von Gott abhängig zu sein. Endlich bin ich das, was ich bin: ganz und gar Geschöpf des liebenden Gottes. Alles Aufbegehren und Anders-sein-wollen dagegen stört diesen Grundakt menschlichen Lebens.

Getragen von Gott

Dann wird es unbedeutend, ob alles nach meinen Wünschen geht oder nicht, ob ich leistungsfähig bin oder durch irgendeine Behinderung an der vollen Entfaltung meiner Kräfte gehemmt werde. Wohl die wenigsten beachten, daß Paulus unseren Leitgedanken nicht aus einer Resignation heraus geschrieben hat, etwa in dem Sinne: ›Da ich selber so schwach bin, vertröste ich mich mit der Kraft Gottes‹, sondern im Kontext seiner »Entrückung in den dritten Himmel«: »Damit ich mich wegen der Fülle der Offenbarungen nicht überhebe, wurde mir ein Stachel für das Fleisch gegeben, ein Engel Satans, um mich mit Fäusten zu schlagen, damit ich mich nicht überhebe. Betreffs dessen habe ich dreimal den Herrn gebeten, jener möge von mir ablassen. Doch sagte er mir: Es genügt dir meine Zuneigung und Gnade; denn die Kraft wird in Schwachheit vollzogen« (2 Korinther 12,7–9), das heißt: meine Kraft wird in dir wirksam, wo du deine Schwachheit angenommen hast.
Es ist die Eigenart göttlichen Lebens in dieser Welt, daß es nicht im äußeren Triumph, sondern mitten in unserer Schwachheit zum Tragen kommt. Jener »Stachel« ist also nicht eine Versuchung, etwa sexueller Art, sondern eine Last, die Paulus zu tragen hat, vielleicht eine Krankheit, die ihn unter anderem an einem vollen Einsatz hindert (vergleiche Galater 4,13f). Doch Gott hilft ihm nicht dadurch, daß er ihm die Last abnimmt, sondern daß er ihm seine Kraft vermittelt: Seine Zuwendung und Gnade reicht hin, um das zu tragen; denn die Kraft Gottes kommt zum Zuge in menschlicher Schwachheit.

Dies ist das große Thema der Paulusbriefe: Wir halten Gottes »Schatz in irdenen, unscheinbaren Gefäßen«, damit deutlich wird, daß das Übermaß der Kraft, das man an uns wahrnimmt, »von Gott kommt und nicht von uns« (2 Korinther 4,7). Das meint Paulus, wenn er sich »im Kreuz unseres Herrn Jesus Christus rühmt« (Galater 6,14). Oder denken wir an das franziskanische »sozusagen nichts habend und doch alles besitzend« (2 Korinther 6,10). So hier: Ich finde meinen Frieden nicht darin, daß alle Schwierigkeiten aus dem Weg geräumt sind, sondern darin, daß ich gerade mitten in der Bedrängnis die Kraft eines anderen erfahre. »Sehr gern nun will ich mich noch mehr rühmen in den Schwachheiten, will sie gerne annehmen, damit über mich komme *die Kraft des Christus*. Darum bin ich mit den Schwachheiten zufrieden und ausgesöhnt, mit Beleidigungen, Nöten, Engpässen und Verfolgungen an Christi Stelle; denn wenn ich so schwach bin, gerade dann bin ich stark« (2 Korinther 12,9–10).
Es ist also nicht etwa Freude *über* die Bedrängnisse. Vielmehr kann Paulus sich mit den Bedrängnissen abfinden, sie annehmen und sogar begrüßen, weil er weiß, daß dann Gottes Kraft sich mächtig erweist. Das Verlangen, »in den Schwachheiten noch mehr stolz zu sein«, ist also nicht ein geheimer Freudengewinn aus den Leiden selbst oder eine Art Masochismus, sondern ist die Sehnsucht, daß die Kraft Christi, *den er liebt*, noch stärker in ihm zum Zuge kommt; daher die Bereitschaft, seine eigenen Wünsche und Vorstellungen loszulassen und sie Christus zu übergeben.

Schwachsein mit Christus

Damit fällt das entscheidende Stichwort: Es ist ein Schwachsein »mit Christus«, eine innere Verbundenheit mit dem leidenden Herrn. Nicht die Leiden oder die Freuden sind letztlich das Thema, sondern die Beziehung der Liebe. Weil Paulus ihn so tief erkannt hat, möchte er immer mehr in der Liebe zu ihm wachsen. Wir werden Paulus nie verstehen, wenn wir nicht diese Art der Liebesbeziehung kennen und leben. Sie hat für ihn damit begonnen, daß der Vater »seinen Sohn in mir geoffenbart hat« (Galater 1,16), und sie besteht darin, daß »nicht mehr ich lebe, sondern Christus in mir lebt« (Galater 2,20). Daß dies gerade keine Verdrängung der eigenen Persönlichkeit, nicht ein Auslöschen der Originalität des Menschen, sondern eine Befreiung zur Freiheit ist, kann nur der erfassen, der Christus begegnet ist – weil Christus so ganz anders ist als alle Menschen.

Der einzige Weg, dieses Prinzip geistlichen Lebens zu erfassen, ist darum die Bitte an Gott, uns das Geheimnis seines Sohnes zu erschließen, der »für uns starb und auferweckt wurde«. So betont Paulus in Philipper 3,10: »Christus will ich erkennen, und zwar sowohl die Macht seiner Auferstehung als auch die Teilnahme an seinen Leiden, wobei ich seinem Tod gleichgestaltet werde mit dem Ziel, ob ich irgendwie hingelange in die vollere Auferstehung aus den Toten«, nämlich in jene, die in der lebendigen Begegnung mit Jesus geschieht. Dieser Dreischritt ist der Grundrhythmus christlichen Lebens: ›Leben – Tod – größeres Leben‹ oder ›dem Auferstandenen begegnen – mit ihm sterben – im Auferstehungsleben wachsen‹.

Der Weg zur Auferstehung kann nur das Sterben sein, weil ja nur Tote auferweckt werden können. Doch dies kann täglich geschehen, nach den vielen »kleinen Toden« unseres Alltags. Darum sagt Paulus in 2 Korinther 4,14: »Wir wissen«, das heißt, es ist eine theologische Einsicht in eine innere Gesetzmäßigkeit, »daß Gott, der Jesus von den Toten erweckt hat, auch uns mit ihm zu Leben erwecken muß«, – uns nämlich, die wir zunächst *mit ihm* gestorben sind; denn »mag auch unser äußerer Mensch zerstört werden«, das heißt: mag unser eigenes Gebäude einstürzen, »so wird doch unser innerer Mensch Tag für Tag erneuert«, wird das von Gott geschenkte Leben in uns immer stärker (2 Korinther 4,16). Es ist unmöglich, daß jemand *mit Christus* stirbt, ohne von Gott in dessen Auferstehung hineingenommen zu werden. Diese Erfahrung der »Herrlichkeit Gottes in irdenen, unscheinbaren Gefäßen« (2 Korinther 4,7) ist die Erfahrung der Treue Gottes, der mitten in unserer Schwachheit schon jetzt seine Kraft aufleuchten läßt.

Eigentlich ist es so einfach! Wagen wir es, Tag für Tag *mit Christus* in den »Tod« zu gehen, indem wir unsere Wünsche und Vorstellungen loslassen, dann springen wir in die Arme des Gottes, der von den Toten auferweckt. Aber haben wir das Zutrauen?

Glauben wir, daß wir dann nicht ins Leere springen? Der Augenschein sagt: Es geht alles kaputt! Du verlierst deine Existenz! Aber dann sind wir noch nicht *mit Christus* gesprungen; denn in der Bindung an ihn endet der Weg niemals im Tod, in der Frustration, in der Blamage, im Fiasko. Statt also bei gegenteiliger Erfahrung die Wahrheit der göttlichen Offenbarung anzuzweifeln, sollten wir uns eher fragen, ob wir es wirklich »mit ihm« getan haben, und ob wir wirklich »gestorben« sind, nämlich unsere eigenen Ideen und Maßstäbe losgelassen haben. Wie leicht verliert man ihn in der Bedrängnis wieder aus den Augen und bleibt bei seinen eigenen Kräften stehen.

Von Gott »gelebt werden«

Wir können erst dann kraftvoll handeln, wenn wir die Kraft zuvor von Gott empfangen haben. Diese Einsicht ist der Schlüssel zum Christsein: zuerst ganz von Gott abhängig sein, um dann zu vollem Einsatz fähig zu werden. Es ist also gerade nicht so, als ob die Abhängigkeit von Gott uns lähmen und unsere Freiheit einengen würde, sondern sie macht uns im Gegenteil frei zu vollem Einsatz aller Kräfte, die er schenkt. Das Geheimnis ist nur: aus *seiner* Kraft handeln, nicht aus der eigenen. Darum muß der Eigensinn des Menschen sterben, muß die eigene Ohnmacht und Schwachheit, auch die Sünde, als Ausgangspunkt angenommen werden, weil wir erst dann lernen, was es heißt, Geschöpf zu sein und aus der Erlösung Jesu »neues Geschöpf« zu werden.

Dann wächst im Herzen eine Sehnsucht, von Gott »gelebt zu werden« (vergleiche Galater 2,20), alles nur nach seiner Vorgabe (Epheser 2,10) und im Einklang mit seinem Willen zu denken und zu tun. Es ist eine Liebeseinheit, wie sie unter Menschen nicht möglich ist, die aber erst das volle Menschsein ermöglicht und Kräfte in uns weckt, die weit über unsere Möglichkeiten hinausgehen.

Sie ist das Geheimnis der Heiligen. Dann sind wir aller Hektik entronnen, die uns mit ihren Forderungen in die Enge treibt, sind dem Kollaps geistiger Überanstrengungen entgangen, weil wir unsere Resourcen im Geiste Gottes haben oder »unsere Orientierung und unser Lebenswandel im Himmel ist«, wie Paulus sagt (Philipper 3,20).

Wenn unser ganzes Wesen, mit Leib und Seele, durchlässig geworden ist, durch und durch vom Geist Gottes durchdrungen, dann spüren wir gelegentlich eine Transparenz, die uns verstehen läßt, warum Paulus dies ›Auferstehung‹ nennt. Dann hat die Kraft Gottes unsere Schwachheit verwandelt, nachdem wir unsere eigene Ohnmacht angenommen haben. Der entscheidende Punkt ist, daß wir so lange vor Gott still halten, bis seine Kraft in uns einströmt, in Form von Demut, Bereitschaft, Klarheit, Einsicht, Zuversicht oder »Friede und Freude im Heiligen Geist« (Römer 14,17).

Lebensgesetz im Leib Christi

Paulus überträgt dieses Prinzip auch auf eine Gemeindesituation: in 2 Korinther 13 droht er den Widerspenstigen, daß er bei seiner Ankunft »sie nicht schonen« werde. »Sucht ihr doch einen Aufweis dafür, daß Christus in mir spricht. Er ist euch gegenüber nicht schwach, sondern ist stark unter euch. Denn er wurde gekreuzigt in Schwachheit, lebt aber aus Gottes Kraft.«
Das heißt: Ihr habt seinen Geist, habt sein Leben als Stärke erfahren; aber es ist ein Leben, das aus dem Tod erstanden ist. »Und auch wir«, fährt der Apostel fort, »sind ja schwach in ihm«, sind euch gegenüber schwach, insofern wir das Leiden Christi an unserem Leib tragen und euch in großer Milde begegnet sind. Aber wir können auch energisch werden, wenn es nötig ist: »Wir werden euch gegenüber *leben* mit ihm aus Gottes Kraft.« Zwar bitte ich Gott darum, daß ihr das Gute tut und ich nicht energisch werden muß – auch wenn es dann so aussehen könnte, als hätte ich mich umsonst aufgeregt. Diese »Blamage« würde ich gern einstecken, wenn ihr euch als »Bewährte« zeigt. Dann bin ich zwar wieder in einer anderen Weise der Schwache, insofern ich eben nicht »den starken Mann spielen« muß; aber »wir freuen uns, wenn wir schwach sind, ihr aber stark seid«.
Hier wird das Verhältnis von Schwachheit und Stärke auf verschiedene Menschen aufgeteilt. Wie Paulus in sich erfahren hat, daß das Sterben mit Christus neues Leben bringt, so gibt es auch im Leib Christi ein Füreinander-Sterben, das den anderen zum Leben und zur Stärkung gereicht.

Man muß sich schon tief hineinfühlen in diesen Apostel, um durch seine Wortspiele hindurch die Konturen seiner Gesinnung zu erfassen. Er lebt ganz im Pascha-Geheimnis Christi: Durch Tod zur Auferstehung, durch Annehmen unserer Ohnmacht zum Aufscheinen von Gottes Leben in uns, den Schwestern und Brüdern.

Nur in der Schwachheit?

Vielleicht fragt mancher nun verwundert: Aber kann denn die Kraft Gottes nur in meiner Schwachheit wirksam werden? Wirkt sie nicht auch in meiner Freude, in meinen gelungenen Arbeiten und allen kreativen Kräften, die Gott mir gegeben hat? Nun, wir haben ja eben gesehen, daß dann, wenn ich dem Heiligen Geist die Führung überlasse, tatsächlich nach und nach alle positiven Kräfte in mir geweckt werden. Es sind dann Kräfte, die bereits aus der Annahme meiner Schwachheit erwachsen sind. Durch Danksagung machen wir uns bewußt, daß das Gute in unserem Leben nicht von uns kommt, sondern Geschenk Gottes ist. So wird alles, was wir als Wert empfinden, rückgebunden an Gott und ist insofern schon durch den ›Tod‹ hindurchgegangen. »Ihr möget essen oder trinken oder sonst etwas tun, tut alles so, daß Gottes Herrlichkeit darin aufscheint« (1 Korinther 10,31).

Aber auch da, wo mir etwas nicht gelingt, will Gottes Herrlichkeit aufstrahlen, wenn ich die Enttäuschung in seine Hand lege. Wenn ich es immer wieder übe, lerne ich darin zugleich, bei Erfolgen nicht leichtfertig oder oberflächlich zu sein oder mich gar »zu überheben«. Darum kann Paulus sich »in den Schwachheiten rühmen« (2 Korinther 12,9) und zugleich bekennen: »Ich habe mehr gearbeitet als sie alle – freilich nicht ich, sondern die Gnade Gottes mit mir« (1 Korinther 15,10).

Beides faßt Paulus in die Worte zusammen: »Ich habe gelernt, in den Umständen, in denen ich lebe, zufrieden zu sein. Ich verstehe es, gedemütigt zu werden und überlegen zu sein; in alles und jedes bin ich eingeweiht, sowohl satt zu sein als auch hungrig, Überfluß zu haben und Mangel zu leiden. Immer bin ich stark in dem, der mich stärkt« (Philipper 4,11 ff). »Ob wir also leben oder sterben«, ob wir die Güter dieser Welt genießen oder auf sie verzichten, »wir sind des Herrn« (Römer 14,8). Denn »für mich bedeutet Leben Christus und Sterben Gewinn« (Philipper 1,21). Gewinn – weil Sterben das Tor ist, durch das ich eintrete in die Fülle Gottes, in die Vollkraft Seines Geistes.

Literatur

N. Baumert, Gaben des Geistes Jesu, Graz 1986 (S. 63–124: Die Christuserfahrung des Apostels Paulus)

E. Biser, Der Zeuge. Eine Paulus-Befragung, Graz 1981

W. Trilling, Mit Paulus im Gespräch. Die Lebenswelt des großen Völkerapostels – eine Hinführung, Graz 1983

In Armut vor Gott

JOHANNES XXIII.

(1881–1963)

Christian Feldmann

Als der nicht besonders fotogene Patriarch von Venedig, der 77jährige Kardinal Roncalli, eine untersetzte Gestalt mit einem gutmütigen Bauerngesicht, 1958 zum Papst gewählt wurde, waren die Leute zunächst skeptisch: Ein so alter Mann auf dem Thron Petri, was sollte daraus schon werden. Bald fiel das geringschätzige Wort vom »papa di passagio«, vom »Übergangspapst«. Ein solcher Papst war Johannes XXIII. tatsächlich – aber auf eine überraschende Weise. Johannes führte die katholische Kirche in ein neues Zeitalter. In den nur viereinhalb Jahren seiner Regierungszeit gewann sie ein menschlicheres, einladendes Gesicht, öffnete sie ihre Tore weit für die Fragen und Nöte der Menschen.

Jahrhundertelang war diese Kirche wie ein starrer Felsblock erschienen, unbeweglich, in sich ruhend, abgekapselt in einer Mischung aus Selbstzufriedenheit und Angst. Der Roncalli-Papst hatte eine ganz andere Lebenseinstellung: »Die Welt bewegt sich«, hielt er einmal fest. »Es ist notwendig, mit jugendlichem und vertrauensvollem Herzen den richtigen Zugang zu ihr zu finden und nicht die Zeit mit Gegenüberstellungen zu verschwenden. Ich ziehe es vor, mit dem, der geht, Schritt zu halten, statt mich abzusondern und es zuzulassen, daß man an mir vorbeigeht.«

Woher nahm der alte Mann diesen Elan? Woher bezog er die Kraft, sich ohne Mißtrauen und Reserve zu öffnen, woher die Gelassenheit, sich auf einen Dialog einzulassen mit Weltanschauungen, die ein Christ bis zu diesem Zeitpunkt zu fürchten hatte wie der Teufel das Weihwasser? Was machte diesen alten Mann so mitreißend lebendig, so beweglich?

Vielleicht steckt das Geheimnis seiner Persönlichkeit in einem einzigen schlichten Satz: »Wer glaubt, zittert nicht«, hat er gesagt. Ein Programm aus vier Worten. Wer glaubt, hat keinen Schutzpanzer nötig. Wer glaubt, kann gelassen, offen und herzlich auf Andersdenkende zugehen. Wer aber so glauben kann wie der gute Papst Johannes, der ist zuvor ganz arm geworden – frei von allen menschlichen Sicherheiten, vom Zwang zum Erfolg, von Leistungsdruck und Geltungsbedürfnis, arm vor Gott und allein auf ihn angewiesen.

Es ist eine Armut, die frei macht – wie es die schönste der zahllosen Papst-Johannes-Anekdoten verrät: die von dem Schutzengel, der ihm in sorgengeplagten, schlaflosen Nächten zuflüstert: »Angelo, nimm dich nicht so wichtig!«

So leicht scheint ihm das gar nicht gefallen zu sein. Schon der 16jährige Angelo Roncalli bezichtigt sich in seinem Tagebuch, »alles besser wissen und entscheiden zu wollen«, nutzloses Zeug zu reden und überhaupt den Mund viel zu wenig halten zu können: »Ich halte mich für einen Seraph, statt dessen bin ich nur ein kleiner Luzifer voller Hochmut ...« Vier Jahre später nimmt er sich verzweifelt vor, das »Ich« und das »Mich« wie böse Schlangen zu fliehen und sich vor »großspurigen Reden« zu hüten. Und kurz vor seiner Wahl zum Papst ermahnt sich der 76jährige selbst, nicht so unbedacht Predigtverpflichtungen zu übernehmen: »Ich muß alles immer erst aufschreiben, das fällt mir schwer, dazu kommt die Beschämung, die ich über mein geringes Wissen empfinde. Der Herr möge mir helfen und mir verzeihen.«

Johannes der Gute ist keineswegs als vollkommener Mensch geboren worden. Er hatte sich so gewünscht, einfacher Landpfarrer zu werden oder Professor für Kirchengeschichte, die ihn brennend interessierte. Statt dessen durfte er nur ein paar Monate an der Lateran-Universität lehren, dann fiel er mit seinen unvorsichtigen Äußerungen, etwa zum Thema Mischehe, unliebsam auf und wurde von den römischen Behörden auf entlegene diplomatische Posten verbannt. Er litt bitter unter den Zurückweisungen, er hatte mit den eigenen unerfüllten Sehnsüchten zu kämpfen und mit der Demütigung durch verständnislose Vorgesetzte.

Aber er betrachtete den Kampf als Schule. Arm vor Gott, bemühte er sich um realistische Selbsteinschätzung und innere Ruhe. Als dem Seminaristen Angelo irgendwelche Fehlleistungen vorgeworfen wurden, die weit übertrieben waren, vertraute er dem Tagebuch seine Tränen an, aber auch seine Entschlossenheit, »den Dingen ihren Lauf zu lassen«. Die ungerechte Behandlung habe ihn doch immerhin zum Nachdenken gebracht. »Vorläufig wollen wir annehmen, daß alles wahr ist, und lassen es auf sich beruhen. Wir wollen uns nicht weiter mit dem befassen, der alles berichtet hat, sondern für ihn beten, denn er war vielleicht ein Werkzeug in den Händen Gottes, um mich auf den rechten Weg zu lenken.«

In dieser frühen Notiz kündigt sich bereits jene mühsam errungene innere Größe an, die nach außen so einfach wirkte und dem alt gewordenen Priester, Bischof und Papst Roncalli die Herzen zufliegen ließ. Als Päpstlicher Nuntius in Frankreich nahm er sich 1948 in seinen Jahresexerzitien vor, »alles auf das Wesentliche zu beschränken – Grundsätze, Ziele, Stellung, Geschäfte –, um ein Höchstmaß an Schlichtheit und innerer Ruhe zu erreichen; achtsam meinen Weinstock von allem zu beschneiden, was nur unnützes Laubwerk und wilde Schößlinge sind, und geradewegs auf das zuzugehen, was Wahrheit, Gerechtigkeit und Barmherzigkeit ist, ja, Barmherzigkeit vor allem. Jede andere Handlungsweise ist nichts als Pose und Verlangen, sich selbst zur Geltung zu bringen, und das verrät sich bald selber und wird hemmend und lächerlich.«

In seinen heute unter dem Titel »Geistliches Tagebuch« vorliegenden Aufzeichnungen findet sich auch die entwaffnend schlichte Begründung für soviel Demut und Zurücknahme der eigenen Ansprüche: Die Schönheit der Erde habe es schon lange vor ihm gegeben, notiert der 18jährige Seminarist, die Sterne, die Berge, die Meere, die Menschen. »Alles erfüllte sich ohne mich ... Gott hat mich geschaffen, obgleich er mich nicht braucht und obgleich die Ordnung des Weltalls, die ganze Welt um mich, auch ohne mich bestehen würde. Wieso also glaube ich für diese Welt so notwendig zu sein? Was bin ich denn anderes als eine Ameise, ein Sandkörnchen? Warum also mache ich mich so groß vor mir selbst?«

Das Bewußtsein, daß sich die Welt auch ohne ihn weiterdrehen wird, der Blick auf den obdachlosen Erlöser in der elenden Krippe, der Respekt vor bescheiden auftretenden Christenmenschen, die er kennenlernt und deren verborgene Größe er neidlos anerkennt, all das macht ihn fähig, die bittere Armut, aus der er kommt, zu bewältigen. Zeitlebens hat er sich seiner einfachen Herkunft nicht geschämt. In einem schlichten, aber solide gebauten Bauernhaus des lombardischen Dörfchens Sotto il Monte kam er am 25. Novem-

ber 1881 zur Welt. Die Roncallis – eine Großfamilie von 34 Leuten – besaßen vier Hektar Land und vier Kühe. Der Boden war hart und steinig, zu essen gab es Suppe und Polenta; Kuchen und eine Flasche Wein nur zu Weihnachten.
In die Schule marschierte der kleine Angelo täglich sechs Kilometer hin und sechs Kilometer zurück durch die Berge – barfuß, um die kostbaren Lederschuhe zu schonen. Angelo ging gern in die Schule, zur Verwunderung mancher Kameraden und auch seines Bruders Zaverio; der fand den Weg ins Schulzimmer nur, wenn es regnete. »Daher ist es wohl auch gekommen«, befand Zaverio, »daß er Papst wurde und ich ein Analphabet geblieben bin.«
Der Bauernsohn, der stets bedürfnislos lebte und als Diplomat des Vatikans so nebenher für seine unverheirateten Schwestern, ein paar mittellose Seminaristen und ein Waisenhaus sorgte, hat seine Wurzeln nie vergessen. Als er Nuntius in Paris war, so erzählte er seinem Bruder Zaverio, fiel ihm bei einem Empfang im feudalen Élysée-Palast plötzlich seine Mutter ein: »Es war gerade so, als könnte ich sie sehen, wie sie aus irgendeiner Ecke hervorkommt und in aller Einfachheit sagt: ›Madonna! Wo in aller Welt ist mein Angelo denn da hingeraten?‹«
Seine Mutter! Sie wollte ihren Jungen nicht ganz ohne Geld auf die Reise ins Priesterseminar nach Bergamo schicken. Einen ganzen Tag lang lief sie von einem Nachbarn zum andern und brachte zwei Lire, ungefähr 50 Pfennig nach damaliger Währung, zusammen. Eine lächerliche Summe, die sie Angelo weinend auf den Tisch legte.
Der Roncalli-Papst hat seine Herkunft weder versteckt noch verdrängt, er war stolz darauf: »Hervorgegangen aus der Armut und den kleinen Verhältnissen von Sotto il Monte«, so steht es im Tagebuch, »habe ich versucht, mich niemals davon loszulösen.« Und ganz am Schluß, im »Geistlichen Testament«: »Arm, aber als Kind ehrenwerter und bescheidener Leute geboren, bin ich besonders froh, arm zu sterben ...«
Als er zum päpstlichen Gesandten und Erzbischof in Bulgarien berufen worden war, hat er seinen Eltern von Sofia aus einen wunderschönen Brief geschrieben; in ihm heißt es: »Seit ich mit etwa zehn Jahren das Elternhaus verließ, habe ich viele Bücher gelesen und viele Dinge gelernt, die Ihr mich nicht hättet lehren

können. Aber die paar Dinge, die ich bei Euch gelernt habe, sind am kostbarsten und wichtigsten: Sie geben all dem anderen Halt und Wärme, was ich in vielen, vielen Jahren des Studiums und der Lehrtätigkeit gelernt habe.«

Roncallis Verwurzelung in diesen schlichten Ursprüngen hatte Folgen: In seiner ersten Seelsorgsstelle, als Sekretär des sozial engagierten Bischofs Radini-Tedeschi in Bergamo, hinterließ er prägende Spuren. Roncalli half dem Bischof bei der Einrichtung eines Büros für Auswanderungswillige, einer »Liga der Arbeiterinnen« und einer Hilfsorganisation für Schwangere. Bergamo mit seinen tristen Fabriken galt damals als Zentrum des sozialen Katholizismus in Italien, und Rom verfolgte das Wirken des Bischofs und seines Sekretärs mit mißtrauischer Aufmerksamkeit.

Seine arme, schlichte Grundhaltung bewahrte sich Angelo Roncalli auch auf seinen verschiedenen diplomatischen Posten; 28 Jahre lang vertrat er ja den Vatikan in Bulgarien, der Türkei, Griechenland, Frankreich. Sein Neffe Battista besuchte ihn einmal, als er Nuntius in Paris war, und fragte ihn, wie er in der Welt der Diplomaten aufrichtig und er selbst bleiben könne. Roncallis Antwort war klassisch: »Wenn ich mit ihnen verhandle, denke ich immer an die Einfachheit unserer Felder, unserer Familie.« Die »sogenannte Diplomatie«, so hielt Roncalli wiederum in seinem Tagebuch fest, müsse bei einem Priester ohnehin immer von seelsorglichem Geist erfüllt sein, »anders ist sie bedeutungslos und wendet einen heiligen Auftrag ins Lächerliche«.

Arm vor Gott, sich selbst nie überschätzend und das Herz weit geöffnet für alle Menschengeschwister, vermochte es Papst Johannes schließlich, dem Petrusamt ein ungemein menschliches Gesicht zu geben; einen »als Papst verkleideten Menschen« nannte ihn die Dichterin Marie Luise Kaschnitz in zärtlichem Respekt. In seiner vatikanischen Umgebung wirkte er manchmal wie ein Landpfarrer, der sich verlaufen hat. Unbekümmert und ohne Begleitung spazierte er durch den Kirchenstaat, unterhielt sich zwanglos mit Arbeitern und Gärtnern, schaffte die vorgeschriebenen drei Kniebeugen in den Privataudienzen ab, lud sich Gäste zum Mittagessen ein und verbot dem erschrockenen Chefredakteur des »Osservatore Romano«, die bis dahin gebräuchlichen Ehrentitel des Papstes weiter zu benutzen. »Der erleuchtete Heilige Vater«, »der Er-

wählte mit seinen erhabenen Lippen« – so wollte der nüchterne Angelo Roncalli nicht heißen!
Unangemeldet steckte er den Kopf in die Schreinerwerkstatt des Vatikans, ließ Wein für die Handwerker kommen und freute sich, als sie auf die Gesundheit ihres Chefs tranken. Aber bei freundlichen Gesten ließ er es nicht bewenden. Johannes fragte die Gärtner und Arbeiter nach ihren Gehältern und Familien und fand die vom Vatikan gezahlten Löhne grausam niedrig. Die Gehälter wurden heraufgesetzt, und zwar so, daß die am wenigsten Verdienenden und die Kinderreichen den größten Zuschlag bekamen.
»Alles Firlefanz und Kinkerlitzchen«, seufzte er über die geschraubten Danktelegramme, die von der Apostolischen Kanzlei als Antwort auf die Glückwünsche zu seiner Wahl entworfen worden waren. »Streicht doch diese überflüssigen Schnörkel weg. Seid einfacher, seid herzlicher!«
Roncallis einfache, niemals vorbereitete Ansprachen an den Straßenecken, wenn er die römischen Pfarreien besuchte, seine Visiten in Krankenhäusern und im Gefängnis hatten mehr Wirkung als Grundsatzreden und Enzykliken. Die Welt erlebte ein menschliches, hautnah erfahrbares Petrusamt, ausgefüllt von einer gütigen, frommen Vaterfigur. Am ersten Weihnachtsfest seiner Amtszeit erschien er nach der Christmette unangemeldet im römischen Kinderkrankenhaus »Bambino Gesu«, von den kleinen Patienten begeistert empfangen: »Hallo, Papst, komm her!« Lange blieb er am Bett eines Jungen sitzen, der das Augenlicht verloren hatte. »Wir sind alle manchmal blind, mein Junge«, sagte er zu ihm. »Vielleicht wird dir geschenkt, daß du mehr sehen kannst als die anderen.«
Barmherzigkeit statt Verurteilung – was seinen Umgang mit den Menschen prägte, sollte auch für Lehramt und »Politik« der Kirche gelten. Sicher gebe es »falsche Lehren und gefährliche Meinungen«, sagte er bei der Eröffnung des von ihm verwirklichten Konzils den Ängstlichen in den eigenen Reihen. »Heute dagegen möchte die Braut Christi lieber das Heilmittel der Barmherzigkeit anwenden als die Waffe der Strenge erheben. Sie glaubt, es sei den heutigen Notwendigkeiten angemessener, die Kraft ihrer Lehre ausgiebig zu erklären, als zu verurteilen.«
Im Glauben des Papstes Johannes, das meint zumindest der Theologe Hans Küng, sei das Samenkorn der viel zitierten »Kirche der

Armen« zu suchen: Ihm scheint es bedeutungsvoll, daß in Johannes' Sozialenzyklika »Mater et magistra« zum ersten Mal ausführlich von der Landbevölkerung und den armen Landarbeitern geredet worden sei.

In Roncallis »Geistlichem Testament« steht die Armut im Mittelpunkt. »Arm, aber als Kind ehrbarer und bescheidener Leute geboren«, bekennt der Papst, »bin ich besonders froh, arm zu sterben, nachdem ich das, was mir – übrigens in sehr bescheidenem Maß – im Lauf der Jahre als Priester und Bischof zur Verfügung stand, nach den verschiedenen Umständen und Erfordernissen meines einfachen und bescheidenen Lebens an die Armen und an die heilige Kirche, die mich ernährt hat, verteilt habe. Scheinbarer äußerer Wohlstand verbarg oft schmerzlich empfundene Armut und hinderte mich, mit der Freigebigkeit auszuteilen, wie ich gewollt hätte. Ich danke Gott für diese Gabe der Armut, die ich schon in meiner Jugend gelobt habe: Armut im Geiste, als Priester des Heiligsten Herzens, und wirkliche Armut. Sie hat mir die Kraft gegeben, nie etwas zu erbitten, weder Posten noch Geld, noch Gunsterweise, niemals, weder für mich noch für meine Angehörigen oder meine Freunde. Meiner geliebten Familie – dem Blute nach –, von der ich übrigens keinerlei materiellen Reichtümer erhalten habe, kann ich nichts hinterlassen als einen großen und ganz besonderen Segen.«

Zur Liebe geschaffen

BASILIUS DER GROSSE

(Um 329/31–379)

Georg Popp

Man könnte – menschlich gesehen – neidisch werden, wenn man das Leben, das Umfeld und das Wirken Basilius' des Großen betrachtet. Die Bischöfe Gregor von Nyssa und Petrus von Sebaste waren seine leiblichen Brüder, die Ordensgründerin Makrina seine Schwester, und der große Gregor von Nazianz war bis zu seinem Tod sein bester Freund.
Studieren konnte Basilius an den klassischen Ausbildungsstätten in Cäsarea, Konstantinopel und Athen, wo er Gregor von Nazianz zu Beginn seiner Studienzeit kennenlernte. Ihm war er schon allein deswegen dankbar, weil Gregor ihn von dem damals üblichen obligatorischen Eintritt in eine Studentenverbindung fernhielt. Das Verlangen nach geistlichem Leben und das Studium der Heiligen Schrift waren beiden wichtiger als Versammlungen, Festessen und Trinkgelage.
So entzogen sie sich lieber dem studentischen Treiben, widmeten sich mit besonderem Eifer ihren Studien und gründeten eine erste christliche Studentengemeinde.

Elternhaus und Ausbildung

Geboren um 329/331 in Cäsarea in Kappadokien (östliches Kleinasien), wuchs Basilius in einem reichen, aristokratischen Elternhaus auf. Seine Mutter war eine strenge, gottesfürchtige Frau, die ihrem Mann zehn Kinder schenkte.
Der Vater, Lehrer für Rhetorik, sorgte für eine gediegene Ausbildung seiner Söhne. Damit diese sich nicht allzusehr an den vorhandenen Reichtum binden würden, legte er vor allem Wert auf ein philosophisches Studium.

Um 355 kehrt Basilius als junger Professor der Rhetorik aus Athen zurück. Er wird geschildert als »ein mit Bildung schwer beladenes Schiff«. Seine Schwester Makrina durchschaut sehr bald seinen »Wissensdünkel« und »Hochmut« und begeistert ihn für ein größeres Ziel.
Die Einwohner von Cäsarea, die den jungen Professor zunächst als einen »Freund der Welt und des Theaters« kennengelernt hatten, werden nun überrascht von seinem plötzlichen Wandel: Einer ihrer intelligentesten Mitbürger, der an den berühmtesten Universitäten studiert hatte und dem eine brillante Zukunft bevorstand, brach seine Karriere ab, um sich – mit großer Freude und Hingabe – dem geistlichen Leben zu widmen.

Die Heilige Schrift

Richtschnur seines Lebens war schon seit der Begegnung mit Gregor von Nazianz in Athen immer mehr die Heilige Schrift geworden. Das Leben Jesu und die Evangelien waren für ihn das Ideal, dem er nachstreben wollte. Sie allein schienen ihm den Einsatz seines Lebens wert.
Dort, in der Bibel, entdeckte er nicht nur klare Orientierung und feste Grundsätze für sein Leben. Er fand hier auch – besonders im Neuen Testament – Antworten auf viele Fragen seines Alltags. Mehr und mehr halfen ihm die Aussagen der Heiligen Schrift bei der konkreten Gestaltung seines Lebens.
Selbst in seinen »großen« und »kleinen Regeln« für die Mönche – zwei an Geist und Umfang einmaligen Werken – hält er sich stets an die Sätze der Bibel.
Aus der Heiligen Schrift gibt er seinen späteren Mönchen die Antworten für ihre Probleme und die Wegweisung für ihr Leben. Er verweist sie auf die Aussagen der Bibel als »die einzige Regel« und sie dürfen »den Gehorsam gegenüber einer Anordnung des Vorstehers verweigern, wenn er (der Mönch) aus gutem Grund überzeugt ist, daß diese Anordnung der Schrift widerspricht«.

Erst 356 getauft, gründet Basilius bereits zwei Jahre später mit Gregor von Nazianz eine erste Klostergemeinschaft, weil er sich mit dem damaligen Anachoretentum (Einzel-Eremiten) nicht abfinden konnte: »Denn nichts ist unserer Natur so eigentümlich wie dieses, daß wir gesellig miteinander leben, einander bedürfen und unsere Stammesgenossen lieben.«

Für ihn war der Mensch aus Liebe geschaffen, damit dieser selbst wieder Liebe weitergebe. Dies aber schien ihm nur in einem Gemeinschaftsleben, in einer Klostergemeinschaft (Coenobitentum) möglich.

Bestätigt sah er dies in den Evangelien. Jesu »erstes und wichtigstes« Gebot der Gottesliebe und das »ihm ähnliche, gleich wichtige« der Nächstenliebe hatten in seinem Leben absoluten Vorrang vor allem anderen Tun und Denken.

Immer wieder verweist er auf das »neue Gebot« Jesu, »daß ihr einander liebt« (Johannes 13,34). Nicht an großen Wunderzeichen erkenne man die Jünger Jesu, sondern daran, »daß ihr einander Liebe entgegenbringt« (Johannes 13,35).

Die Echtheit eines christlichen Glaubens erwies sich für Basilius vor allem in der ganz konkreten Nächstenliebe. So schreibt er in seiner »großen« Regel auch, »daß die Brüder *in höchstem Maß und mit größtmöglicher Hingabe eine aktive und überfließende Liebe üben*« sollen. Seinen Schülern legt er nahe, allen Brüdern »eine wirkliche und wirksame Liebe« zu erweisen.

»Die Liebe zu Gott erfordert die Auslöschung des eigenen Willens und die Absage an die Welt, die Gottes Gebote verachtet. Die Liebe zum Nächsten schließt jedes selbstsüchtige Anachoretentum oder selbstgenügsame Eigenleben aus. *Was einer besitzt, hat er für die anderen empfangen und muß es für die Gemeinschaft einsetzen ...*

Christ sein kann man nur in der Gemeinschaft und für die Gemeinschaft ...

Gott fordert vom Menschen nicht Zeichen und Wunder, nicht Spitzenleistungen in der Askese – die oft nur zur Befriedigung des eigenen Stolzes und der Selbstsucht vollbracht werden –, sondern die Liebe zum Nächsten.«

Für die anderen empfangen

Basilius weiß sich verantwortlich für die Gaben, die er von Gott geschenkt bekam. Mit ganzer Hingabe und unter großen Mühen widmet er sich der Erneuerung der Kirche und im besonderen der Reform des Mönchtums.
Noch nicht einmal Priester (wird er erst 364), nimmt er bereits 360 – kaum dreißig Jahre alt – an der Synode von Konstantinopel teil. Gemeinsam mit Gregor von Nazianz verfaßt er die »Philokalia«, eine Auswahl aus den Werken des Origenes. Schon vorher gab er die »Moralia« heraus, in der er mehr als 1500 Schriftworte aus dem Neuen Testament als praktische Lebenshilfe zusammengestellt hatte.
Später folgt – lange vor Benedikt – zur Einführung der Gemeinschaftsklöster sein großes Werk »Asketikon«, in dem er 55 »große« und 313 »kleine« Regeln niedergeschrieben hat. Diese haben das Klosterleben der ganzen Kirche geprägt, selbst das der Jesuiten, noch mehr aber das Mönchtum des Ostens.
Darüber hinaus verfaßt Basilius viele Reden und Homilien, schreibt unzählige Briefe zur geistigen Unterweisung und schont sich auch als Erzbischof von Cäsarea (ab 370) nicht.

Stadt der Liebe

So blieb es nicht aus, daß Basilius oft krank war und sich daher nicht nur der Medizin im besonderen widmete, sondern vor allem auch großes Verständnis und Mitgefühl für die Kranken seiner Diözese aufbrachte.
Schon zwei Jahre nach seiner Bischofsernennung wird in Cäsarea der Bau der »Citta della carita«, der Stadt der Liebe, begonnen. Neben den verschiedensten Abteilungen zur Behandlung der Kranken gibt es dort Wohnhäuser für Ärzte und Krankenpfleger, Pilgerhospize und Genesungsheime, Wohnungen für Priester und »ein bescheidenes Haus des Bischofs«. Zeitgenossen bezeichneten den später »Basilias« genannten Stadtteil als ein Weltwunder.

Vertraut mit dem Heiligen Geist

Sein »Heimisch-Sein«, seine besondere Vertrautheit mit dem Heiligen Geist, wird als der große Wesenszug seiner Spiritualität geschildert. Vom Heiligen Geist weiß Basilius, daß dieser »das Innerste einer Seele erfüllt« und »zugleich in der ganzen Gemeinschaft der Kirche« am Werk sei.
Der Geist Gottes »bringt den Menschen in Bewegung, macht ihn vertraut mit Gott, erhellt sein Dasein von innen heraus, gibt ihm Richtung und Sinn des Lebens und führt ihn zur Vollendung«.
Urs von Balthasar zählt Basilius mit Augustinus, Benedikt, Franziskus und Ignatius »zu den fünf großen Heiligen, die durch ihre Ordensregeln neues und fruchtbares Leben in Gott sichtbar oder völlig verborgen vermittelten ... Durch ihre überragende Sendung wurden sie so sehr zu Quellen, daß aus jedem von ihnen unübersehbare Tausende von Heiligen ausströmten.«

Die Quelle seiner Kraft

Zwei seiner großen Quellen haben wir bereits kennengelernt: Die Heilige Schrift als oberste Richtschnur seines Lebens und seine große Vertrautheit mit dem Heiligen Geist.
Aber das alles hätte im Alltag immer wieder untergehen können, wenn wir besonders seine großen Belastungen durch verschiedene Krankheiten bedenken. Neben einem schweren Leberleiden plagten ihn auch viele Fieberanfälle. In einem Brief an den Amtsarzt Meletius schreibt der Erzbischof von Cäsarea einmal: »Viele Fieberanfälle, mehr als zwanzigmal hintereinander, machten mich so dünn, daß ich einem Spinnengewebe nicht nachstehe. Deswegen ... bringt jeder Windstoß mir mehr Gefahr als riesige Wogen für Seefahrer. Also muß ich zu Hause versteckt bleiben und den Frühling abwarten. Wenn uns der Herr aber mit seiner starken Hand bewahrt ...«
Das Vertrauen auf die Gnade des Herrn – und nicht der Blick auf die eigenen Begrenztheiten –, seine ständige Ausrichtung auf Gott war die erste und wichtigste Quelle seines Durchhaltevermögens.

»Tue nichts am Morgen ...«

Basilius wußte um das Geheimnis einer engen Verbindung zu seinem Schöpfer: *»Tue nichts am Morgen, bevor du nicht dein Herz in Gott froh gemacht hast«*, war einer seiner wichtigsten Leitsätze, durch dessen Befolgung er so viel Festigkeit und Weitherzigkeit erfuhr.

Die tägliche Danksagung an Gott war ihm »nach Natur und Vernunft notwendig«: »Die ersten Regungen des Herzens und des Verstandes« sollen wir »Gott weihen«, um uns an die Wohltaten und die schützende Begleitung Gottes zu erinnern. Und wir sollen uns am Morgen *»keiner anderen Sorge unterziehen, bevor wir nicht unser Herz durch die Gedanken an Gott freudig gestimmt haben«*.

Unsere ersten bewußten Gedanken am Morgen sollen Gott gehören, unserem Schöpfer, dem Herrn über das All, unserem Vater und Lebensspender, ohne dessen Gnade und Segen wir »nichts tun können« (Johannes 15,5).

Du sollst ein Segen sein

Den Auftrag an Abraham im Alten Testament – »du sollst ein Segen sein« – nahm auch Basilius ernst für sein Leben. Auch er wollte aus Liebe zu Gott und aus Liebe zu seiner Berufung zum Segen werden für seine Mitmenschen, zum Segen werden für seine Kirche.

Trotz aller Widrigkeiten und Behinderungen war Basilius unermüdlich tätig. Uneigennützig gab der gefeierte Rhetorik-Professor seine weltlichen Chancen auf, verschenkte er sein Vermögen, baute er in allen größeren kirchlichen Bezirken Hospize für die Kranken, mühte er sich um die Erneuerung der Kirche, hinterließ er ein reiches geistliches Schrifttum.

Die große Quelle, aus der er schöpfte, durch die er immer wieder neuen Auftrieb fand, war seine innige Vertrautheit mit Gott. Nichts war ihm wichtiger als die Verbindung mit dem, der ihn täglich seine Liebe und Gnade erfahren ließ und die Kraft zum Durchhalten schenkte.

Ihm, seinem über alles geschätzten Vater, galten seine ersten

Gedanken am Morgen. Von ihm wußte er sich geliebt und berufen, begleitet und beschützt.
Von ihm, im Gebet und aus seinen Heiligen Schriften, holte er sich die Energien für seinen Alltag.
Für ihn zu leben, aus seiner Liebe und für seine Liebe zu wirken, war die große Antriebskraft seines Lebens, mit der er alle Schwierigkeiten überwand und unzähligen Christen zur Quelle ihres Heil-Seins wurde.

Literatur

Basilius von Caesarea, Briefe, 2 Bände, Stuttgart 1973/1990

Basilius, Sämtliche Schriften, 8 Bände, Kempten 1838–42

Lexikon für Theologie und Kirche

Albert Rauch, Paul Imhof (Hrsg.), Basilius, Heiliger der Einen Kirche, München 1981

Christof Wrembek, Basilios der Große und das Entstehen seiner Bruderschaften, Theologische Lizentiatsarbeit 1981

Georg Popp, Starthilfe am Morgen, Regensburg 1993

Sich vom Wort Gottes verwandeln lassen

BERNHARD VON CLAIRVAUX

(1090–1153)

Bernardin Schellenberger

Stellen wir uns eine leidenschaftlich verliebte Frau vor. Ihr Geliebter ist ihr ebenso leidenschaftlich zugetan, aber aus irgendwelchen äußeren Gründen muß er lange abwesend sein. Lediglich Briefe von ihm erreichen sie in größeren Abständen, Briefe von recht unterschiedlicher Qualität. Denn Liebe inspiriert zwar gelegentlich zu poetischen Äußerungen, aber nicht jeder Verliebte wird dadurch zum Poeten von Rang. Zuweilen enthalten die Briefe kaum mehr als alltägliche Schilderungen, und bei weitem nicht immer ist darin von der Liebe der beiden die Rede. Aber die Frau freut sich über jeden Buchstaben, über jedes Wort. Noch die belangloseste Bemerkung über das Wetter enthält für sie einen Gruß von ihm, eine kostbare Äußerung, ein Liebeszeichen. Jedes Stückchen Papier spricht ihr von ihm, jede Zeile erregt sie freudig, unabhängig vom genauen Inhalt, denn *er* hat das in der Hand gehalten – es ist, als trage es noch seinen Duft und Abdruck –, *er* hat das formuliert, *er*, der ihr ein und alles ist und nach dem sie sich sehnt.

Genau so hat Bernhard von Clairvaux die Bibel empfunden und gelesen. Er, Bernhard, war die Anima, die Seele, die Gott leidenschaftlich liebt und sich nach ihm sehnt; Gott war der Geliebte, der sich seinerseits nach ihr sehnte und ihr seine Botschaften zukommen ließ. Zwischen ihnen beiden vibrierte eine Wirklichkeit jenseits aller Buchstaben, Begriffe und Bilder, etwas Unaussprechliches: die *Liebe*. Der greifbare Resonanzboden dieser unsichtbaren, alle Wirklichkeit verwandelnden Schwingungen aber war die Bibel. Ihr Buchstabe selbst ist zwar steril und führt zum Tod; jedoch er ist die Spreu, aus der das Korn geschält werden muß, die Nußschale, die eine Nuß birgt, der Knochen, der Mark enthält.

In seinem Buch über »S. Bernard et la Bible« (Paris 1953) schreibt P. Dumontier: »Der Exeget, der an die Bibel herangeht, ist mit seinen wissenschaftlichen Kenntnissen ausgerüstet. Er zügelt seine persönlichen Vorlieben, er schaltet seine privaten Empfindungen und Gefühle weitgehend aus. Der heilige Bernhard glüht schon, ehe er zu lesen beginnt, und er liest, um noch mehr zu glühen. Ja, streng genommen *liest* er gar nicht den Text. Er dringt zwischen den Zeilen zu einer tieferen Wahrnehmung des Geschriebenen vor und tritt in unmittelbaren Kontakt mit dem dahinter verborgenen göttlichen Gegenüber, nicht als Gelehrter, sondern als Liebender; nicht als Exeget, sondern als geistlich Entflammter.«

Selbst aus den sprödesten und trockensten Passagen der Bibel, die anderen wie unfruchtbarer Fels vorkommen, vermochte Bernhard deshalb nach dem Bild eines Psalmworts (Psalm 81,17) – den »Honig« einer Liebesbotschaft zu saugen, weshalb er den Titel »der honigfließende Lehrer« erhielt.

Beim Lesen der Heiligen Schrift, so sagt er, »soll man nicht die Worte erwägen, sondern die Zeichen liebevoller Zuneigung. Denn hier (im Text der Bibel) spricht überall die Liebe. Und wer etwas von dem, was wir hier lesen, begreifen lernen will, der soll lieben. Wer nicht liebt, der hört und liest das Lied von der Liebe umsonst. Ein kaltes Herz kann diese glühende Rede überhaupt nicht erfassen. Denn wie einer, der kein Griechisch und kein Latein gelernt hat, einen griechisch oder lateinisch Sprechenden nicht versteht, so bleibt auch die Sprache der Liebe für den, der nicht liebt, eine unverständliche Fremdsprache« (Hoheliedpredigt 79,1).

»Dieses Lied lehrt nur der Heilige Geist, und einzig die Erfahrung bringt es uns bei. Wer es erfahren hat, der wird es auf der Stelle wiedererkennen. Wer es noch nicht erfahren hat, der soll sich glühend danach sehnen; nicht so sehr danach, es zu erkennen, als vielmehr, es zu erfahren. Dieses Lied klingt nicht im Mund, sondern es jubelt im Herzen. Es tönt nicht von den Lippen, sondern es macht uns vor Freude im Innern erregt. Nicht Stimmen klingen da in eins, sondern die Strebungen von Herzen« (Hoheliedpredigt 1,11).

Die meisten heutigen Menschen werden ratlos vor einer derartigen fraglosen Gottesgewißheit und leidenschaftlichen Gottesliebe stehen. Aber wer Bernhard von Clairvaux kennenlernen will, muß sich dieser Wirklichkeit aussetzen; anders kommt keine Begegnung, kein wirkliches Erkennen zustande. Und vielleicht findet dann sogar eine Art »Ansteckung« statt, ein Mitgerissenwerden in jene Liebe hinein, deren »Zünden« unverfügbar bleibt, durch kein Wollen und kein Studium auslösbar.

Bernhards Sprache verrät auf Schritt und Tritt, daß er im Zeitalter der Minnesänger gelebt hat, in jenem zwölften Jahrhundert, in dem jäh in ganz Westeuropa die romantische Liebe zwischen Mann und Frau zum alles beherrschenden Thema wurde: an den Höfen, bei den fahrenden Poeten und Sängern und sogar, aufs Geistliche übertragen, in den Predigten und Traktaten der Mönche. 1090 wurde er als Rittersohn auf einer Burg bei Dijon in Burgund geboren; er genoß eine gediegene Schulbildung und trat 1112 in das 1098 neu gegründete benediktinische Reformkloster Cîteaux ein, das zur Mutterabtei hunderter neuer Klöster und damit zur Wiege des Zisterzienserordens werden sollte. Schon 1115 wurde er als Abt an der Spitze einer Gruppe von Mönchen zur Gründung des Klosters Clairvaux ausgesandt. Der Name dieses Klosters, dem er bis an sein Lebensende – am 20. August 1153 in Clairvaux – vorstand, hat sich für immer mit seinem Namen verbunden. Bernhard war der führende und mitreißendste Geist des jungen Ordens, der in seinem Todesjahr 350 Klöster in ganz Europa zählte. Siebzig davon hatte er allein von Clairvaux aus gegründet.

Doch sein Wirken beschränkte sich nicht auf den Orden, Bernhard prägte sein ganzes Jahrhundert. Er wurde zum Reformator der Geistlichkeit und etlicher anderer Orden, war Politiker, der Päpste und Könige an den Verhandlungstisch brachte; Schiedsrichter, von dem sich Europas Könige sagen ließen, welcher von mehreren Päpsten der legitime sei; Schlichter zahlreicher lokaler und nationaler Kriege; ständig kreuz und quer durch Europa reisender Unterhändler; schließlich, als einer seiner Mönche Papst geworden war, im Grunde selbst der eigentliche Papst; und – nicht zu verschweigen – Prediger des Zweiten Kreuzzugs, was seinem Ruf sehr geschadet hat und für uns heute nur noch schwer verständlich ist. Er hat selbst von sich gesagt, er sei ein vielgesichtiger, ja innerlich zerrissener Mensch, in zu Vieles und Widersprüchliches gleichzeitig verwikkelt.

Doch hier soll nur die Mitte seines Wesens zur Sprache kommen, der Pol, auf den er ausgerichtet war, die Quelle, aus der er schöpfte. Das war für ihn das Wort Gottes, das göttliche »Verbum«, wie er es nannte. So wie es im Schoß Mariens Fleisch geworden ist, so ruhe es auch tief im Schoß der Heiligen Schrift, sagte er, und darin finde er Leben und unerschöpfliche Bereicherung und Kraft. In der Heiligen Schrift wanderte er gern wie »in einem dichten, dunklen Wald voller versteckter Sinnbilder« (Hoheliedpredigt 16,1), er betrachtete sie als »Weide«, auf der er immer gerne »graste«, und als reich gedeckten Tisch.

»Je mehr der Mensch über Gott nachdenkt und liest, je mehr er zu ihm betet und ihm gehorcht, desto vertrauter wird er mit ihm, und ganz allmählich leuchtet ihm Gott spürbar auf. Daraus ergibt sich, daß er immer mehr Geschmack an Gott findet« (Über die Gottesliebe XV, 39).

Dieser Gedanke war keineswegs neu; neu war lediglich die leidenschaftliche Liebe und überquellende Fruchtbarkeit, mit der Bernhard ihn verwirklichte. Denn die Klosterregel des heiligen Benedikt, nach der die Zisterzienser lebten, sah schon immer vor, daß das Leben der Mönche ein Leben mit und aus der Bibel sei: stundenlang sollten sie ihre Worte singend im Mund führen, und bestimmte Stunden jedes Tages waren fest eingerichtet, um sich der »Lesung« zu widmen, oder, wie Benedikt genauer sagt, um »sich Muße für das Lesen freizuhalten« (lectioni vacent, Regel Kap. 48). Gelesen werden sollte dabei nicht irgend etwas Bildendes oder Unterhaltendes, sondern Benedikt verstand diese Lesung als »lectio divina« (Regel Kap. 48), also als lesende Kontaktaufnahme mit *Gott*.

Diese Anregung ist von zeitlosem Wert und würde wohl, allgemein verwirklicht, unser Bewußtsein und Miteinander nachhaltig verbessern: wenn jeder Mensch sich täglich Muße gönnte, um sich lesend zu nähren und zu stärken von etwas, das positiv und inspirierend, erleuchtend und ermutigend ist, ja mehr noch: um lebendige Beziehung herzustellen zu der geheimnisvollen Quelle, aus der wir stammen und unablässig schöpfen. »Aus solchen Dingen lebt mein Geist«, sagt Bernhard (Hoheliedpredigt 16,1), denn »durch das Wort werden wir neu zur Weisheit befähigt. Das Wort ist eine Kraft, das Wort ist Weisheit. Darum soll die Seele bei der Kraft Kraft holen, bei der Weisheit Weisheit schöpfen; und beide Güter soll sie allein dem Wort zuschreiben. Denn wollte sie eines von beiden oder beides von anderswoher beziehen, so könnte sie genausogut annehmen, der Bach stamme nicht aus der Quelle, der Wein nicht vom Weinstock und das Licht nicht vom Licht« (Hoheliedpredigt 85,7).

Für Bernhard war die Bibel die ständige lebendige Anrede Gottes an den Menschen. Hinter dem Schleier ihrer Worte entdeckte er Christus selbst, das ewige Wort des Vaters: »Gott hat einmal gesprochen. Und zwar einmal, weil immer. Denn er spricht ein für allemal, ohne Unterbrechung, beständig und immerdar« (Über Versch. 5,1) in dem »*einen* Wort, das er gezeugt hat« (Über Versch. 73).

»Wenn ich spüre, wie mein Sinn geöffnet wird für das Verständnis der Heiligen Schrift, oder wie das Wort der Weisheit gleichsam aus meinem Innersten hervorsprudelt, oder wie mir von oben Licht eingegossen wird und sich mir Geheimnisse erschließen, oder wie der Himmel mir sozusagen seinen unermeßlichen weiten Schoß öffnet und von oben meinen Geist mit einem überreichen Regen von Meditationsanregungen überschüttet: dann zweifle ich nicht, daß der Bräutigam da ist. Denn das sind die Schätze des Wortes, und aus seiner Fülle empfangen wir all dies« (Hoheliedpredigt 69,6).

Die Bibel hatte für Bernhard geradezu sakramentalen Charakter, das heißt: sie war für ihn Medium einer realen Gegenwart Christi, des Wortes Gottes – so sehr, daß in seiner geistlichen Lehre die Sakramente im strengen Sinn (die für ihn selbstverständliche Grundlage waren) in den Hintergrund traten. Das wurde schon als »auffallende Asakramentalität« bei Bernhard bezeichnet (Josef Lortz) und ist sicher ein Grund dafür, daß Bernhard von Martin Luther und der evangelischen Tradition sehr geschätzt wurde.

In seiner reichen Predigttätigkeit wollte er nicht eigentlich die Bibel auslegen und erklären, sondern aufschließen, damit sie auch zum Herzen seiner Mönche unmittelbar spreche. Daher äußerte er sich nie auf der Ebene des kühlen, distanzierten Verstandes, sondern wollte »Affekte«, Stimmungen, Empfindungen, Schwingungen wecken:

»Nicht auf die Worte, sondern auf unseren inneren Zustand sollten wir vor allem achten« (Hoheliedpredigt 79,1), und: »Mir geht es nicht so sehr darum, Worte zu erklären, als vielmehr, Herzen wie Saaten zu bewässern« (Hoheliedpredigt 16,1); »derlei erfaßt der

Verstand nur in dem Maß, in dem die Erfahrung daran gerührt hat« (Hoheliedpredigt 22,2). Zu Beginn einer Predigt konnte er sagen: »Um dieses Gericht für euch vorzubereiten, hat heute die ganze Nacht mein Herz in meinem Innern gekocht« (Allerheiligenpredigt 1,3).

Bernhards Sekretär und Biograph Gottfried von Auxerre hat über ihn geschrieben: »Er bediente sich der Heiligen Schrift so leicht und selbstverständlich, daß man meinen konnte, er folge ihr nicht nur, sondern gehe ihr voraus und führe sie, wohin er wolle. Er folgte ihrem Urheber, dem Heiligen Geist, als seinem Führer« (Vita Prima III, 3,7). Tatsächlich war Bernhard in der Bibel derart zu Hause, daß er förmlich »Bibel« sprach, wie ein anderer Französisch oder Deutsch spricht: die Wendungen, Formulierungen und Bilder der lateinischen Vulgata wurden sein »Dialekt« und sind gar nicht klar als Zitate aus seinen eigenen Worten herauszulösen.

Schon wo zwei Menschen einander lieben, wird ihre Sprache ähnlich, verraten die gleichklingenden Gedanken und Formulierungen eine tiefe Übereinstimmung im Denken und Wollen. Bernhard machte die Erfahrung seines mystischen Einsseins mit Gott über die Erfahrung des Wortes der Heiligen Schrift: dieses Wort rührte ihn in innerster Seele an und wandelte ihn in den um, der zu ihm daraus sprach. Und umgekehrt machte er die Erfahrung, daß er dieses Wort in dem Maß begriff, in dem er dem fleischgewordenen Wort, Jesus, in seiner gesamten Lebenspraxis ähnlicher wurde: »nicht mit dem Verstand kommt man ihm näher, sondern durch Ähnlichwerden« (Hoheliedpredigt 67,8).

Immer deutlicher spürte er, daß das Wort in ihm lebte und er im Wort: »Wenn ich in mein Inneres schaute, war es weiter innen als alles, was in mir ist. Und ich erkannte, wie wahr es ist, was ich gelesen habe: ›In ihm leben wir, bewegen wir uns und sind wir‹ (Apostelgeschichte 17,28). Selig ist der, in dem das Wort ist, der für das Wort lebt, der durch das Wort bewegt wird« (Hoheliedpredigt 74,5).

Und er beschreibt diese Erfahrung genauer: »An der Erregung meines Herzens habe ich seine Gegenwart erkannt. Am Schwinden meiner Leidenschaften, an der Verringerung meiner ichsüchtigen Bedürfnisse merkte ich seine mächtige Wirkkraft. Am Aufstöbern und Entlarven meiner verborgenen Schwächen und Fehler stellte

ich staunend die Tiefe seiner Weisheit fest. An einer noch so geringen Verbesserung meiner Lebensart erfuhr ich, wie gut und mild er war« (Hoheliedpredigt 74,6).
Doch beschränkt sich die Gegenwart des Wortes, die durch das Lesen der Heiligen Schrift geweckt wird, nicht auf Selbsterkenntnis und moralische Besserung. Sie schenkt Augenblicke reiner Gegenwärtigkeit, köstlichen Ruhens in seiner Liebe. Die uralte Weise, »göttliche Lesung« zu üben, zielt darauf ab: Man liest ein Wort der Schrift, verweilt dabei nicht vernünftelnd, sondern mit dem Herzen horchend; »käut es wieder«, wie es die Wiederkäuer in Muße mit ihrer aufgenommenen Nahrung tun, verkostet seinen »Geschmack« (sapor), der in unser tiefstes Gemüt und Wesen einzieht und uns allmählich zu »weisen Menschen« (sapientes) macht.
»Wenn einmal einer von euch in einer glücklichen Stunde in dieses geheime Gemach und in dieses Heiligtum Gottes entrückt wird, dann ist er dort geborgen. Nichts lenkt ihn dort ab und verwirrt ihn; kein umherschweifender Sinn, keine quälende Sorge, kein nagendes Schuldbewußtsein, und selbst nicht die Phantasie, die noch schwerer zum Schweigen zu bringen ist, behelligt ihn mit ihren plastischen Bildern. Hier ruht man wirklich. Der stille Gott erfüllt alles mit Stille. Ihn in seiner Ruhe schauen, heißt selbst ruhen« (Hoheliedpredigt 23,15).

Gottes Sanftmut und Güte

FRANZ VON SALES

(1567–1622)

Esther Schöler

Im Winter 1622 zog König Ludwig XIII. nach einem siegreichen Feldzug mit großem Gefolge von Avignon nach Lyon. Zur Gruppe des Herzogs von Savoyen gehörte Franz von Sales, der Bischof von Genf. Er hatte sich zwei calvinistischen Edelleuten angeschlossen und unterhielt sie auf das liebenswürdigste, obwohl er bereits schwerkrank war – er starb am 28. Dezember. »Wären alle Bischöfe so wie dieser«, meinten die beiden später, »würden wohl bald alle katholisch sein.«

Franz von Sales verhielt sich so, wie er es in seinem Buch »Philothea« – einer »Anleitung zum frommen Leben« – ausführlich beschrieben hat: »Das irdische Leben ist nur eine Pilgerschaft zum ewigen Leben: zürnen wir also einander nicht auf dem Weg, gehen wir ruhig, friedlich und freundlich in der Gesellschaft unserer Brüder und Gefährten. Ich sage dir aber ganz eindeutig und lasse keine Ausnahme zu: Zürne überhaupt nie, wenn es möglich ist. Lasse keinen Vorwand gelten, der dein Herz dem Zorn zu öffnen vermöchte. Der heilige Jakobus sagt ganz kurz und ohne Einschränkung, daß der Zorn eines Menschen nicht tut, was vor Gott gerecht macht« (Jakobusbrief 1,20).

Sein Lebensweg begann am 21. August 1567 auf Schloß Sales in Savoyen, führte ihn nach Paris und Padua während seiner juristischen Studien, als jungen Priester im Missionsauftrag in das calvinistische Gebiet der Chablais und schließlich wieder in die Nähe von Schloß Sales, nach Annecy. Dort hatte er als Bischof von Genf seinen Sitz, weil Genf von den Calvinisten beherrscht wurde. Zu allen Zeiten war er viel unterwegs, oft im Auftrag des Herzogs und seiner kirchlichen Oberen, vor allem aber auf Visitationsreisen durch seine Diözese.

Arbeitseifer

»Demut« und »Nichts verlangen, aber auch nichts verweigern«, gab er noch wenige Tage vor seinem Tod den Schwestern von der Heimsuchung in Lyon als Weisung mit auf den Weg. Das waren auch die Grundsätze seines Lebens. Sie widersprachen dem Wahlspruch seines Adelsgeschlechts, an den sein Vater sich hielt: »Nicht mehr und nicht weniger!« So waren Spannungen zwischen Vater und Sohn unvermeidlich, zumal der Vater ein jähzorniger Mann war. Mit liebevollem Einfühlungsvermögen gelang es Franz aber immer wieder, die Gegensätze zu überbrücken, so daß der Vater ihn später sogar zu seinem Beichtvater wählte.

Vom ersten Tag seines Priestertums an war für Franz von Sales die persönliche Seelsorge an den Menschen das wichtigste Anliegen. Er schlug nie eine Bitte zu predigen aus, auch wenn es bereits die dritte oder gar vierte Predigt des Tages war. Wie zu Zeiten seiner ersten Priesterjahre saß er auch als Bischof noch stundenlang im Beichtstuhl. Wenn man ihm deswegen Vorwürfe machte, sagte er: »Der Bischof muß doch sein Volk kennenlernen.«

Beim Klerus deckte er viele Versäumnisse in der Seelsorge auf, insbesondere gegenüber Laien, die Orientierung suchten für ihr geistliches Leben. Vielen Menschen war er selbst ein liebevoller Seelenführer. Unermüdlicher Arbeitseifer kennzeichnete ihn ebenso wie große Volksverbundenheit. Auch als Bischof nahm er sich Zeit für Religionsstunden mit Kindern. In seinem Bischofshaus wie auf seinen Reisen bemühte er sich, allen Gläubigen einen Zugang zu ihm zu ermöglichen. Überall wurden sein Beichtstuhl wie seine Sprechstunden von vielen Gläubigen aufgesucht. Täglich beantwortete er etwa 20 Briefe, manchmal wurden es sogar 40 und noch mehr.

Verständnis

Immer war er ein gütiger, verständnisvoller Seelsorger. »Nichts Menschliches soll mir fremd sein; ich will Mensch sein und nichts anderes«, erklärte er einmal und warnte vor einer überstiegenen Frömmigkeit: »Wir halten uns zuweilen so lange dabei auf, gute

Engel sein zu wollen, daß wir nachgerade nicht einmal mehr gute Menschen sind.«
Doch niemals kam er in Hetze oder in Zorn. Güte und Sanftmut waren die für ihn wichtigsten Tugenden. Dabei hatte Franz von Sales viel Verständnis für Menschen, die »aus Schwäche vom Zorn überrascht werden«. Er läßt sie aber auch nicht im unklaren darüber, daß ihr Zorn sich sehr leicht in Haß verwandeln kann, wenn er »das Dunkel der Nacht gewonnen hat«. Dem in Zorn Geratenen rät er, unverzüglich – »Wer zögert, ist schon verloren!« – die erste Erregung zu beschwichtigen und dann mit dem Psalmisten Zuflucht bei Gott zu nehmen: »Mein Auge ist trüb vom Zorn, erbarme dich meiner, o Herr!«
Dies alles möge sanft, ohne Aufregung geschehen. Wie der Herr dem Sturm geboten habe, werde er auch der Leidenschaft gebieten. Dann möge man den Fehler mit Freundlichkeit wiedergutmachen. »Und endlich, wenn du vollkommene Ruhe und Gleichmut wiedergefunden, so sammle dir einen großen Vorrat herzlicher Güte! Sprich alles, was du zu sprechen hast, und tue, was du zu tun hast, in möglichst freundlicher Stimmung, auf daß die Sanftmut vom äußeren Tun ins Innere dringe und dich ganz erfülle!«
Güte und Sanftmut waren für ihn unlösbar miteinander verbunden, sie wurden bei ihm zu austauschbaren Begriffen. Er überfiel niemanden mit seiner Güte und vereinnahmte niemanden damit. Immer besaß er ein großes Einfühlungsvermögen.
Als sein Vetter Louis ihn als Missionar in die Chablais begleitete, schien dieser den damit verbundenen körperlichen Strapazen und seelischen Belastungen nicht gewachsen zu sein. Sehr bald wollte Louis aufgeben, nur – zu sagen wagte er es nicht. Franz merkte es und kam seinem Wunsch nach, ohne daß darüber gesprochen wurde: er schickte Louis nach Schloß Sales mit dem Auftrag, seinen Vater zu trösten, der sich nicht damit abfinden konnte, daß sein Sohn ausgerechnet dort predigen wollte, wo schon Missionare erschlagen worden waren und wo niemand einen Missionserfolg für möglich hielt.

Ausdauer

Auch bei seiner umfangreichen Missionstätigkeit wendete Franz von Sales stets seine »sanfte Methode« an. Er suchte das Gespräch mit den Calvinisten, sogar mit jenen, die ihm unterwegs auflauerten, um ihn umzubringen. Diese Haltung entwaffnete sie. Mit einem »Pardon!« zogen sie sich zurück. »Nichts besänftigt einen rasenden Elefanten so leicht wie der Anblick eines frommen Lammes und nichts bricht so sehr die Gewalt der Kanonenkugeln, als wenn sie auf Wollsäcke aufschlagen«, schreibt Franz von Sales in seiner »Philothea«.

Eineinhalb Jahre lang blieben einmal alle seine Bekehrungsbemühungen ohne jeden äußeren Erfolg. Aber dann bekehrte sich durch seine Zähigkeit und Ausdauer eine ganze Provinz. Mit seiner Sanftmut und Güte hatte er mehr erreicht als mit Haß und Gewalt.

Franz von Sales zählte die Sanftmut zu den kleinen Tugenden, nicht etwa, weil sie etwas Zweitrangiges ist, sondern weil sie wenig Aufsehen erregt und weil sie jederzeit von jedem Menschen im Alltag geübt werden kann: »Halten wir uns an die Tugenden, denen wir auch mit unseren schwachen Kräften nachkommen können: nämlich Geduld, Nachsicht mit dem Nächsten, Gefälligkeit, Demut, Sanftmut, Freundlichkeit, Ertragen unserer Unvollkommenheiten ...«

Für die Einübung der Sanftmut legte Franz von Sales auch äußeren Formen Bedeutung bei. So empfahl er unter anderem, ruhig bei Tisch zu sitzen, kein lautes Reden, ruhige Bewegungen, keine Hast. Entscheidend war für ihn immer die innere Einstellung. Einer von Arbeit überlasteten Frau schrieb er: »So oft Sie zu Ihren häuslichen Geschäften zurückkehren, müssen Sie darauf achten, recht sanft anzufangen, müssen von Zeit zu Zeit wieder nach Ihrem Herzen sehen, ob es noch sanft ist. Treffen Sie es anders, so müssen Sie es vor allem besänftigen.«

Klugheit

Bei aller Arbeitsüberlastung in seinem Bischofsamt bewahrte er sein sanftes Herz. Er wurde nicht ungehalten über Störungen, über Wiederholungen oft banaler Fragen oder darüber, daß ihm unwichtige Angelegenheiten umständlich vorgetragen wurden. Sanftmütig sein hieß für ihn auch nachgiebig sein bis zum äußersten. Er war sogar dafür, daß man die eine oder andere Frömmigkeitsübung der Familie zuliebe ausließ: »Manchmal tut es not, daß wir unseren Herrn verlassen, um aus Liebe zu ihm anderen den Willen zu tun ... Man muß manchmal einen Schritt rückwärts tun, um einen desto besseren Anlauf nehmen zu können.«

Verzicht auf Eigenwillen aus Liebe zum Nächsten und zu Gott war die Wurzel seiner Sanftmut. Deshalb betonte er so oft, daß jeder an seinem Platz bleiben solle, auch wenn er sich ihn nicht ausgesucht hat. Niemand solle meinen, woanders könne er sich besser bewähren: »Abgeschiedenheit ist gewiß gut für die Vollkommenheit – aber viele haben dort ihre Vollkommenheit verloren. Das Geräusch des öffentlichen Lebens ist auf den ersten Blick nicht günstig für das religiöse Leben; aber viele haben es dort geübt und zu fruchtbarer Entfaltung gebracht.«

Unter Tränen lächeln

Wer sanftmütig sein will, muß oft gegen den Strom schwimmen. Das geht nicht ohne Mißverständnisse und Verletzungen ab. Der Bischof von Genf wurde nicht nur verehrt und geliebt, er wurde auch sehr oft kritisiert, ausgenutzt und verspottet. Dies alles nahm er in Kauf – aus Liebe. Hinzu kamen tiefe seelische Leiden. Wenn er davon sprach – was allerdings selten geschah –, nannte er sie »Dunkelheiten«. Sie erfaßten auch seinen Glauben.

Während seines Studiums in Paris litt er sechs lange Wochen unter der Annahme, von Gott verdammt zu sein. Ganz plötzlich, auf dem Heimweg von der Universität, hatte dieser Gedanke von ihm Besitz ergriffen. Er wurde krank an Leib und Seele. Doch auch in dieser furchtbaren Krise bewahrte er sein sanftes Herz: »Herr, wenn ich dich nicht lieben kann im anderen Leben, da dich niemand in der

Hölle preist, so will ich wenigstens alle Augenblicke meines kurzen Daseins hienieden benützen, um dich zu lieben und zu preisen.«
Später hat er in einem Brief über die »gute« und die »böse« Traurigkeit geschrieben: »Die böse Traurigkeit fährt unerwartet nieder wie ein Hagelwetter, schreckbar ... hindert, ja verleidet sie das Gebet und flößt Mißtrauen ein gegen die Güte Gottes.« Die gute Traurigkeit dagegen sei ein Sproß der Liebe, eine Frucht des Heiligen Geistes: »gehorsam, demütig, sanft, mild und geduldig ... wäre sie auch allen Qualen der Seele und des Leibes preisgegeben, so würde sie doch gleichsam unter Tränen lächeln«.
In seinem Leiden hat Franz von Sales die gute Traurigkeit erfahren. Die Menschen haben sein Lächeln gesehen; die Dunkelheiten, in denen seine Sanftmut sich bewähren mußte, blieben ihnen verborgen. Er folgte auf seinem Lebensweg den Spuren Jesu, den Worten Jesu: »Lernet von mir, denn ich bin demütig und sanftmütig von Herzen!« Und er wehrte sich nicht dagegen, auch dem Leidensweg Jesu zu folgen, mit ihm zu beten: »Abba – lieber Vater ... es soll geschehen, was du willst, nicht was ich will!«
Seine Sanftmut und Güte waren ein Widerschein von der Sanftmut und Güte Gottes. Vinzenz von Paul, der dem Bischof von Genf begegnet ist, hat gesagt: »O Gott, wie gut mußt erst du sein, da schon der Bischof von Genf so gut ist!«
Und Johanna Franziska von Chantal, seine große Schülerin und geistliche Freundin, erklärte nach seinem Tod: »Der Bischof von Genf ist ein lebendiges Ebenbild des Heilands gewesen.«

Lernprozeß

Franz von Sales wußte, daß es eines Lernprozesses bedarf, um Jesu Gebot zur Sanftmut ganz zu erfassen. Er wußte, daß dieser Lernprozeß bei jedem Menschen anders verläuft. Deshalb war er behutsam in seiner Seelenführung. Er beschränkte seinen Rat auf die jeweilige konkrete Situation. Er war auch in seiner Seelenführung ein guter Weggefährte, der seinen Schritt den Langsameren anpaßte und Gestürzten aufhalf. Wenn jemand versagt hatte, mahnte er zur »sanften Geduld mit sich selbst«:
»Glaube mir, ruhige und herzliche Ermahnungen vermögen ein

Kind viel eher zu bessern als Zorn und Wutausbrüche. So ist es auch bei uns. Haben wir einen Fehler begangen, dann mahnen wir unser Herz ruhig und liebevoll, mehr aus Mitleid als in leidenschaftlichem Unwillen. Reden wir ihm gut zu, dann wird die Reue viel tiefer ins Herz eindringen und es nachhaltiger beeinflussen, als eine verärgerte, zornige, stürmische Reue.«
Wir sollen uns nicht vorhalten, »was bist du doch abscheulich und erbärmlich«, sondern »vielmehr vernünftig und voll Mitleid« zu uns sprechen: »Mein armes Herz, jetzt bist du wieder in die Grube gefallen, die wir zu meiden entschlossen waren. Laß uns wieder aufstehen ... Verdemütige dich vor Gott in der Erkenntnis deiner Schwäche und deines Elends und sei nicht verwundert, daß du nicht ohne Fehler bist ... überlasse dich vielmehr mit gutem Mut und Vertrauen Gottes Barmherzigkeit!«
Weil Franz von Sales ein Leben lang bemüht war, Sanftmut und Güte in sich wachsen und reifen zu lassen, konnte er – ein Widerschein göttlicher Sanftmut und Güte – so überzeugend Gottes Barmherzigkeit und Gnade verkünden.

Literatur

Franz von Sales, Philothea. Anleitung zum religiösen Leben. Übers. und hrsg. von Otto Karrer, Freiburg/Schweiz–Würzburg 1988 (Meister des Glaubens)
Hildegard Waach, Franz von Sales. Das Leben eines Heiligen, Eichstätt–Wien 1955

Woher kommt deine Freude?

FRANZISKUS VON ASSISI

(1182–1226)

M. Margareta Gruber

Die Leute sagen immer, du seist der Heilige der Heiterkeit, der tiefen und strahlenden Freude, und sie nennen dich den Bruder Immerfroh. Aber wenn ich dein Leben anschaue, dann kennt es neben der Freude die Erfahrung von Krankheit und Schmerzen, von Enttäuschungen und von Zeiten großer innerer Dunkelheit. Das Strahlen, das von deinen Worten ausgeht, mit denen du von Gott sprichst wie einer, der ihn kennt, und das auf deinem Gesicht liegt, hat mich immer tief berührt, und ich habe oft gefragt: Bruder Franziskus, woher kommt deine Freude?

Ich habe deine Schriften befragt und den Bericht deiner drei Gefährten. Die Antwort war: ein Weg. Dein Lebensweg, auf dem Gott dich, einen von Natur aus fröhlichen Menschen, in eine immer tiefere Freude geführt hat und am Ende deines Lebens zu dem Ausruf von La Verna: »Du bist die Freude.« Dazwischen lag viel.

Manches, vor allem Erfahrungen deines Anfangs, kann ich aus meinem eigenen Leben schon ein wenig nachvollziehen. Das gibt mir Mut, daß ich auch dem, was ich jetzt nur erahne und deshalb unvollständig darstelle, auf meinem Weg noch ein Stück näher kommen werde, wenn du mir dabei hilfst. Denn ich glaube, daß Gott die wahre und vollkommene Freude jedem Menschen schenken will, der sich wahrhaftig danach sehnt. Lieber Bruder Franziskus, woher kommt deine Freude?

Gott ruft aus alten Bahnen

Die dich aus deiner Jugend kennen, berichten von deiner natürlichen Freude und Fröhlichkeit, mit der du großzügig bis verschwenderisch ein offenes Herz für deine Freunde, aber auch für die

Bettler in Assisi hattest. Deine Eltern liebten dich, deine Freunde bewunderten dich, das Leben lag dir zu Füßen, und du hattest große Zukunftsträume, die dich begeisterten und mit Freude erfüllten. Doch nach und nach gab dir der Herr Geschmacksproben einer anderen Freude, die du freilich erst zu unterscheiden lernen mußtest.

Als du damals, 1205, prächtig ausgerüstet deine Ritterlaufbahn beginnen wolltest, schickte dir der Herr schon in der ersten Nacht einen Traum und fragte dich, ob du dem Herrn dienen wolltest oder dem Knecht. Und auf deine Antwort: »Natürlich dem Herrn!« erwachtest du mit der Frage im Ohr: »Und warum dienst du dann dem Knecht?« Da hast du die begonnene Karriere abgebrochen und bist »eilig voll Fröhlichkeit und übergroßer Freude« (Q 8,184) nach Assisi zurückgekehrt; du spürtest, daß es ein Ziel geben mußte, das alle eigenen Lebensziele unendlich überstieg, auch wenn du zu Anfang noch nicht wußtest, worauf das Ganze hinauswollte. Doch diese Geschmacksprobe einer neuen Freude wiederholte sich noch einige Male, und dein Leben begann sich zu verändern: Deine alten Beschäftigungen und Gewohnheiten verloren ihre Anziehung, und dir wurde bewußt, welchen Nichtigkeiten du nachgelaufen warst.

Du zogst dich zurück und folgtest einer leisen inneren Stimme und einem Glück, das dich immer wieder in die Einsamkeit und ins Gebet zog. Hättest du dieses leise Rufen mit deinen alten lauten Aktivitäten übertönt, wäre es vielleicht wieder verstummt.

Bitteres in Süßigkeit verwandelt

Eines Tages trafst du einen der Aussätzigen, um die du sonst mit deiner empfindlichen Nase einen großen Bogen gemacht hattest. Doch an diesem Tag tatst du deinem alten Menschen Gewalt an, sprangst über deinen Schatten, und küßtest ihm die Hand. In diesem Augenblick hast du gespürt: »Jetzt ist etwas durchgebrochen, wonach ich mich schon lange gesehnt habe.«

Bisher kanntest du nur die schmerzliche Erfahrung, daß dein altes Leben dich anwiderte und alles, was dir »süß« gewesen war, nun unerträglich und »bitter« wurde. In diesem Augenblick lerntest du die umgekehrte Erfahrung kennen: Daß das, was dir früher widerwärtig und bitter gewesen war, »in Süßigkeit der Seele und des Leibes« (Q 1,217) verwandelt wurde.

Du spürtest: Jetzt galt es, dranzubleiben, weiterzugehen, damit sich die Verwandlung festigen konnte. Und so wurdest du von Gott unter die Aussätzigen geführt und hast ihnen Barmherzigkeit erwiesen, wie du in deinem Testament schreibst.

Dadurch verwandelte sich der alte Franziskus in einen anderen Menschen. Was dich die Aussätzigen lehrten, hast du nicht verraten. Ich nehme an, du warst bald nicht mehr nur der reiche Freund der Armen, sondern selbst ein Armer in der Erfahrung deiner inneren Grenzen und Widerstände. Oft hattest du furchtbare Angst: Ist das wirklich die Spur der Freude, die in der ersten Begegnung mit dem Aussätzigen lag, oder täuscht mich Gott und macht mich bucklig und mißgestaltig wie eine dieser Bettlerinnen? Du hast plötzlich realisiert, daß dein ganzes bisheriges Lebenskonzept, alles, was dir bisher Halt, Sicherheit und Ansehen gegeben hatte, nichts mehr wert war. Aber die Radikalität des Neuen jagte dir Schrecken ein.

Ich denke, die Zeit bei den Aussätzigen war eine Zeit der Begegnung vor allem mit deinem eigenen »seelischen Aussatz«, und Gott schenkte dir diese Zeit, um auch den aussätzigen Franziskus anzusehen und zu küssen.

Bruder Thomas von Celano berichtet von der Erfahrung der inneren Gewißheit, alle deine Sünden seien dir vergeben, wonach »unsagbare Freude und höchste Wonne« sich nach und nach in das Innerste deines Herzens zu ergießen begann, und du ganz verändert wurdest (Q 5,101). Du hast die Erfahrung gemacht, daß du vor Gott nichts zu verbergen brauchst, daß er deine ganze Lebensgeschichte heilt und dir ein neues Ansehen gibt. So konntest du, frei vom Ballast deiner Vergangenheit, den Weg mit Gott weitergehen. Die Freude der vergebenden Liebe war in die dunkelsten Winkel deines Herzens und deiner Geschichte gefallen.

Es gibt ein Bild, das dein Gesicht im Augenblick dieser Gewißheit darstellt: Es ist von einem inneren Strahlen erfüllt wie kein anderes.

Jetzt konnte dich Gott den nächsten Schritt führen: Er begegnete dir im Gebet vor dem Kreuz in San Damiano und sagte dir die Worte, die dein Lebensprogramm enthielten: »Franziskus, baue meine Kirche wieder auf, die am zusammenfallen ist, wie du siehst.«
Da bekam die Freude deines Herzens nochmal eine neue Intensität: In dieser Stunde wurdest du verwundet von der Liebe Gottes zu den Menschen und zu seiner zerfallenden Kirche. Ich glaube, nur mit der Erfahrung des Aussätzigen im Herzen konntest du plötzlich verstehen, warum Christus die aussätzige Kirche samt ihren schwachen und gebrechlichen Dienern liebt. Und du begannst, sie mit der Liebe Jesu Christi zu lieben.
Dieses Wort kam von da an oft über deine Lippen: »Um der Liebe willen«, um »der Liebe dessen willen, der arm geboren wurde, ganz arm gelebt hat in der Welt, nackt und arm am Kreuz zurückblieb und in fremdem Grabe bestattet wurde« (Q 8,207). Das war der springende Punkt deiner Armut! Erst als die Erfahrung der Freiheit von allen Fesseln deines alten Lebens, die das Leben der Armut dir brachte, zusammensprang mit der Erfahrung der Liebe Gottes, die freiwillig aus Liebe arm wird, fandest du die eigentliche Dynamik deines Lebens und den tiefsten Grund deiner Freude.
Du entdecktest diese Liebe Gottes vor allem in den Gestalten seiner Armut und Demut: Schon das Aussprechen des Wortes »Betlehem« erfüllte dich mit solcher Freude beim Gedanken an die Demut der Menschwerdung Gottes, daß du dir wie beim Verkosten einer Süßigkeit die Lippen ablecktest. Du hast die Freude immer mit dem ganzen Leib verspürt. Die Liebe Gottes, die sich am Kreuz offenbart, prägte sich in San Damiano in dein Herz ein und fand kurz vor deinem Tod in den Wundmalen ihre leibliche Ausprägung. Beim Sprechen über die heilige Eucharistie in einem Brief brachst du unvermittelt in einen Hymnus über die »Demut Gottes« in der »unscheinbaren Gestalt des Brotes« (Q 1,92) aus. Und wenn du Fetzen beschriebenen Papiers achtlos herumliegen sahst, hobst du sie auf aus Ehrfurcht vor dem heiligen Wort Gottes.
Für viele deiner Brüder hart und unverständlich war deine konsequente Liebe zu den Priestern, auch zu den verachteten und unge-

bildeten und sogar zu den euch feindlich gesinnten. In deinem Testament schreibst du: »Und ich will in ihnen die Sünde nicht sehen, weil ich den Sohn Gottes in ihnen erblicke« (Q 1,217), der sich in seiner Armut aus Liebe in die Hand von schwachen und armseligen Priestern gibt.
Indem du dich vor dem Aussatz der Kirche nicht in Ekel abwandtest wie viele Erneuerer deiner Zeit, sondern ihn in Liebe berührtest, weil du die Gestalt des aus Liebe armen und ohnmächtigen Herrn darin erblicktest, hast du deiner an der Kirche irre gewordenen Zeit den Weg gezeigt, die zusammenfallende Kirche zu stützen und aufzubauen. Deine Bausteine waren: echte brüderliche Liebe, die das Schwache wie das Starke liebt, freiwillige Armut, die sich mit dem Armen solidarisch weiß und auf niemand herunterzuschauen braucht, und das Leben nach dem Evangelium.

In der Schule der Liebe

Als bei dir die Erkenntnis dieser Liebe Gottes durchbrach – es war kurz nachdem du dich von deinem irdischen Vater losgesagt und dich ganz dem himmlischen Vater anvertraut hattest –, wurde in dir eine innere Dynamik frei, die dich »voll Freude und innerer Glut« dem Herrn auf französisch Loblieder singen ließ, »wie trunken vom Geiste« (Q 8,205).
Es war deine Pfingsterfahrung. Und wie in der Apostelgeschichte folgte auf Pfingsten die Sendung in die Welt. Du entdecktest das Evangelium von der Aussendung der Jünger zur Predigt mit »unsagbarer Freude« (Q 8,211) als deinen persönlichen Auftrag. Kaum ist dies klar, kommen die ersten Brüder, die Leben und Regel mit dir teilen wollen.
Es ist wunderschön, den Bericht der drei Gefährten über diese erste Zeit eurer franziskanischen Gemeinschaft zu lesen. Hier lerntest du eine Freude im brüderlichen Miteinander kennen, die unmittelbar aus der Erfahrung der Liebe Gottes fließt und in der Begeisterung eures Anfangs zu den schönsten und unbeschwertesten Erfahrungen deines Lebens gehört.
Die drei Gefährten berichten: »Als sie einander wiedersahen, wurden sie von solchem Frohsinn und von Freude erfüllt, als

erinnerten sie sich nicht mehr an das, was ihnen von bösen Menschen zugefügt worden war ... Mit herzlicher Liebe liebten sie einander, einer diente dem anderen und umhegte ihn wie eine Mutter ihren einzigen und geliebten Sohn ... Sie waren bereit, daß einer für den anderen sein Leben einsetzte ... Jene, die durch das Amt eines Vorgesetzten oder durch eine andere Gnade ausgezeichnet waren, benahmen sich noch demütiger und bescheidener als die übrigen.« Sie bemühten sich, »allen Groll und jede Bosheit von sich zu vertreiben und stets unter sich die vollkommene Liebe zu bewahren ... Große Freude hatten sie in der Armut ... Ihre Freude im Herrn erlitt keine Unterbrechung, weil es nichts unter ihnen gab, weshalb sie hätten traurig werden können« (Q 8,232–238).

Ich stelle mir vor, wie du oft, unterwegs oder in den Kirchen, in denen ihr übernachtetet, in glühenden Worten – deine Schriften lassen es ja erahnen –, zu deinen Brüdern von der Liebe Gottes sprachst und mit ihnen betetest. Dieser Schule der Liebe konnte sich keiner entziehen, und die Gnade Gottes tat ein übriges, damit die Schönheit des neuen Lebens sichtbar wurde. So führte euer Leben »die Menschen mit Fröhlichkeit und Freude zur Liebe Gottes« (Q 1,107), und die Menschen kamen in Scharen. Eure Armut war das äußere Zeichen, eure Freude das innere Zeichen für die Liebe Gottes, die durch euch sichtbar werden sollte.

Liebe – Armut – Freude: Das ist die franziskanische Gotteserfahrung, die eine Erfahrung des dreifaltigen Gottes ist. Dem Vater sagtest du Dank für seine »heilige Liebe, mit der du uns geliebt hast« (Q 1,201) und nanntest ihn immer wieder »die Liebe«. Die Armut und Demut Gottes erblicktest du anbetend im menschgewordenen Sohn Gottes, und »von heilsamer Freude durchströmt« sangst du »im Ungestüm des Geistes« (Q 8,208) Loblieder, und trafen deine vom Geist erfüllten Worte die Menschen ins Herz, bewegten sie zur Umkehr und erneuerten so die Kirche.

Liebe – Armut – Freude. Vielleicht haben deine Brüder dich gefragt, was denn nun die wahre Freude sei. Vielleicht haben sie bemerkt, daß du dich nicht so gefreut hast über die großen Erfolgsnachrichten des jungen Ordens, wie die Brüder es erwartet hatten. Vielleicht hat es sie ein wenig geärgert, daß du, obwohl doch alles so prächtig lief, immer wieder davon sprachst, daß sich niemand wegen irgendeines Guten rühmen sollte, vielmehr »nur Laster und Sünden zu uns gehören«, und sie sich mehr freuen sollten, »wenn wir in dieser Welt um des ewigen Lebens willen vielerlei Ängste und Trübsale an Seele und Leib ertragen sollten« (Q 1,193). Und daß du ihnen gebotest, sich zu freuen, »wenn sie mit gewöhnlichen und verachteten Leuten verkehren« (Q 1,187), da doch alle Reichen und Mächtigen sie einluden.

Du wußtest, daß das Streben nach Sicherheiten aller Art eure Armut gefährdete, das Festhängen in zwischenmenschlichen Beziehungen und Konflikten die gegenseitige Liebe untergraben und die Anfälligkeit für Ruhm und Anerkennung die Freude zum Erlöschen bringen würde. Du spürtest, daß der zündende Funke nicht mehr springen würde, wenn die Reibefläche glattgestreichelt würde.

Darum riefst du deinen Bruder Leo und diktiertest ihm über »die wahre und vollkommene Freude«: Halberfroren mitten in der Nacht an der eigenen Klosterpforte für einen Landstreicher gehalten und selbst um der Liebe Gottes willen nicht aufgenommen zu werden: »Ich sage dir: Wenn ich Geduld habe und nicht erregt werde, daß darin die wahre Freude ist und die wahre Tugend und das Heil der Seele« (Q 1,227).

Das war eine radikale Antwort: Die Brüder haben sie kaum verstanden. Ohne das Geheimnis von La Verna kann man sie nicht verstehen. Die Brüder haben sicher, wie Petrus, aufgeschrien: »Und wenn ich sterben müßte, das würde ich dir niemals antun!« Doch du bist deinem Herrn auch in der Erfahrung des Verrats der eigenen Brüder gefolgt. Am Ende deines Lebens sahst du, wie der Orden sich stritt und fast auseinanderbrach, wie eure ersten Ideale für unlebbar erklärt und deine Regel von den eigenen Leuten abgelehnt und vielleicht sogar vernichtet wurde. Da wurden die

Armut und die Liebe bitter, und du kanntest lange Zeiten der tiefen inneren Dunkelheit.

Das Geheimnis von La Verna

Als du im Spätherbst 1224, zwei Jahre vor deinem Tod, krank in San Damiano lagst, trugst du schon die Wundmale des Herrn an deinem Leib. Wir besitzen aus dieser Zeit zwei kostbare Zeugnisse. Den Lobpreis von La Verna hast du mit eigener Hand für deinen Bruder Leo geschrieben, unmittelbar nach dem Empfang der Wundmale. Dort steht: »Du bist die Geduld. Du bist die Freude. Du bist unsere Hoffnung und Fröhlichkeit« (Q 1,209). Das ist der Durchbruch zur wahren und vollkommenen Freude.

Was war geschehen? Ich habe es lange nicht verstanden, und jetzt – vielleicht ahne ich einen Zipfel dieses Geheimnisses, das du ja selbst gehütet hast bis zu deinem Tod: das Geheimnis von La Verna. Dort hast du den geliebten Herrn umarmt, oder besser: Er, der Gekreuzigte, hat dich umarmt, so tief, daß die Spuren dieser Umarmung sich deinem Körper einprägten: die Wunden der gekreuzigten Liebe.

»Die Liebe wird nicht geliebt!« – das war dein tiefster Schmerz gewesen, und dein ganzes Leben ist aus diesem leidenschaftlichen Wunsch heraus zu verstehen: die Liebe Gottes wiederzulieben. Auf dem Berg La Verna hat Christus dir diese Liebe geschenkt und dich so zu einer sichtbaren Gestalt seiner gekreuzigten Liebe gemacht.

Warum aber ist dieser Schmerz für dich zur Quelle der vollkommenen Freude geworden, die dich nie mehr verließ? Die Wunden Jesu sind die Quelle des Geistes (vergleiche Johannes 19,30.34), der die Gabe des Auferstandenen ist. Dort, am Kreuz, geschieht das »Pascha« Jesu, das ist der Übergang vom Leben durch den Tod zum ewigen Leben. Dieses ewige Leben, das Leben des Auferstandenen, die vollkommene Freude, beginnt nicht erst nach dem Tod, sondern hier auf der Erde überall dort, wo Menschen sich dieser Liebe öffnen, die den Schmerz und den Tod nicht scheut. Deine Freude war immer Zeichen dieses ewigen Lebens mitten im irdischen Leben gewesen, aber auf La Verna, in der Umarmung des Gekreuzigten, hat er dir diese Freude vollendet.

Wenig später entstand in San Damiano dein Sonnengesang. In seiner letzten Strophe hast du, ein todkranker, von großen Schmerzen gequälter Mann, die »Schwester, den leiblichen Tod«, aufgefordert, mit dir den Schöpfer zu preisen. Du gingst deiner Schwester Tod fröhlich entgegen und nanntest sie die »Pforte zum Leben« (Q 5,410). Deine Brüder berichten, wie du mit ihnen deinen Tod erwartetest: Ihr hieltet miteinander Mahl und last im Evangelium die Abschiedsworte Jesu. Dann hast du deinen Brüdern alle Vergehen verziehen und sie gesegnet. Als sich »alle Geheimnisse Christi« an dir erfüllt hatten, wurde deine Seele »in dem grundlosen Meer der Liebe verschlungen; der Leib aber entschlief im Herrn« (Q 5,410f).

»Lobet und preiset meinen Herrn,
und dankt ihm,
und dient ihm in großer Demut« (Q 1,215).

In die Freude Gottes hineinwachsen

Lieber Bruder Franziskus, dein Weg zeigt mir die Lebenshaltungen, die ich üben kann, um wie du in die Freude Gottes hineinzuwachsen:

- Dankbar sein für alle natürlichen Gaben, die Gott mir geschenkt hat. Er hat mich aus Liebe geschaffen. Schon das ist Grund zur Freude.
- Mich vom himmlischen Vater anschauen lassen wie ich bin. Er liebt auch meinen Aussatz und will mich von allem Ballast meiner Geschichte befreien, um mich in einen neuen, liebesfähigen Menschen zu verwandeln. So erfahre ich die Freude der Vergebung.
- Die leise innere Stimme nicht übertönen, die mich in die Stille, in die Begegnung mit Gott ruft. Dort entspringt die Quelle der inneren Freude.
- Mutig und konsequent sein, wenn ich erkenne, daß frühere Gewohnheiten und Prägungen des alten Menschen meiner neuen Identität von Gott her nicht mehr entsprechen. Was mir früher angenehm und »süß« war, darf jetzt unerträglich und »bitter« werden. Ohne meine freie Zustimmung zu dieser Geschmacksveränderung erstickt die innere Freude.

- Offen sein für alle Begegnung; in jedem Menschen das Gesicht Jesu suchen, vor allem in dem von den andern Gemiedenem; aber auch im Allernächsten, der mir auf die Nerven geht; und auch in der Kirche, so armselig, wie sie ist. Gott wandelt meine inneren Geschmacksorgane und schenkt mir die Augen der Liebe. Bitteres kann in Süßigkeit verwandelt werden. Ich lerne, oberflächliche und flüchtige Freude von der wahren Freude, die von Gott kommt und Frieden schenkt, zu unterscheiden.
- Gott immer und für alles danken und seine Liebe preisen. Er ist immer größer, und seine Liebe verbirgt sich auch in den Dingen, die ich nicht verstehe und die mir wehtun. Seiner Liebe immer trauen. So wird meine Freude unabhängig von den Schwankungen meiner Gefühle.
- So wächst mein innerer Mensch langsam und wird bereit, auch Enttäuschungen, Zweifel, Schmerzen und Dunkelheit in Verbindung mit der Liebe Gottes zu sehen. Dann kann in mir das Geschenk der wahren und vollkommenen Freude durchbrechen.

Franziskus von Assisi wurde 1182 in Assisi in Umbrien, Italien, geboren und starb am Abend des 3. Oktober 1226 in Assisi. Am 16. Juli 1228 wurde er heiliggesprochen. Die große franziskanische Familie ist auf der ganzen Welt zu finden: Brüder und Schwestern, in Klöstern und unter den Menschen, Familien und Alleinstehende, junge und alte Menschen versuchen, aus dem franziskanischen Charisma der Armut, Liebe und Freude zu leben.

Literatur

Zitierte Textausgaben:

Lothar Hardick, Engelbert Grau (Hrsg.), Die Schriften des Heiligen Franziskus von Assisi, Werl 1984 (= Franziskanische Quellenschriften Band 1, abgekürzt: Q 1)

Sophronius Clasen, Engelbert Grau (Hrsg.), Die Dreigefährtenlegende des Heiligen Franziskus, Werl 1972 (= Franziskanische Quellenschriften Band 8, abgekürzt: Q 8)

Engelbert Grau (Hrsg.), Thomas von Celano. Leben und Wunder des Heiligen Franziskus von Assisi, Werl 1988 (= Franziskanische Quellenschriften Band 5, abgekürzt: Q 5)

Apatheia – die Gesundheit der Seele

EVAGRIUS PONTICUS

(Um 345–401)

Anselm Grün

Lange Zeit war der Mönch Evagrius Ponticus vergessen. Und doch ist er der geistliche Schriftsteller, der am intensivsten das Mönchtum des Ostens und Westens geprägt hat. Über Cassian, seinen Schüler, kommen seine Gedanken in den Westen. Und Cassians Werke waren neben der Bibel die meistgelesensten Bücher im Mönchtum. In den antiorigenistischen Streitigkeiten wurde Evagrius verurteilt und damit sein Werk dem Vergessen preisgegeben.

Doch die Mönche überlieferten seine Bücher, manche unter einem fremden Namen, etwa dem des hl. Nilus. Die Autorität der Kirche, die den Intrigen ängstlicher Theologen gefolgt war, konnte nicht verhindern, daß der Geist des Evagrius durch die Jahrhunderte hindurch das Leben und Suchen der Mönche geprägt hat, auch wenn man lange Zeit seinen Namen vergessen hatte. Erst zu Beginn unseres Jahrhunderts kamen die syrischen Werke des Evagrius wieder ans Licht und ziehen seither immer mehr Aufmerksamkeit auf sich. Wer war dieser Evagrius Ponticus?

Das Leben des Evagrius

Evagrius wurde um das Jahr 345 in Ibora, im Norden der heutigen Türkei, geboren. Vermutlich studierte er in Cäsarea und kam in Kontakt mit Basilius dem Großen und mit den beiden Brüdern Gregor von Nyssa und Gregor von Nazianz, den er seinen verehrten Lehrer nennt. Er beschäftigt sich mit den Werken des Origines, dem er zeit seines Lebens in seiner spirituellen Lehre folgt. 379 begibt er sich nach Konstantinopel und unterstützt dort seinen Lehrer Gregor von Nazianz, der ihn zum Diakon weiht.

Evagrius zeigt sich als glänzender Redner. Bald wird er auch aufgrund seines angenehmen Aussehens zum Liebling der Stadt. Als sich die Frau eines Stadtpräfekten in ihn verliebt, verläßt er im Jahre 382 fluchtartig Konstantinopel und fährt nach Jerusalem. Dort findet er bei Rufinus und Melania, zwei gebildeten vornehmen Römern, Aufnahme.
In Jerusalem wird Evagrius plötzlich krank. Ein seltsames Fieber wirft ihn ein halbes Jahr aufs Bett. Melania spürt, daß die Krankheit eine psychische Ursache hat, daß Evagrius die innere Stimme verdrängt hat, die ihn zum Mönch beruft. So nimmt die vornehme Römerin dem kranken Evagrius das Versprechen ab, Mönch zu werden. Und schon wird er gesund.
383 empfängt Evagrius von Rufinus das Mönchskleid und zieht nach Ägypten. Dort geht er in die Schule des gelehrten Didymos des Blinden. Nach zwei Jahren zieht sich Evagrius ins Innere der Wüste zurück und bleibt dort bis an sein Lebensende, 16 Jahre lang.
In seiner »Kellia« wird Evagrius bald von vielen Mönchen besucht und um Rat gefragt. Er gilt als erfahrener Psychologe unter den Eremiten und als geistlicher Deuter der Schrift. Auf Bitten der Mönche, die ihn besuchen, schreibt er nun Bücher über den Umgang mit den Gedanken, über das Gebet und über den geistlichen Weg des Mönches. Besonders berühmt ist Evagrius als ein Mann geworden, der die Tücken der Dämonen kennt. Die koptische Vita schreibt von ihm: »Wenn du alle Versuchungen kennenlernen willst, die er seitens der Dämonen erfahren hat, dann lies das Buch, das er gegen die Einwände der Dämonen verfaßt hat. Da wirst du all seine Kraft und seine Versuchungen sehen. Darum hat er sie schriftlich niedergelegt, damit die, die sie lesen, gestärkt seien und sähen, daß sie nicht allein auf diese Weise versucht werden. Er ist es, der uns gelehrt hat, welcher Gedanke auf welche Weise besiegt wird« (Bunge 52).
Evagrius schreibt nur, was er selbst erlebt hat. Weil er ehrlich mit sich umgeht und mit ganzem Herzen Gott sucht, wird er zum Lehrmeister und Begleiter vieler Gottsucher. Seine Gedanken und Erfahrungen haben jahrhundertelang die Mönche begleitet, und sie sind auch heute wieder zu einer Fundgrube geworden für alle, die einen geistlichen Weg gehen.

Das Ziel des geistlichen Weges ist für Evagrius die Kontemplation des dreifaltigen Gottes, das Einswerden mit dem dreieinen Gott. Die psychologische Voraussetzung für das Einswerden mit Gott ist die apatheia, ein Zustand der Seele, in dem die Leidenschaften sich nicht mehr bekämpfen, sondern miteinander im Frieden sind.
Apatheia meint einen Zustand der Gelassenheit, der inneren Lauterkeit und Reinheit. Evagrius kann apatheia aber auch mit Liebe und Sanftmut identifizieren. Apatheia ist zugleich die Gesundheit der Seele. Der Mensch ist zu sich gekommen, er ist eins mit seinem inneren Wesenskern geworden und so offen und bereit, in der Kontemplation von Gott durchdrungen und verwandelt zu werden.
Um zur apatheia zu gelangen, muß der Mönch den Weg der »Praktike« gehen. Praktike ist für Evagrius »eine spirituelle Methode, deren Ziel es ist, jenen Teil der Seele zu reinigen, der Sitz der Leidenschaften ist« (Praktikos 81). Evagrius war ein genauer Beobachter der Gedanken und Gemütsregungen der Seele. Und er hat eine Methode entwickelt, »die durch Sublimierung und das In-Ordnung-bringen der Emotionen oder, wie er es nennt, der Leidenschaften, zur Reinheit des Herzens führen soll« (Bamberger 8).
Auf dem Weg der apatheia muß sich der Mönch mit neun logismoi auseinandersetzen. Logismoi sind gefühlsbetonte Gedanken, Leidenschaften und Emotionen, die die Seele beherrschen können. Dabei geht es Evagrius aber nicht darum, die Leidenschaften in den Griff zu bekommen, sondern so mit ihnen umzugehen, daß sie dem Menschen dienen.
Es geht nicht um Beherrschung, sondern um Verwandlung. Der Mönch soll sich mit den Leidenschaften vertraut machen, sie genau beobachten, er soll die psychologischen Mechanismen aufdecken. Evagrius hat die Methode moderner Psychologie vorweggenommen, wenn er schreibt: »Wir müssen darauf achten, die verschiedenen Dämonen (= Gedanken, Emotionen, Leidenschaften) auch zu unterscheiden und die Begleitumstände ihres Kommens festzustellen ..., damit, wenn diese verschiedenen lasterhaften Gedanken auf die ihnen eigentümliche Art und Weise am Werke sind, wir mit wirksamen Worten entgegenhalten können, das heißt, mit solchen

Worten, die den, der am Werk ist, auch richtig charakterisieren ... Auf diese Weise nur werden wir sie ... verjagen können. Sie aber werden sich ärgern und sich gleichzeitig über unseren Scharfsinn wundern« (Praktikos 34).

Die Beobachtung der Gedanken und Gefühle und auch der Träume, in denen sich die Seele aussagt, ist die erste Aufgabe des asketischen Weges. Der zweite Schritt ist die Auseinandersetzung mit den Leidenschaften. Evagrius gibt für die neun Leidenschaften jeweils verschiedene Methoden an, etwa Nachtwachen, Fasten, Gebet, Handarbeit, Psalmensingen und andere. Dabei geht es Evagrius darum, daß uns die Kraft erhalten bleibt, die in den Leidenschaften steckt. Ja, daß sie unserem spirituellen Weg dient. Die Leidenschaften sollen nicht ausgerottet, sondern verwandelt werden, das heißt, sie sollen uns in Berührung bringen mit unserer tiefsten Sehnsucht, die allein Gott zu erfüllen vermag.

Das Ziel der Verwandlung ist ein Zustand, in dem die Leidenschaften miteinander im Einklang sind. Diesen Zustand nennt Evagrius apatheia. Er beschreibt sie so: »Wenn der Geist des Menschen sein eigenes Licht zu sehen beginnt, wenn er sich auch durch Traumgesichte nicht beunruhigen läßt, und wenn er selbst angesichts der Ereignisse des Lebens gelassen bleibt, dann hat ein solcher Mensch mit Sicherheit apatheia erlangt« (Praktikos 64).

Ein weiteres Kennzeichen der apatheia ist das Gebet ohne Zerstreuungen: »Der Geist ist gesund, wenn er während des Gebetes nicht mehr belästigt wird durch Bilder von den Dingen dieser Welt« (Praktikos 65). Apatheia ist für Evagrius nicht Gefühllosigkeit, sondern lautere Liebe, Offenheit für Gott, Reinheit des Herzens. Sie ist die Voraussetzung für Gebet und Kontemplation.

Gebet und Kontemplation bei Evagrius

Evagrius identifiziert die reinste Form des Gebetes mit der Kontemplation. Das Ziel des geistlichen Weges ist das unablässige Gebet und die Kontemplation als der Ort, an dem der Mensch mit Gott eins werden darf. Evagrius wird nicht müde, das göttliche Geschenk des Gebetes zu preisen und die Mönche dazu einzula-

den, ihrer wahren Berufung zu folgen: zu beten, ohne von irgendetwas abgelenkt zu werden.
Der Geist des Menschen, so sagt Evagrius, ist von Natur aus auf das Gebet hin angelegt. Das Gebet erhebt ihn über seine eigene Natur auf die Ebene der Engel. »Das wirkliche Gebet macht den Mönch den Engeln ähnlich, denn inständig sehnt er sich danach, seinen Vater zu schauen, der im Himmel ist« (Gebet 113).
Das Gebet ist die größte Gabe, die Gott dem Menschen schenkt: »Gibt es denn etwas, das besser ist, als ein inniger Umgang mit Gott und höher, als ganz in seiner Gegenwart zu leben? Ein Gebet, das durch nichts mehr abgelenkt wird, ist das Höchste, das der Mensch zuwege bringt« (Gebet 34). Durch das Gebet wird der Mensch zum Tempel Gottes und schließlich zum Erben aller Dinge.
Um zu diesem Gebet ohne Zerstreuungen zu gelangen, muß der Mönch erst seine Seele von den Leidenschaften reinigen. Solange er noch von Ärger und Traurigkeit bestimmt wird, kann er nicht beten: »Der Mensch, der Kränkungen und Verstimmungen nicht vergessen kann und trotzdem zu beten versucht, gleicht einem Menschen, der aus einer Quelle Wasser schöpft und es in ein Faß voller Löcher gießt« (Gebet 22).
Doch es geht nicht nur um die Freiheit von Leidenschaften, sondern um ein Übersteigen aller Gedanken und Gefühle, aller Bilder und Vorstellungen. Reines Gebet ist für Evagrius ein Beten ohne Worte und Gedanken, auch ohne Visionen. Evagrius meint, die Visionen würden von den Dämonen stammen. Die Dämonen »lassen ein sinnlich wahrnehmbares Bild entstehen und geben einem solchen Menschen ein, daß er es mit Gott zu tun habe. Sie hegen dabei die Hoffnung, daß ein solcher Mensch sich damit am Ziel seines Betens wähnt« (Gebet 72).
Evagrius sagt nun, der Dämon der Ruhmsucht erzeuge solche Bilder, um den Mönch davon abzuhalten, sich wirklich in Gott hineinfallen zu lassen. Wer bei den Bildern stehenbleibt, der nimmt den Rauch anstatt des Feuers. Im Gebet sollen wir aber eins werden mit dem Feuer der göttlichen Liebe.
Wer so beten kann, der wird zunächst »Ströme von Tränen vergießen« (Gebet 78). In den Tränen zeigt sich das Betroffenwerden von Gottes Liebe. Und zugleich wird er im Gebet ein tiefes Vertrauen spüren. »Wenn du wirklich betest, entsteht in dir ein tiefes Gefühl

des Vertrauens. Engel werden dich begleiten und dir den Sinn der ganzen Schöpfung erschließen« (Gebet 80). Die Kontemplation ist nicht etwas Weltloses. Vielmehr wird der Mönch eins mit der ganzen Schöpfung und mit allen Menschen. Kontemplation ist Einsicht in das Wesen aller Dinge und zugleich Einswerden mit dem Gott, der mit seinem Geist alle Schöpfung durchdringt.

Evagrius preist in immer neuen Sätzen den Menschen, der ohne Zerstreuung beten kann und so mit Gott, mit den Menschen und mit der ganzen Schöpfung eins wird: »Selig ist jener Geist, der, ohne Zerstreuung betend, immer tieferes Verlangen nach Gott empfindet« (Gebet 118). »Selig ist der Mönch, der in allen Menschen Gott sieht« (Gebet 123). »Ein Mönch ist ein Mensch, der sich von allem getrennt hat und sich doch mit allem verbunden fühlt« (Gebet 124). »Ein Mönch weiß sich eins mit allen Menschen, denn immerzu findet er sich in jedem Menschen« (Gebet 125).

Das kleine Buch des Evagrius über das Gebet ist wohl das Kostbarste, das uns das frühe Mönchtum an geistlicher Schrift überliefert hat. In ihm klingt die Stimme der frühen Kirche an unser Ohr, die uns zuruft: »Bete immerzu, denn erst das Gebet macht dich zum vollen Menschen, und erst durch das Gebet entdeckst du deine volle Würde. Ganz besonders aber wird das Gebet deine Liebe zu Gott vertiefen. Sie wird immer stärker werden bis zu dem Tag, an dem du schauen wirst, was du im Gebet ersehnt hast« (Bamberger 84).

Im Gebet kann der Mensch zum »Ort Gottes« gelangen, zum Raum der Stille in ihm, zu dem die Leidenschaften und Gedanken keinen Zutritt haben. Evagrius nennt diesen »Ort Gottes«, den leidenschaftslosen Teil der Seele, auch »Schau des Friedens, an dem einer in sich jenen Frieden schaut, der erhabener ist als jedes Verstehen und der unsere Herzen behütet. In einem reinen Herzen nämlich wird ein anderer Himmel eingeprägt, dessen Schau Licht und dessen Ort geisthaft ist, an welchem, wie wunderbar, die Einsichten der Seienden (Dinge) geschaut werden. Und auch die heiligen Engel versammeln sich bei denen, die würdig sind« (Brief 39). Im Gebet gelangt der Mensch also in einen Zustand des Friedens, er entdeckt in sich den Ort Gottes, den Ort des reinen Schweigens und des Einklangs mit sich selbst, mit Gott und mit der ganzen Schöpfung.

Wer zu diesem Ort gelangt ist, der wird wie Mose sich durch die

Haltung der Sanftmut auszeichnen. Die Sanftmut ist Voraussetzung für die Kontemplation, und sie kennzeichnet den Mönch, der im Gebet mit Gott eins geworden ist. »Die Enthaltsamkeit unterdrückt allein den Leib, die Sanftmut aber macht den Intellekt zum Seher« (Brief 27). Evagrius nennt die Sanftmut die »Mutter der Erkenntnis«, das heißt, die Mutter der Kontemplation. Mose war nach dem Wort der Bibel »sanftmütiger als alle Menschen« (4 Mose 12,3). Das ist der Grund, daß er mit Gott von Angesicht zu Angesicht sprach und so zum Vorbild der Kontemplation wurde (vergleiche Brief 27). Immer wieder preist Evagrius die Sanftmut. Reine Enthaltsamkeit nützt gar nichts, vor allem, wenn sie den Mönch nur zornig macht. Ob einer wirklich zur apatheia gelangt ist, zeigt sich in seiner Sanftmut. Mose ist für Evagrius das Vorbild der Sanftmut.

Die Sanftmut, die Evagrius als Ziel des geistlichen Weges und als Kennzeichen für den kontemplativen Menschen beschreibt, spricht aus allen seinen Schriften, vor allem aus seinen Briefen. In ihnen begegnen wir einem Menschen, der verletzlich und empfindsam ist, der zärtlich auf andere eingehen kann und der in allem seine Sanftmut durchscheinen läßt, die ihn barmherzig und milde, gelassen und demütig, liebevoll und zärtlich gemacht hat.

Evagrius erscheint uns als Mensch, der ehrlich alle Regungen seiner Seele anschaut und sie Gott hinhält, der nicht nur das Bewußte, sondern auch das Unbewußte in sich und in den Menschen erforscht und Gottes heilende Liebe bis in die Abgründe des Unbewußten eindringen läßt, um auch den Grund der Seele zu verwandeln und zu heilen.

Bei seinen psychologischen Forschungen ist er aber immer geprägt von einer leidenschaftlichen Liebe und Sehnsucht nach Gott, der allein das menschliche Herz zu erfüllen und zu befrieden vermag. Evagrius ist fasziniert von der Gabe des Gebetes, das uns Gott geschenkt hat. Er hat durch alle Schwächen und Fehler hindurch, mit denen er konfrontiert war, Ausschau gehalten nach Gott. Gott zu suchen, ja mit Gott eins zu werden, das war seine Leidenschaft.

Von Gott verwandeln lassen

Wenn wir uns durch die manchmal fremde Sprache des Evagrius nicht abhalten lassen, immer tiefer in seinen Geist einzudringen, dann werden wir reich beschenkt. Wir können von Evagrius eine Spiritualität lernen, die den ganzen Menschen ernst nimmt und an seine Verwandlung glaubt. Wir werden frei vom Moralisieren, das uns den Blick auf die eigentlichen Ursachen unserer Entfremdung und Schuld versperrt.

Evagrius lädt uns ein, ehrlich unsere Gedanken und Gefühle anzuschauen, unser Bewußtes und Unbewußtes zu erforschen und uns so, wie wir sind, Gott hinzuhalten, damit er uns verwandle und sein Licht in unserer Dunkelheit leuchten lasse. Evagrius gibt uns heute noch Anteil an seinem Ringen und Suchen, an seiner Leidenschaft für Gott, an seiner Sanftmut, die uns in die Tiefen des dreifaltigen Gottes hineinführt, in den »Ort Gottes«, den Raum des reinen Schweigens, in dem Gott selbst auf dem Grund unserer Seele in uns geboren werden will.

An diesem Ort des reinen Schweigens, zu dem wir durch die Auseinandersetzung mit den Leidenschaften und durch die Kontemplation gelangen, finden wir auch zu uns selbst, da entdecken wir das unverfälschte Bild, das Gott sich von uns gemacht hat. Dort wird unser Leben echt und heil. Und wir erleben Gott als den Gott unseres Lebens, als den Gott, der uns herausführt aus allen Abhängigkeiten, hinein in die Weite und Freiheit seiner Liebe.

Immer wieder verweist uns Evagrius auf unsere unantastbare Würde. Wir dürfen nicht zu klein von uns denken. Wir sind nicht nur dazu da, anständig und korrekt zu leben und die Gebote Gottes zu erfüllen, sondern dazu berufen, im Gebet mit Gott eins und von Gottes heilender und befreiender Liebe verwandelt zu werden in das Antlitz Jesu Christi, der sanftmütig von Herzen war und uns mit göttlicher Sanftmut und Milde erfüllen möchte.

Literatur

Evagrius Ponticus, Praktikos. Über das Gebet, übers. und eingel. von John Eudes Bamberger, Münsterschwarzach 1986

Evagrios Pontikos, Briefe aus der Wüste, eingel., übers. und kommentiert von G. Bunge, Trier 1986

Du findest den Weg

MARIA WARD

(1585–1645)

M. Immolata Wetter

Maria Ward, die Gründerin des Instituts der »Englischen Fräulein« – eines Frauenordens, der sich im besonderen der Ausbildung heranwachsender Mädchen widmet –, wurde immer wieder von Mitschwestern mit den Problemen der ihnen anvertrauten Mädchen konfrontiert. Insbesondere wollten ihre Mitschwestern einmal wissen, was sie in der Schule zu den quälenden Fragen der Berufsfindung sagen sollten.
Maria Ward, die selbst ein Leben lang immer wieder neu ihren Weg suchen mußte, meinte dazu: »Nur wenn ihr euch auf den Weg macht, findet ihr eueren Weg.«
Nur wenn ihr euch auf eueren Weg macht ... – das war die Lebenserfahrung einer großartigen Frau, die selbst immer wieder neu ihren Weg suchen mußte und sich dabei auch nicht von den größten Schwierigkeiten, Hindernissen und persönlichen Angriffen abhalten ließ.

Den Weg finden

Sie wurde am 23. Januar 1585 in der englischen Grafschaft Yorkshire geboren. Als sie herangewachsen war, hörte sie zum erstenmal Erzählungen, die von Klöstern handelten. In England gab es seit Heinrich VIII. keine Ordenshäuser mehr. Bei einem Gespräch darüber mit der Dienerin berührte Gott ihr Herz. Schon hatte Maria etliche junge Männer, die um ihre Hand angehalten hatten, weggeschickt; denn sie fühlte, wie sie schrieb, keine Zuneigung. Was sie nun von der Strenge des klösterlichen Lebens vernahm, entsprach ihrem Verlangen: in ein solches »Heiligtum, wo alle heilig sein mußten und konnten«, wollte sie eintreten; aufs Ganze

bedacht, war sie entschlossen, den strengsten Orden mit der größten Armut zu wählen.
Das sollte ihre Zukunft sein. Die Stationen des Weges mußten allerdings erst gesucht und gefunden werden. Lange Zeit hielt sie ihr Vorhaben, in einen Orden einzutreten, scheu geheim. Als schließlich ihre Absicht entdeckt wurde, wollte der Vater seine Tochter von ihren Plänen abbringen und zu einer Heirat bewegen. Es kostete einen harten Kampf, bis die junge Frau an Pfingsten 1606 den Kanal überqueren durfte, um fern von England – wo die anglikanische Staatsreligion herrschte – ein Kloster zu suchen, in dem sie ihren persönlichen Weg finden konnte.
Auf dem Weg in die kleine flandrische Stadt Saint-Omer, heute Nordfrankreich, fielen Schatten auf ihre Seele; es wurde ihr bewußt, daß sie nun allein im Ausland stehen werde. Sie kannte kein Kloster.
Ein englischer Jesuitenpater legte ihr den Eintritt als Laienschwester bei den Armen Klarissen nahe. Sie brachte ihre Bedenken vor, denn sie suchte die volle Abgeschlossenheit. Der Pater sagte ihr, der Eintritt sei für sie der Wille Gottes. Dies Wort traf sie ins Herz; sie hatte die Grundweisung fürs Leben gehört; darum trat sie bei den wallonischen Klarissen ein. Dort geriet sie in ein Leben größter Zerstreuung: das Sammeln von Almosen auf den Bettelgängen war nicht nur für die zarte Frau mühsam, sondern auch für die Tochter aus dem englischen Landadel demütigend, zumal sie die französische Sprache noch nicht beherrschte. Trotz großer Enttäuschung blieb sie tapfer auf ihrem Weg.
Der Pater sah bald seinen verfehlten Rat ein und bekannte ihn auch. Doch Maria verließ deswegen das Kloster nicht; nun mußten die Obern des Ordens ihr den Weg weisen. Auch als ihr der Generalvisitator sagte, dies sei nicht ihr Beruf, wartete sie auf die Rückkehr der erkrankten Novizenmeisterin und verließ erst nach deren Zustimmung die Schwestern. Später erschienen ihr die zehn Monate nicht als verlorene Zeit; sie konnte sagen, sie habe das Jahr gut verbracht.
Schon als sie das Kloster verließ, erfüllte sie das Verlangen, einen Klarissenkonvent für Engländerinnen zu gründen. Die früher so schüchterne junge Frau führte die Verhandlungen beim Bischof von Saint-Omer, bei den Fürsten in Brüssel und dem Gouverneur in

Gravelines. Die englischen Jesuiten unterstützten sie kräftig. Das Kloster kam zustande. Maria Ward trat selbst als Postulantin in ihre Gründung ein: hier, im Orden mit der strengsten Regel, wollte sie Chorfrau werden, abgeschlossen von der äußeren Welt, in größter Armut. Das schien ihr die rechte Antwort auf Gottes Ruf zu sein.
Ein inneres Erlebnis am 2. Mai 1609 erschütterte ihre Auffassung. Sie verstand in einer Erleuchtung, sie solle nicht im Orden der heiligen Klara bleiben, sondern etwas anderes tun; dies sei etwas Gutes und der Wille Gottes. Nach einer harten Prüfungszeit verließ sie im September 1609 ihre Gründung. Zum zweitenmal innerhalb von zwei Jahren stand sie wieder auf der Straße, in der Fremde: »Mein Leid war groß, aber doch erträglich; denn der es auflud, trug auch die Last. Dennoch konnte ich glauben, daß es für einen Menschen, der entschieden und in erster Linie Gott suchen und ihm dienen will, kein größeres Leid gibt als die Ungewißheit über den Willen Gottes.« Wieder war ihr eine Wartezeit aufgegeben.
Um nicht eigenen Wünschen zu folgen, verpflichtete sie sich ihrem Beichtvater gegenüber zum Gehorsam und ging mit seiner Zustimmung für einige Monate nach England. Die zuerst die volle Einsamkeit gesucht hatte, half in London verunsicherten Katholiken zur Festigung im Glauben und stand vielen Menschen hilfreich zur Seite. Wieder fiel Licht auf ihren Weg: sie sollte nicht Karmelitin werden, wie der Beichtvater ihr vorgeschlagen hatte, sondern etwas anderes zur Ehre Gottes tun. Bald schlossen sich ihr in London Gefährtinnen an, mit denen sie nach Saint-Omer zurückkehrte und dort ein gemeinsames Leben begann. Welchem Ordensweg aber sollten sie folgen? Das war die sie weiterhin bedrängende Frage. Nach knapp zwei Jahren kam Klarheit in einer Gebetsstunde. Sie verstand intellektuell, sie solle »das Gleiche von der Gesellschaft Jesu« nehmen. Das war nun »das andere«, das Gott von ihr wollte. Die Richtung war klar; der Weg mußte erst gefunden werden. Maria setzte den Fuß auf Neuland für Frauen. Die Einübung in das Ordensleben verdankte sie den Klarissenjahren; nun mußte sie beim heiligen Ignatius und seinen Söhnen die Weise des tätigen Ordenslebens lernen. Ihr Auftrag lautete: den Seelen helfen, Verbreitung des Glaubens und Hinführung zum christlichen Leben. Solche Aufgaben hatten Frauen in der Kirche immer schon erfüllt; aber daß sie in Gemeinschaft solche Aufgaben angehen wollten,

war neu, für viele ärgerlich neu; denn wegen der besseren Wirksamkeit in der Öffentlichkeit wollte Maria die Klausur nicht annehmen, die das Konzil von Trient neu vorgeschrieben hatte. Dies Hindernis konnte auch die Engländerin nicht überwinden. Sie kam zu früh mit ihren Plänen, obwohl sie die Zeichen der Zeit richtig wahrgenommen hatte.

Den Weg zu suchen und dann zu gehen, ist nur selten Sache eines Menschen im Alleingang. Gewöhnlich ist mitmenschliche Hilfe nötig. Auch Maria bedurfte ihrer. Dabei geriet sie aber bereits in den Anfängen in eine bedenkliche Lage. Die Gesellschaft Jesu wollte den Überschritt der Frau in ihr Ordensfeld nicht dulden, auch wenn die Gründerin keine rechtliche Abhängigkeit beabsichtigte. Dazu kam, daß die Jesuiten viele, auch mächtige Feinde hatten; diese vermuteten in Maria Wards Gründung ein verkapptes Jesuitenwerk und setzten sich dagegen zur Wehr.

Ihrer Aufgabe bewußt, fragte sich Maria Ward, wie sie ohne die Formations- und Bildungsmöglichkeiten, die den Patres der Gesellschaft Jesu und den Männern überhaupt offenstanden, ihr Unternehmen voranbringen könne. Bei Exerzitien Ende Oktober 1615 fand sie ihre Lösung: Wenn die Gefährtinnen die Hingabe an den Herrn in Wahrheit leben, werden sie stark und tauglich für alle guten Werke sein, und »so werden wir, denen Gelehrsamkeit, Urteilsfähigkeit und andere Möglichkeiten der Männer fehlen, ... aus der Hand Gottes wahre Weisheit und Tüchtigkeit empfangen.«

Maria stand am Ende der Berufungsjahre in der Mitte ihres Lebens. Was war geschehen? Sie hatte eine Berufung erhalten und angenommen, die sie sich zunächst nicht gewünscht oder vorgestellt hatte. Nie habe sie, wie sie schrieb, an das tätige Leben gedacht, »bis Gott, wie ich vertraue, mich dazu in einer Weise berief, die gegen meinen Willen ging«.

Dabei hatte Gott sie mit seinen Herausforderungen nie überfallen. Immer wurde sie auf den jeweils nächsten Schritt vorbereitet.

Die Rückkehr der englischen Heimat zum katholischen Glauben war seit den jungen Jahren Marias großes Anliegen. Nun kam in Saint-Omer auch die Erziehung englischer Mädchen zu der verborgenen Seelsorgsarbeit in England. Auf dem Festland nahm sie mehr und mehr wahr, wie vernachlässigt die Erziehung der Mädchen war. Für die Jungen sorgten die Jesuiten in vielen Kollegien. Die mutige Frau wollte etwas Ähnliches schaffen für die weibliche Jugend. Bei allem Eifer für die Aufgaben wußte die Gründerin genau, daß die Tätigkeit einer dauernd fließenden Quelle bedurfte, die Kraft verlieh: die Kontemplation, die schon zum Leben dieser Anfängerinnen gehörte.

Ein Pater sagte den Gefährtinnen, sie wollten zwar in ihrem Eifer viel Gutes tun, aber der Eifer werde schwinden; sie seien doch »nur Frauen«. Davon hörte die Gründerin und erklärte ihren Gefährtinnen, warum der Eifer schwinde. »Etwa, weil wir Frauen sind? Nein, sondern weil wir unvollkommene Frauen sind. Es gibt keinen solchen Unterschied zwischen Männern und Frauen ... Ich hoffe zu Gott, daß man Frauen in Zukunft Großes vollbringen sehen wird.«

Das Belobigungsschreiben aus Rom als Antwort auf die erste Bitte um Bestätigung ermutigte Maria Ward zur Errichtung von Niederlassungen an der Maas in Lüttich, am Rhein in Köln, an der Mosel in Trier. Auch in London lebten einige Gefährtinnen für die Seelsorgsarbeit im Untergrund.

Doch das Leben wurde für Maria immer schwieriger. Die Jesuiten stützten sich auf ihren Gründer, der sie von der Seelsorge für Ordensfrauen zurückhielt. Die Jesuitengegner beriefen sich auf das Kirchenrecht, das die Neuerungen dieser Frauen nicht gestattete. Maria war von beiden Seiten her Bedrängnissen ausgesetzt. Dazu kamen die materiellen Sorgen für die junge Gemeinschaft. Es gab Schulden; die Eltern der Gefährtinnen zahlten wegen der ungesicherten Lage des Instituts die Mitgift nicht aus. Nur die Bestätigung durch den Papst konnte die Not beheben und der Gründung einen festen Stand geben. Maria Ward mußte nach Rom gehen.

Die Pilgerin kniete am 18. Dezember 1621 vor dem Gnadenbild der Mutter Gottes in Loreto, dem damals berühmtesten marianischen

Wallfahrtsort in Europa. Ihre erste Biographin Mary Poyntz schrieb auf, was dort geschah: »Sie nahm als ihr Los an, sich abzumühen und für Christus zu leiden, nachdem ihr klar vor der Seele stand, daß viel Leid auf sie zukommen werde.« Maria willigte in alles ein, was immer die Erfüllung von Gottes Willen mit sich bringen werde.

In Rom erhoffte Maria von Papst Gregor XV. eine rasche Behandlung ihres Anliegens. Ohne politische Winkelzüge legte sie dem Stellvertreter Christi ihre Bitte vor. Sie mußte warten und nützte die Zeit mit der Eröffnung einer römischen Tagesschule für Mädchen; dazu hatte sie die Erlaubnis erhalten, wenngleich auch dies für Rom eine Neuerung bedeutete. In den folgenden Jahren gründete sie Niederlassungen in Neapel und Perugia.

Einige Jahre geschah nichts für ihre Angelegenheit in Rom. Das Warten war Geduldsprobe. Mit dem neuen Papst Urban VIII. kam wieder Bewegung in die Verhandlungen. Aber ein Frauenorden ohne Klausur, unmittelbar dem Papst unterstellt, von einer Generaloberin geleitet, unter den Konstitutionen der Gesellschaft Jesu, das ließ sich nicht mit dem bestehenden Kirchenrecht vereinbaren. Auch wenn Kardinäle die mutige Engländerin aus dem Land der Katholikenverfolgung sehr schätzten, die Schwellen der Kirchengesetze wurden nicht überschritten. Und als schließlich ein Dekret aus dem Vatikan die Aufhebung der italienischen Häuser verfügte, unterwarf sich Maria Ward.

Aber die früheren Gründungen im Norden bestanden weiter. Darum verließ sie im Herbst 1626 Rom, um die Gefährtinnen zu besuchen. Doch kam sie nicht bis zum Rhein und zur Maas. Sie nahm die Angebote nördlich der Alpen an und gründete Mädchenschulen in München, Wien und Preßburg. Sie vergaß dabei nicht ihr großes römisches Anliegen. Sie hoffte, im Kurfürsten Maximilian I. von Bayern und in Kaiser Ferdinand II. mächtige Fürsprecher in Rom zu haben. Es gab einen weiteren Gründungsversuch in Prag, der mißglückte. Dort fiel sie wieder in den alten Schacht zwischen den Jesuiten und ihren Gegnern. Von der einen Seite kam keine Hilfe, die andere Seite, auch die Nuntien, machten ihren Einfluß an der Kurie gegen die »Jesuitinnen« wirksam.

Die Nachrichten aus Prag und Wien brachten ihre Sache in Rom in die endgültige Gefahrenzone. Maria erfuhr durch private Nachrichten, in Rom gehe es um die Aufhebung ihres Werkes. Darum machte sie sich im Januar 1629 zum zweitenmal auf den Weg nach Italien. Es schien, ihre Gesundheit könne die Strapazen der Winterreise nicht überstehen. Große Sorgen lasteten auf ihr; auch innere Dunkelheit lag auf ihrer Seele. Auch wenn der äußere Weg wieder einmal sehr unübersichtlich geworden war: der innere Weg blieb gerade.

Da sie von der Kurie keine klare Auskunft über die Zukunft erhielt, schrieb sie noch von Rom aus an die Oberinnen der nördlichen Häuser, daß Aufhebungen, falls es zu solchen komme, das Werk von Feinden sei; in aller Höflichkeit dürfe Widerstand geleistet werden, da der Befehl nicht vom Papst ausgehe. Als dieser Brief in lateinischer Übersetzung an die römische Kurie kam, wurden die Sätze begreiflicherweise als Aufruhr gegen die Kirche gedeutet.

Das erwartete Wort des Papstes kam nach diesen Ereignissen strenger, als Maria es sich je hätte träumen können: Haftbefehl gegen die Gründerin und totale Aufhebung des Instituts durch eine päpstliche Bulle. Doch hatte Maria Ward wiederholt ihre Bereitschaft zum Gehorsam ausgesprochen, falls der Papst das Werk aufhebe. Das Schlimmste, was sie traf, war der Verdacht auf Häresie und Rebellion gegen die Kirche. Damals gab es für den gläubigen Katholiken keine härtere Anklage. Unmöglich konnte sie sich vorstellen, daß sie zu dieser Verdächtigung selbst Anlaß gegeben hatte.

In gefaßter Haltung empfing sie im Paradeiserhaus in München den Dekan der Frauenkirche, dem die Ausführung des römischen Befehls aufgetragen war. Er mußte sie in die Haftzelle im Angerkloster bringen. Auf die Rücksicht bei der Überführung, als man die Dunkelheit abwarten wollte, legte Maria keinen Wert. »Je mehr darum wissen, um so besser ... ich habe immer das Licht geliebt und die Werke im Licht getan ... Leiden, ohne gesündigt zu haben, ist keine Last.«

Wie sie die neun Wochen in der Zelle im Angerkloster verlebte, ist den Briefen zu entnehmen, die sie mit Zitronensaft auf die Einwikkelpapiere schrieb. Den Trick, mit Zitronensaft zu schreiben, kannte Maria von den englischen Gefängnissen.

Die leidende Frau schrieb von ihrem Ergehen; sie gab Weisungen für ihre Gefährtinnen; nie fehlte ein Wort der Ermutigung. Sie ging ihren Weg unter den schmachvollen Umständen ruhig weiter. Briefstellen beleuchten den Weg. »Arge Schmerzen und Lahmheit in einer Hüfte ... und doch habe ich noch viel Gesundheit und Kraft, um sie für meinen Herrn und Meister und in seinem Dienst einzusetzen ... Wer weiß, was Gott mit diesen unglücklichen Ereignissen vorhat ... Ich verlange auch nicht, es zu wissen oder einen anderen Willen zu haben als den seinen.« Auf einem anderen Zettel steht das Wort: »Unser Herr und Meister ist auch unser Vater und gibt nicht mehr, als einer Frau möglich ist, und zwar leicht getragen werden kann ... aber mit all dem, was Gott sonst noch senden wird, müßt und wollt ihr, muß und will ich vollauf zufrieden sein, bis unser Herr anders verfügt.«

In dieser Zeit des äußeren Zusammenbruchs ihres Werkes wird offenbar, wer sie war; die Tapferkeit ihres Geistes und ihres Herzens, die Treue zu ihrem Auftrag leuchten in dieser Zeit aussichtsloser Not deutlich auf. So stark war diese Frau, daß sie die Last zu tragen imstande war.

Ende März erkrankte sie schwer. Die Ärzte rieten zum Empfang der Sterbesakramente. Um die Erlaubnis dafür zu erhalten, sollte sie ein Schreiben unterzeichnen. Den ihr vorgelegten Text, den man als ein Eingeständnis ihrer Schuld, des Ungehorsams und der Rebellion gegen die Kirche hätte auffassen können, konnte sie nicht unterzeichnen. Klaren Geistes verfaßte sie ihre eigene Erklärung, vielleicht das eindrucksvollste Schriftstück, das von ihr erhalten ist. Keine Klage, kein bitteres Wort brachte diese »gehorsame Tochter der heiligen Kirche« vor, wie sie sich in dem Schreiben selbst nannte. Maria Ward empfing dann die Sterbesakramente. Doch die Todeskrankheit löschte ihr Leben noch nicht aus. Im April 1631 wurde sie aus der Haft entlassen.

Tiefes Leid beugte die verkannte Frau. In ihrer Verdemütigung wurde sie am Glauben und an der Kirche trotz der Strenge der päpstlichen Aufhebungsbulle nicht irre; ihr Gottvertrauen erlitt keine Minderung. Sie fügte sich, weil der Papst gesprochen hatte. Dann ging Maria zum dritten Mal nach Rom, sie erhoffte immer noch von einem Gespräch mit Urban VIII. die Aufklärung ihrer Lage. Was mag in Urban VIII. vorgegangen sein, als er diese Frau ungebrochen und ehrerbietig nach der schmachvollen Verurteilung vor sich sah? Ob der Papst je einen solchen Gehorsam erlebt hatte?

»Heiliger Vater, weder bin ich noch war ich je eine Ketzerin.« Urban VIII. soll ihr geantwortet haben: »Wir glauben es, wir glauben es. Wir brauchen keinen anderen Beweis.«
Vielleicht gilt auch für Maria Ward und das Schicksal ihres ersten Instituts das Wort Johannes Pauls II., mit dem er das Geschick Galileis in der Kirche zusammenfaßte: »ein tragisches Mißverständnis auf beiden Seiten«.
Das Institut blieb aufgehoben; es bestand in der Kirche nicht mehr. Aber die innere Kraft und das Gottvertrauen der Gründerin wie die Treue der kleinen Schar der Gefährtinnen waren nicht erschöpft. Marias Hoffnung ging ihren Weg weiter, wenn sie sich gewiß auch die Frage stellen mußte, ob es noch eine Zukunft geben werde. Sie litt unter dem Abwandern der Gefährtinnen, denen die Bulle die Tür geöffnet hatte. Die bei ihr blieben, die kleinen Gruppen in Rom, München, Lüttich, bedeuteten Trost, aber auch Verantwortung. Sie gab nicht auf. In Rom gelang es Maria Ward, nahe Santa Maria Maggiore, ein Haus zu erwerben.
Die Briefe aus den römischen Jahren von 1632–1637 bezeugen die Gelassenheit wie ihre Einfügung in mißliche Lagen. Das vermochte sie, weil sie keine andere Absicht hatte, als in Gottes Willen zu leben. Trostlose Situationen machten sie nicht irre. »Die Liebe zu dem Willen ihres lieben Herrn ließ sie alles überstehen, ohne Gewaltanstrengung, ruhig und sanft«, steht in der ersten Biographie der Mary Poyntz aus den Jahren 1650/53. In einem Brief vom Januar 1632 ist zu lesen, zwar sei ihre Sorge endlos, aber sie lebe bis über die Ohren im Vertrauen.
In geschwächter Gesundheit machte sich die europäische Pilgerin 1637 auf ihren letzten langen Weg. Sie wanderte von Rom über Lyon nach Paris, von da nach Spa zur Wasserkur; solche Hilfen hatte sie wegen ihres Steinleidens öfter in ihrem Leben nötig gehabt. Dann ging sie nach England.
Kaum hatte sie das Festland im Dreißigjährigen Krieg verlassen, als in London der englische Bürgerkrieg ausbrach. Gerne hätte sie in der englischen Hauptstadt eine Schule eröffnet. Aber die politischen Unruhen machten dem Plan ein schnelles Ende. Sie mußte sich von London nach Yorkshire zurückziehen. Sie kam nicht als abgekämpfte, enttäuschte Frau in die Heimat zurück. Ermutigung und Frieden gingen von ihr aus. Gerade zur Zeit der Belagerung

von York im Frühjahr 1644 nahmen viele Menschen ihre Zuflucht zu ihr; niemand, so wird berichtet, sei ohne Trost und Stärkung im Vertrauen von ihr gegangen.
Doch bald schwanden ihre Kräfte. Am 30. Januar 1645 erlosch das Leben dieser starken und liebenswürdigen Frau. Der Name Jesu war ihr letztes Wort. Sie hatte ihren Weg gesucht und in vielen kleinen Schritten gefunden, die sie in Tapferkeit und Würde und in einem großen Vertrauen auf den Beistand Gottes gegangen war.

Kraft auf dem Weg

In dem Auftrag von 1611, nach den Konstitutionen des heiligen Ignatius ihr Fraueninstitut aufzubauen, lag für sie lebenslang die Erfüllung des Willens Gottes. Die geistlichen Aufzeichnungen der Jahre 1615–1620 lassen klar erkennen, daß es für sie kein anderes Leitmotiv gab als dieses: der Wille Gottes. Die Notizen geben aber auch zu verstehen, daß es ihrer ganzen Achtsamkeit bedurfte, um im täglichen Leben wahrzunehmen und zu erspüren, was Gott wohlgefällig, ihm angenehm war.
Der Wille Gottes, das, »was Gott gefiel«, war ihr Urverlangen; es blieb in allen Lagen lebendig. Die Kraft, die dunklen Zeiten durchzustehen und alle Mühsal zu ertragen, schrieb sie nie sich selbst zu. Trotz ihrer aktiven Natur wußte sie genau, wie sehr sie in allem auf Gottes zuvorkommende Hilfe angewiesen war. Ihre Gottbezogenheit gab keinen Rückzug frei auf das eigene Ich. Von daher ist auch Marias Optimismus zu verstehen, der in allem Gottes Vorsehung am Werk sah. »Wie gut sind deine Taten geordnet, mein Herr und mein Gott!« Maria Ward konnte daran glauben und darin Halt finden, was Jesaja einmal seinem Volk zugerufen hatte: »Wenn ihr gelassen bleibt und mir vertraut, dann erringt ihr den Sieg« (Jesaja 30,15).
In ihrem großen Vertrauen, daß Gott sie nicht verlassen werde, konnte sie bei allen Enttäuschungen immer im Frieden bleiben. Nie klagte sie über die vielen Hindernisse, die man ihr in den Weg legte. Nie jammerte sie über alle die Schwierigkeiten, die sie überwinden mußte. In ihnen sah sie Möglichkeiten der Sühne für die Welt. Und nur der Wille Gottes war ihr wichtig, das, »was Gott gefalle«: »Ich

sah, daß es Gott besser gefalle, wenn ich in diesem Leben Buße tue. Um seinen Wunsch zu erfüllen, bat ich inständig, er möge mir zeigen, worin oder wie ich die Buße verrichten könne; denn er war mir nahe ... Nach einer Weile dachte ich, es könnte gerade das sein, wodurch mir Gott Gelegenheit zur Buße geben wollte, daß ich viel mehr Schwierigkeiten und Kreuze auf meinem Lebensweg finden werde, als ich mir vorstelle. Ich bot mich darauf an, mit Liebe und Freude jede Not und Widrigkeit zu leiden, die bei der Erfüllung seines Willens über mich kämen, und bat ihn zugleich, daß mich nichts von dem abbringen möge, was er getan haben wollte.«

»Indem ihr euch auf den Weg macht, findet ihr eueren Weg«, waren ihre Worte. »Indem ihr – trotz aller Widrigkeiten – tut, was Gott gefällt, findet ihr euere Stärke und eueren Frieden« – das war das lebendige Beispiel ihres Lebens.

Das Werk der großen Frau ging durch eine schwierige Geschichte weiter, weil immer Frauen da waren, die ihre Spur nicht verließen. Heute arbeitet Maria Wards Institut in 16 Ländern in Europa, Asien, Afrika und Lateinamerika.

Literatur

M. Catherine Chambers I.B.M.V., Das Leben der Maria Ward, zwei Bände, Regensburg 1888/1889

Joseph Grisar S. J., Die ersten Anklagen in Rom gegen das Institut Maria Wards (1622), Misc. Hist. Pont., vol. XXII, Rom 1959

Joseph Grisar S. J., Maria Wards Institut vor römischen Kongregationen (1616–1630), Misc. Hist. Pont. vol. XXVII, Rom 1966

Walter Nigg, Mary Ward. Eine Frau gibt nicht auf, München 1983

Mathilde Köhler, Maria Ward. Ein Frauenschicksal des 17. Jahrhunderts, München 1984, auch als Taschenbuch erschienen

M. Immolata Wetter I.B.M.V., Mary Ward. In der Reihe: Große Gestalten des Glaubens, Aschaffenburg 1985

Henriette Peters I.B.M.V., Mary Ward. Ihre Persönlichkeit und ihr Institut, Innsbruck–Wien 1991

Gott Freude machen

BENEDIKT VON CANFIELD

(1562–1610)

Werner-Egon Groß

Ein bemerkenswerter Lebenslauf

Canfield ist ein kleines Schloß im englischen Essex. Der Besitzer durfte sich Lord von Little Canfield nennen und gehörte der anglikanischen Kirche an. So wurde auch der spätere Pater Benedikt im Jahre 1562 in dieser Kirche getauft und erhielt den Namen William. Mit 17 Jahren ging er nach London, um dort Jura zu studieren.

Zu dieser Zeit mußte die katholische Kirche unter Königin Elisabeth I. im Untergrund leben. Um so erstaunlicher ist es, daß damals ein Freund Williams ihm die Schrift eines heimlich in England weilenden Jesuitenpaters schenkte; sie nannte sich »Leitfaden für das christliche Leben«. William war davon beeindruckt, wurde ernster, gottbezogener. In seiner Autobiographie erzählt er sogar von einer Art Ekstase, die ihm damals von Gott geschenkt wurde: »Eine Tröstung des Geistes erfaßte mich, Friede und Freude erfüllte mehr und mehr mein Herz, so daß ich die ganze Welt vergaß und von mir selber nicht mehr wußte, daß es mich gibt.«

Am 1. August 1585 wurde er von einem Priester, der im Gefängnis saß, heimlich in die katholische Kirche aufgenommen. Ein halbes Jahr später wanderte er nach Frankreich aus. Dort war es wieder ein mystisches Erlebnis, in dem er endgültig erkannte, wie sein Weg weitergehen sollte. Er beschreibt es so: »Du, o Herr, hast mich so klar zum Ordensleben berufen, daß weder Zweifel noch Schwanken in mir blieb. Du hast mich mit einer so klaren, deutlichen und lauten Stimme gerufen, daß alle meine leiblichen und seelischen Funktionen aufhörten und ich solcher Kraft, Wirksamkeit und solchem Ruf nicht widerstehen konnte. Denn als ich um Mitternacht allein in meinem Zimmer war und meine Seele zu dir erhob, fühlte ich mich von dir angezogen, mein Geist wurde von einem plötzlichen übernatürlichen Licht erfüllt und von einem großen Feuer der Liebe ergriffen, so daß ich ganz außer mir geriet und in dich hineinversetzt wurde. Ich blieb, wie wenn ich alles Fühlen meiner selbst und der Welt um mich verloren hätte, und erlebte mich zu dir emporgerissen. In dieser Entrückung und Entfremdung von allen Sinnen erkannte ich auf unbeschreibliche Weise deinen Willen bezüglich meiner Berufung.«

So trat er am 23. März 1587 bei den Kapuzinern in Paris ein. Unmittelbar nach Abschluß seines Theologiestudiums wurde er bereits Novizenmeister. Wohl ein Zeugnis dafür, wie hoch er von seiner Provinzleitung eingeschätzt wurde. Später war er in etlichen Klöstern Guardian und wurde schließlich auch in die Provinzleitung gewählt.

Neben seiner Predigttätigkeit gewann Pater Benedikt vor allem Einfluß auf die religiöse Reformbewegung der damaligen Zeit in Frankreich. Dies in etlichen Benediktinerinnenklöstern, vor allem aber in dem Kreis, der sich um eine vornehme Frau in Paris, Madame Acarie, gebildet hatte. Zu diesem Kreis gehörten Männer wie Kardinal Bérulle, Franz von Sales und Vinzenz von Paul. Jedoch auch über diesen Kreis hinaus wurde sein Hauptwerk »Regel der Vollkommenheit« zu *dem* mystischen Standardwerk nicht nur seiner Zeit, sondern auch mindestens über ein weiteres Jahrhundert hinaus. Es erschienen von ihm über fünfzig Auflagen, nicht nur in Französisch, sondern auch in Lateinisch, Englisch, Deutsch, Spanisch, Niederländisch, Italienisch und sogar in Arabisch. Die letzte deutsche Ausgabe erschien 1989.* Leider starb dieser begnadete Kapuziner schon mit 48 Jahren.

Wie er sein ganzes Leben lang oft stundenlang die Gnade der Entrückung geschenkt bekommen hatte, so ging er auch in einer Art Ekstase in die unmittelbare Anschauung Gottes hinüber. Seine letzten Worte – mit den Augen des Geistes wohl schon im Himmel – waren: »O wunderbarer, o unbegreiflicher Abgrund der Liebe Gottes!«

Das Hauptwerk Pater Benedikts, »Die Regel der Vollkommenheit«, beschreibt im I. Teil das »aktive Leben«, im II. Teil das »kontemplative Leben« und im III. Teil das »mystische Leben«. Dabei enthält der I. Teil die Vollkommenheitslehre Pater Benedikts von Canfield. Sie wollen wir hier kurz darlegen. Bis zu einem gewissen Grade ist sie auch für den nachvollziehbar, der nicht wie unser Autor mystisch begnadet ist.

Mit allem, was wir tun, Gott *Freude* machen

Pater Benedikt schwebte für das christliche Leben eine große Leitidee vor Augen: Das Wollen Gottes. Doch müssen wir hier auf etwas ganz Wichtiges aufmerksam machen: Das Wort »Wille Gottes« oder besser »Wollen Gottes« hatte zur damaligen Zeit eine umfassendere Bedeutung als heute. »Gott will dies und das« hieß nicht nur »Gott befiehlt«, »Gott fordert« oder »Gott verlangt«, sondern auch »Gott wünscht«, »Gott sieht es gern«, »Gott freut sich, wenn du das und das tust.«
In dieser weiten Bedeutung versteht es auch Pater Benedikt von Canfield. Ja, er definiert das Wollen Gottes einigemal ganz schlicht und einfach so: »Gottes Wollen, das ist seine Freude an unserem rechten Tun.« Umgekehrt ist es dann so: Wenn wir in unserem Tun dem Wollen Gottes entsprechen, dann machen wir ihm damit Freude. Deshalb nennt Pater Benedikt in seinem Buch immer und immer wieder beides in einem Atemzug: den Willen Gottes erfüllen und ihm Freude bereiten.

Gott mit *allem,* was wir tun, Freude machen

Wir erkennen das Wollen Gottes zunächst durch seine Gebote oder auch durch die Vernunft, die mir in diesem oder jenem Falle sagt, was ich tun soll. Wie ist es jedoch, wenn ich etwas zu entscheiden habe, bei dem mir weder das göttliche Gebot noch die menschliche Vernunft eine Weisung gibt? Ich gehe zum Beispiel im Wald spazieren und komme vor eine Weggabelung. Ich kann rechts abbiegen, aber auch genausogut links. Denn beide Wege sind für mich, für meine Gesundheit, oder was es sein mag, gleichwertig.

Wie kann ich nun in einer solchen völlig wert-neutralen Situation ganz gezielt Gottes Wollen erfüllen und ihm Freude machen?
Pater Benedikt gibt darauf folgende Antwort: »In diesem Falle kann ich mich für das entscheiden, was ich selber will. Ich muß dabei nur mein Tun auf das Wollen Gottes ausrichten und dabei innerlich etwa so sprechen: ›Ich tue dies, weil es deinem Wollen gemäß ist, o Gott, und weil es dir Freude macht.‹«
Das heißt zum einen: Wenn wir immer und bei allem den Willen Gottes erfüllen und ihm Freude machen wollen, dann brauchen wir dabei unseren eigenen Willen nicht völlig auszuschalten oder gar zu vernichten. Es geht nur darum, ihn mit dem Wollen Gottes in Einklang zu bringen.
Es bedeutet aber vor allem: Wir können tatsächlich mit *allem*, was wir tun, auch mit den ganz neutralen Tätigkeiten, die meiner eigenen Entscheidung überlassen sind, wie Essen oder Trinken, sich über ein Geschenk freuen, ein schönes Buch lesen oder, was es sonst sein mag, Gott Freude machen. Und Pater Benedikt meint, wir sollten das auch auf die beschriebene Weise tun: Immer und immer wieder den ganzen Tag hindurch zu Beginn jeder neuen Tätigkeit denken, auch damit will ich dir, o Gott, Freude machen. Ja, der Mystiker scheut sich nicht, selbst die Tätigkeit zu erwähnen, die scheinbar mit der Frömmigkeit am allerwenigsten zu tun hat, der Gang zum WC.
»Warum auch nicht«, sagt er, »Gott läßt doch seine Sonne scheinen nicht nur über eine blühende Wiese, sondern auch über den Misthaufen des Bauern vor dem Haus.«

Warum Gott Freude machen?

Warum bemühen wir uns, die Gebote Gottes zu halten? Aus Gehorsam. Warum loben und ehren wir Gott und beten ihn an? Weil wir ihn als den heiligen, lobwürdigen und anbetungswürdigen Gott vor Augen haben. Pater Benedikt von Canfield schließt diese Beweggründe unseres Tuns gewiß nicht aus. Jedoch fällt auf, daß er kaum davon redet. Selbst da, wo er die Tugenden aufzählt, die wir üben sollen, um vollkommen zu werden – er tut es an zwei Stellen seines Werkes –, nennt er die Tugend des Gehorsams oder der Anbetung nicht. Sein Lebenswahlspruch ist ja auch nicht »Die

Gebote Gottes halten« und auch nicht das ignatianische »Alles zur größeren Ehre Gottes«, sondern »Gott Freude machen«. Und wenn wir jetzt die obige Frage in dieser neuen Formulierung wiederholen: »Warum wollen wir Gott Freude machen?« dann kann die Antwort doch nur so lauten: »Weil wir ihn lieben.«
Die große Idee, unter die wir unser ganzes Leben, all unser Tun und Sein stellen können, ist also nach Pater Benedikt diese: Aus Liebe zu Gott ihm mit all unserem Tun Freude machen.

Gott Freude machen aus völlig *selbstloser* Liebe

Unser Autor geht nun sogar noch einen Schritt weiter. In unseren alten Katechismen stand die Frage: »Wozu sind wir auf Erden?« Die Antwort lautete ungefähr so: »Um Gott zu dienen und zu ehren und *um so in den Himmel zu kommen.*« Ich will also etwas davon haben, wenn ich Gott treu bis zum Lebensende diene oder wenn ich immer wieder anbetend vor ihm knie: den Himmel. Niemand kann uns diesen Wunsch verwehren. Was kann es denn für ein ehrenwerteres Motiv in unserem Handeln geben als dies: Im Tausch für unser rechtes Verhalten gegenüber Gott den Himmel zu gewinnen? Auch Pater Benedikt hat nichts dagegen; er hält dieses Motiv für gut wie auch die Motive, die in den Orationen unseres Meßbuches genannt werden: ». . . daß wir reich werden an guten Werken«, ». . . daß wir den verheißenen Lohn erlangen«, ». . . daß wir die ewigen Güter nicht verlieren«. All diese Motive verwirft Pater Benedikt von Canfield nicht.
Jedoch meint er, noch besser und noch schöner wäre es, dieses »um so in den Himmel zu kommen« und all die anderen »um zu . . .« und »damit wir . . .« und »daß wir . . .« wegzulassen, Gott einfach zu lieben mit einer völlig selbstlosen Liebe, mit einer »reinen, nackten Liebe«, wie man zu seiner Zeit sagte, ohne dafür etwas haben zu wollen. Das heißt: Zu Gott aufschauen, ihn einfach lieben und ihm beständig Freude bereiten wollen, noch nicht einmal weil er gut ist, denn das schließt immer auch ein, weil er gut zu mir ist, sondern Gott lieben alleine deswegen, weil er liebens-würdig und liebenswert ist.
Für Pater Benedikt von Canfield lautet also die alte Katechismusfrage und ihre Antwort so: »Wozu sind wir auf Erden?« »Um Gott

zu lieben und ihm Freude zu machen.« Mehr nicht. Können wir uns eine noch größere Sinngebung unseres Lebens vorstellen?
Der Kapuzinermystiker ist sich allerdings dessen bewußt, daß eine solche Sinngebung nicht für alle Menschen gültig sein kann, auch nicht für alle Christen. Jedoch manchen von uns könnte dieses hohe Ideal faszinieren und anreizen, ihm wenigstens ein kleines Stückchen nahe zu kommen. Wie weit es Pater Benedikt selber geführt hat, nämlich bis zur unmittelbaren Anschauung Gottes und zur innigsten Vereinigung mit ihm, das beschreibt er im II. und III. Teil seines Buches.

Die Bedeutung für unsere heutige Zeit

Im Bemühen, aus der Hetze, dem Trubel und der Kopflastigkeit herauszukommen, ist heute »Meditation« ein viel gesuchter Hoffnungsanker. Warum nicht? Dabei ist häufig von einem chinesischen Weisen – es kann auch ein indischer Weiser sein oder ein Zen-Guru – die Rede, der sagte: »Wenn ich gehe, dann gehe ich, wenn ich esse, dann esse ich, wenn ich schlafe, dann schlafe ich.« Er meint: Bei allem, was wir tun, ganz bewußt dabei sein. Das führt den Menschen zur Sammlung und öffnet ihm den Weg nach innen. Nicht schlecht.
Wozu jedoch leitet uns Pater Benedikt von Canfield an? Bei allem, was wir tun, zu denken: Das will ich tun, um Gott Freude zu machen. Bringt uns das nicht auch dazu, bei allem ganz bewußt dabei zu sein? Und wird es uns dann nicht ebenso zur Sammlung führen und das Tor nach innen öffnen. Nur wird es uns sogar noch weiter führen: In unserm Innern Gott zu finden und liebend in ihm zu ruhen.

* Das Werk Pater Benedikts ist beim Autor dieses Artikels zu erhalten: P. Werner-Egon Groß, Kapuzinerkloster, D-68753 Waghäusel

Engagierte Gelassenheit

IGNATIUS VON LOYOLA

(1491–1556)

Willi Lambert

Am 17. September 1555 schreibt Ignatius von Loyola, der Gründer des Jesuitenordens, an seinen Mitbruder, den früheren Herzog Francisco de Borja und derzeitigen Generalkommissar der Gesellschaft Jesu in Spanien:
»Wenn ich auf Gott unseren Herrn in allen Dingen schaue, wie es Ihm wohlgefällt, so müßte ich es als verfehlt betrachten, wollte ich mich auf menschliche Mittel und Bemühungen allein verlassen. Andererseits aber kann ich es auch nicht als einen sicheren Weg betrachten, alles nur auf das Gottvertrauen zu setzen, ohne das gebrauchen zu wollen, was er mir in die Hand gegeben hat. Vielmehr bin ich in unserem Herrn der Überzeugung, daß ich das eine tun, das andere nicht unterlassen soll.«
Ganz auf den »Gott in allen Dingen« vertrauen und die Dinge kraftvoll in die Hände nehmen! So lautet die geistliche Einsicht von Ignatius und die »goldene Regel« seines Handelns. Sie hat er nicht nur verkündet, sondern in »engagierter Gelassenheit« (Teilhard de Chardin SJ) täglich selbst gelebt. Sie birgt in sich eine befreiende Theologie und die Einladung zu einem Leben nach dem Evangelium mitten im Herzen der Welt.

»Von einem, der auszog, das Vertrauen zu lernen«

Im Jahr 1492 wurde Amerika entdeckt, im Jahr 1521 erstmals die Erde umsegelt. Beide Daten kennzeichnen die Atmosphäre des Aufbruchs und Umbruchs jener Zeit, in der Ignatius von Loyola lebte.
1491 wurde »Iñigo« als 13. Kind einer vornehmen baskischen Adelsfamilie geboren; 1521 war das Jahr seiner radikalen Umkehr

und Lebenswende. Aufbruch, Wagnis, Risiko und Vertrauen bildeten zentrale Themen seines Lebens und Glaubens:

- Als Knabe und junger Mann kniete er oft vor dem Gemälde der Verkündigung Mariens, unter dem ein ritterlich-draufgängerisches Motto stand: »Warum nicht?!«
- Während seiner soldatischen und diplomatischen Ausbildung am Hof des königlichen Großschatzmeisters (1506–1516) und in seinem Dienst beim Vizekönig von Navarra (1517–1521) wurden die Tugenden Mut und Klugheit gleichermaßen verlangt und gepflegt.
- Zu Beginn seiner Bekehrungsphase (1521–1523) erlebte er die schreckliche Versuchung, seinem Leben durch den Sturz in einen Abgrund ein Ende zu setzen, wurde aber vom Geist Gottes dahin geführt, sich vertrauensvoll in die Hände Gottes fallen zu lassen.

Selbst wenn man nur die Hauptüberschriften der Biographie des Ignatius nennt, scheint etwas auf von der geistlichen Lebensdynamik, die sich immer wieder durch die Phasen von Unsicherheit-Abwägen-Vertrauen-Entscheiden-Wagen hindurchzieht:
Pilgerreise nach Jerusalem mit lebensgefährlichen Schiffahrten (1523); Entschluß, noch mit über 30 Jahren das Studium der Philosophie und Theologie zu beginnen (1524–1536); neunmalige Vorladung vor ein kirchliches Gericht; Bereitschaft, immer wieder neu betend den Willen Gottes für sich und die Gefährten, die sich ihm anschlossen, zu suchen; das Wagnis, einen Orden mit einer neuen geistlichen Ausrichtung zu gründen (1539/40); als Ordensgeneral (1541–1556) ständig Entscheidungen über menschliche Mittel und Möglichkeiten und zugleich radikales Vertrauen auf das Wirken des Geistes Gottes.
Ignatius starb am 31. Juli 1556 ohne Beisein seiner Gefährten. »Ay Dios – o Gott« waren die letzten Worte, die der Krankenbruder aus dem Sterbezimmer hörte. Man darf annehmen, daß Ignatius, äußerlich verlassen, aber innerlich gelassen, sich und sein Leben noch einmal und endgültig seinem Gott anvertraut hat.
In der Biographie des Ignatius wird die Grundspannung zwischen Gottvertrauen und Selbstvertrauen sowie ihre schrittweise lebensgeschichtliche Verwirklichung exemplarisch deutlich. Ein Zeugnis aus seinem letzten Lebensjahr zeigt, daß er schon früh um diese Grundspannung wußte: »Unser Herr habe ihn schon vor dreißig

Jahren gelehrt, in den Sachen des göttlichen Dienstes zwar alle erlaubten Mittel anzuwenden, dennoch aber sein Vertrauen ganz auf Gott zu richten und nicht auf die Mittel.«

Vom naiven Selbstvertrauen zum Gottvertrauen

»Vor dreißig Jahren«, das heißt in der Zeit nach seiner Bekehrung, die auf das Jahr 1521 anzusetzen ist. Damals gab es einen entscheidenden »Karriereknick« in der Laufbahn des jungen, selbstbewußten und draufgängerischen Iñigo: Eine Beinverletzung bei der Verteidigung der Feste Pamplona führte dazu, daß sein Leben nur noch an einem seidenen Faden hing. Er selbst schildert einem Mitbruder die entscheidende Krisenphase:
»Und es ging ihm doch immer schlechter. Er konnte nicht essen; und dann die übrigen Vorkommnisse, die Zeichen für den Tod zu sein pflegten. Und als der Tag des heiligen Johannes kam, riet man ihm zu beichten, weil die Ärzte sehr wenig Vertrauen auf seine Rettung hatten« (»Bericht des Pilgers«, im folgenden = PB, 3).
In dieser Phase erkannte Ignatius zutiefst, wie wenig Sicherheit Lebenskonzepte, Karriereplanungen, Gesundheit, ja das Leben selber geben können. Und unendlich mehr erfuhr er, daß im Vertrauen auf Gott allein sein Leben Sinn und Sicherheit finden konnte.

»Seine ganze Sache war: Gott allein«

Als Ignatius sich 1523 in Barcelona einschifft, lehnt er es ab, sich einer Reisegesellschaft anzuschließen. Er sagt dazu:
»Seine ganze Sache war, Gott allein als Zuflucht zu haben ... Denn er wünsche drei Tugenden zu haben: Liebe und Glaube und Hoffnung. Und wenn er einen Gefährten hätte, würde er, wenn er Hunger hätte, von ihm Hilfe erhoffen; und wenn er fiele, daß er ihm aufzustehen helfe; und so würde er auch aus diesen Gründen auf ihn vertrauen und Zuneigung haben; und daß er dieses Vertrauen und diese Zuneigung und Hoffnung allein auf Gott richten wolle. Und was er in dieser Weise sagte, verspürte er so in seinem Herzen« (PB 35).
Im Anschluß an diese Stelle berichtet Ignatius eine ganze Reihe von Experimenten des Vertrauens auf Gott:

- Er wird kostenlos in einem Schiff von Barcelona nach Gaeta an der italienischen Küste mitgenommen.
- Er fälscht – im Gegensatz zu seinen Gefährten – keinen Paß für sich und kommt von Padua nach Venedig durch, ohne daß die Wachen ihn kontrollieren. – »Und als sie nach Venedig gekommen waren, kamen die Wachen zum Boot, um alle, einen nach dem anderen, soviele darin waren, zu überprüfen, und nur ihn ließen sie aus« (PB 42).
- Die Dukaten, die man ihm für die Überfahrt von Venedig nach Jerusalem geschenkt hat, verschenkt er – und darf, auf Vermittlung des Dogen hin, umsonst nach Jerusalem fahren.
- Auf der Rückreise nimmt ihn ein prächtiges, großes venezianisches Schiff nicht mit – und geht im Sturm unter, während Ignatius auf einem kleinen Schiff im selben Sturm überlebt.

Der glückliche Ausgang dieser »Experimente« des Glaubens und der Hoffnung bestärkt Ignatius im Vertrauen auf Gott. – Später läßt er die jungen Jesuiten während der Ausbildung das sogenannte »Experiment« einer mehrwöchigen Bettelreise machen.

»Gott in allem«

Gottes Geist hat Ignatius in seiner Lebensgeschichte aus dem »naiven Selbstvertrauen« hingeführt zum radikalen Gottvertrauen. Für den geistlich gereiften Ignatius besteht kein Gegensatz mehr zwischen dem Vertrauen auf Gott und dem Gebrauch der »Dinge der Welt«: Er kann »Gott *in allem* suchen und finden«. Er bezeichnet sich selbst immer wieder als »Schüler Gottes« und geht doch zugleich in die Schule der Menschen. Er lebt aus dem Gebet und achtet doch auf die Spielregeln menschlicher Organisation und Diplomatie.

Gottes Macht befreit

Was da mit und in Ignatius geschehen ist, ist nicht nur eine private Herzensgeschichte, sondern auch ein großer theologiegeschichtlicher Durchbruch im Blick auf das Zusammenwirken von Gott und Mensch.

Gott und Mensch sind nicht Konkurrenten, für die gelten würde: Je mehr Gott gegenwärtig ist, desto weniger Raum bleibt für den Menschen; je selbständiger der Mensch ist, um so weniger bleibt für Gott übrig; lieber die Sachen selber in die Hand nehmen, statt auf ein Eingreifen Gottes zu warten.

Gott und Mensch, Kontemplation und Aktion, Gottes Wille und menschliches Wollen, Gottes Wirken und menschliches Handeln sind für den geistlich gereiften Ignatius untrennbare Spannungseinheiten.

All die falschen Alternativen der Geistesgeschichte gelten hier nicht mehr: Die menschliche Autonomie braucht nicht gottesfeindlich zu sein. Das menschliche Denken braucht keinen Gegensatz zum Glauben darzustellen. Die Welt ist nicht gottwidrig, sondern Offenbarungsort und gleichsam der biblische Dornbusch für das Erscheinen des »Gottes in allen Dingen«.

Die menschliche Freiheit wird durch Gottes Allmacht nicht eingeschränkt, sondern erst ermöglicht. Ja, in der Begegnung von menschlicher Freiheit mit göttlichem Freisein wird der Mensch in seiner Freiheit gesteigert: Je mehr er er selber ist, desto mehr wirkt Gott in ihm; und je mehr er Gott in sich wirken läßt, desto mehr lebt er aus seinem Eigenen. So wie im Wachstum einer Freundschaft die beiden Befreundeten sich nicht behindern, sondern einander helfen zu wachsen.

Die Einheit menschlichen und göttlichen Lebens und Wirkens ist so fundamental und innig, daß es dabei nicht um eine Art Addition menschlichen und göttlichen Tuns geht. Mensch und Gott sind nicht »Tarifpartner«, die um Prozentanteile ihres Machteinflusses streiten müßten. Mehr auf Gott zu vertrauen heißt nicht, weniger auf die eigenen Kräfte zu vertrauen. Sondern es gilt, verkürzt und formelhaft gesagt: »Je mehr Gott, desto mehr Mensch; je mehr Mensch, desto mehr Gott!« Je mehr ich schöpferisch handle, desto mehr gebe ich Gott als Schöpfer Raum. Je mehr ich verantwortlich denke, desto mehr bewege ich mich im Raum der göttlichen Weisheit. Je mehr ich sorgsam vorausschaue, desto mehr bewege ich mich in der Perspektive der Vorsehung Gottes. Je mehr ich Gott Befreier sein lasse, desto mehr komme ich in meine eigene Freiheit.

Karl Rahner, ein großer »theologischer Sohn« des Ignatius, faßt

diesen Zusammenhang göttlichen und menschlichen Freiseins und Zusammenseins in seinem »Grundkurs des Glaubens« in die Worte: »Radikale Abhängigkeit und echte Wirklichkeit des von Gott herkünftig Seienden wachsen im gleichen und nicht im umgekehrten Maße.«
Hugo Rahner, der Bruder von Karl Rahner, hat die theologische Aussage als eine »ignatianische Spielregel« ausgedrückt: *»So auf Gott vertrauen, daß man dabei nie vergißt: Du mußt alles tun, was du von dir aus tun kannst. Und so arbeiten, daß man dabei nie vergißt: Letztlich kommt es nur auf die Gnade Gottes an.«*

Leben aus Vertrauen

Mit Gott vertraut

Das Gottvertrauen des Ignatius ist mehr als nur eine seelische Haltung. Sie ist das Vertrautsein mit Gott selber. Es ist seltsam: Derselbe Ignatius, für den Gott die ehrfurchtgebietende »unendliche Majestät« ist, spricht von einer »familiaritas cum Deo«, einem Vertrautsein mit Gott. Am deutlichsten wird dies, wo er gegen Ende seines Lebens von sich erzählt: »Seine Andacht habe immer mehr zugenommen, das heißt, die Leichtigkeit, mit Gott in Verbindung zu treten, und dies sei jetzt größer als je sonst in seinem ganzen Leben. Immer und zu jeder Stunde, wann er Gott finden wolle, könne er Ihn finden« (PB 99).
Ignatius fühlte sich wie ein Kind »bei Gott zu Hause«. Er wußte: Hier darf ich sein; und von Gott gehalten, darf ich mich vertrauensvoll »weit aus dem Fenster lehnen« und in die Welt hineingehen.

Nichts ohne Gott – mit Gott alles

»Du vermagst nichts ohne Gott, auch wenn du es wolltest. Gott will nichts ohne dich, obwohl er es könnte. Mit Gott verbündet wirst du alles vermögen.« – Was für ein differenziertes geistliches Lebensgefühl und was für eine spannungsvolle Lebendigkeit zeigt sich in diesen ignatianischen Worten! Und nicht nur in den Worten, sondern auch im Leben von Ignatius. Einiges aus seinem Leben könnte eine Anregung auch für unsere Zeit sein:

- Ignatius sorgte für eine ausgezeichnete, intensive Ausbildung – und ließ seine Ordensstudenten zum Betteln gehen, damit sie lernten, aus Hoffnung und Vertrauen zu leben.
- In einer kritischen Phase der Ordensgründung ließ er alle diplomatischen Möglichkeiten, die ihm zur Verfügung standen, spielen – und erwartete doch Entscheidendes von der häufigen Feier der Eucharistie durch seine Mitbrüder.
- Ignatius vertraute nicht nur Gott, sondern auch den Menschen. Einem Mitbruder, der erst ein Jahr lang im Orden war, zu dem Ignatius aber Vertrauen gefaßt hatte, überließ er für eine schwierige Aufgabe mehrere von ihm unterschriebene Blankovollmachten.
- Das Delegieren war für ihn ein wichtiges Leitungsprinzip. Der Obere soll nur das tun, was zum Notwendigen seiner Aufgaben gehört, alles andere soll er den Zuständigen überlassen.
- Ignatius betont immer wieder den Gebrauch der »natürlichen Mittel« (Wissenschaft, Beziehungen, Fähigkeiten ...) und ineins damit den der »übernatürlichen Mittel« (Gebet, Sakramente, Glauben): Er ist ein Mensch des Gebetes und zugleich der Tat, kontemplativ in der Aktion.

Eine Spiritualität der »engagierten Gelassenheit«

Vielleicht kennzeichnet kein Wort so gut die ignatianische »Doppelhaltung« des Vertrauens auf Gott und zugleich auf die eigenen Kräfte wie der Ausdruck »engagierte Gelassenheit«. So versucht Pater Teilhard de Chardin SJ das ignatianische Grundwort »Indifferenz« zu übersetzen.

Wer gelassenes Engagement und engagierte Gelassenheit leben kann, der lebt aus Gott- und Selbstvertrauen heraus. Wer so lebt,
- der kann schlafen und wachen: »Den Seinen gibt's der Herr im Schlaf« – »Wachet und betet mit mir!«
- der tut immer wieder etwas, »das ein bißchen Angst macht«, das heißt, der vertraut auf die eigenen verborgenen Kräfte *und* auf Gottes Segen
- der hat bei allem eigenen Bemühen immer das Wort Jesu im Ohr: »Sorgt euch nicht ängstlich ...«
- der traut der Welt, weil sie Gottes Schöpfung ist

- der muß die Welt und die Menschen nicht vergötzen – weil Gott in allem ist
- der spürt in den Bewegungen der Weltgeschichte den Herzschlag Gottes
- der lebt in der »Fülle des Lebens« (Johannes 10,10).

Wege ins Vertrauen

Der Blick auf das Leben und die Spiritualität von Ignatius mag dazu verlocken, sich selber mehr auf den Weg gläubigen Vertrauens zu begeben. Aber »wie soll dies geschehen«?

Die grundlegende Antwort lautet: Glauben und Vertrauen sind ein Urgeschenk Gottes. Oft schläft dieses Vertrauen im Menschen. Oft ist der Vertrauenskeim von Dornen und Disteln überwuchert, ja bis in den Kern geschädigt. Aber die Worte Jesu: »Dein Glaube hat dir geholfen«, zeigen, daß in der Begegnung mit ihm die Glaubensbereitschaft zum Leben erweckt werden kann.

Wie zum Glauben kommen? Paulus gibt darauf als Antwort: »Der Glaube kommt vom Hören!« (vergleiche Römerbrief 10,14) Dies bedeutet: Höre immer wieder auf das Evangelium, auf seine frohmachenden Botschaften: »Mit ewiger Liebe liebe ich dich. – Hab' keine Angst: Ich bin es. – Dein Gott freut sich über dich. – Der Friede ist mit dir. – Bei deinem Namen rufe ich dich.«

Ignatius pflegte sein Gottvertrauen, indem er jeden Morgen bewußt ein paar Minuten lang auf den Tag vorausschaute, ruhig in sich das Kommende dasein ließ und den Tag als neu auf ihn zukommende Schöpfungsgeschichte aus Gottes Hand entgegennahm.

Am Mittag und am Abend würde er unsere oft so »aufgescheuchten Seelen« (D. Bonhoeffer) mit einer Reihe von Fragen zur besinnlichen Rückschau einladen:

- Kann ich den heutigen Tag dankbar als Geschenk wahrnehmen? – Oder stehe ich nur vor einem Stapel von Eigenprodukten?
- Stehe ich dauernd unter Zeitdruck? Spüre ich eine ständige Verkrampfung und gesundheitsgefährdende Überanstrengung? – Oder nehme ich in meinem Tun etwas vom freien Atem des Schöpfergeistes wahr?
- Glaube ich in einem »Allverantwortlichkeitswahn« und getrie-

ben von lauter Schuldgefühlen, »die Welt retten« zu müssen mit meinem Aktionismus? – Oder glaube ich an einen Gott, »der um meinetwillen in allen geschaffenen Dingen auf dem Angesicht der Erde arbeitet und sich müht« (Exerzitienbuch, Nr. 236)?
- Kann ich mit Ohnmachtsgefühlen angesichts so vieler ungelöster Probleme positiv umgehen? – Oder reagiere ich nur mit Resignation beziehungsweise mit ohnmächtiger Wut?
- Lebe ich mit den Talenten, die mir gegeben sind, oder vergrabe ich sie »aus Angst« (vergleiche Matthäus 25,14–30)?
- Sichere ich mich ständig ab, oder riskiere ich immer wieder etwas, »das mir ein bißchen Angst macht«?
- Gibt es in meinem Leben das »ora et labora«, das Zusammen von Beten und Arbeiten?
- Bin ich in der Lage, mich Menschen anzuvertrauen, oder ziehe ich mich immer mehr in mich zurück?
- Kann ich Arbeit delegieren, oder meine ich, alles selber tun zu müssen?

Wer sich darauf einläßt, mit solchen Fragen zu leben, der kann mit der Zeit etwas davon ahnen, was es heißt, immer tiefer auf Gott zu vertrauen und zugleich ganz aus dem Eigenen heraus zu leben.

Ignatius hat in Stürmen und auf Schiffen das Vertrauen gelernt. Wie die Jünger auch: sturmgeschüttelt schreien sie den schlafenden Jesus wach: »Meister, kümmert es dich nicht, daß wir untergehen?« Da fragt sie Jesus zurück: »Warum habt ihr solche Angst? Habt ihr noch keinen Glauben?!« (Markus 4,40) Er fragt nicht: »Warum rudert ihr denn mit allen Kräften? Warum sucht ihr die Richtung mit dem Steuer zu halten?« Natürlich sollen die Jünger rudern und Orientierung suchen: Gefaltete Hände sind keine Alternative zum Rudern. Wohl aber erlöst das Vertrauen auf Gottes rettende Hand von der bodenlosen Angst um sich selbst und von krampfhaften Selbstrettungsversuchen. Und darum fragt Jesus die Jünger nach ihrem Vertrauen und verweist sie auf die Wahrheit: »Nur Stille und Vertrauen verleihen euch Kraft« (Jesaja 30,15).

Um die Wirkung dieser Kraft weiß ein altes Wort aus der ignatianischen Spiritualität: »Wenige Menschen ahnen, was Gott aus ihnen machen würde, wenn sie sich der Führung seiner Gnade rückhaltlos übergäben.«

Literatur

Ignatius von Loyola, Geistliche Übungen. Übertragen und erklärt von Adolf Haas, Freiburg 1988 (»Exerzitienbuch«)

Ignatius von Loyola, Der Bericht des Pilgers. Übersetzt und erklärt von Burkhart Schneider, Freiburg 1977

Ignatius von Loyola, Trost und Weisung. Geistliche Briefe. Herausgegeben von Hugo Rahner, neu bearbeitet von Paul Imhof, Zürich [2]1989

Josef Stierli, Ignatius von Loyola. Auf der Suche nach dem Willen Gottes, Mainz 1990

Willi Lambert, Aus Liebe zur Wirklichkeit. Grundworte ignatianischer Spiritualität, Mainz 1991

Discretio – die Kunst des rechten Maßes

BENEDIKT VON NURSIA

(480–547)

Anselm Grün

In der Lebensbeschreibung des heiligen Benedikt bemerkt Papst Gregor der Große, der Abt von Montecassino hätte eine Regel verfaßt, die sich vor allem durch ihre discretio auszeichne. Das weise Maß, mit dem Benedikt seine Anordnungen gibt, hat seiner Regel 200 Jahre nach seinem Tod zur weiten Verbreitung in ganz Europa verholfen. Benedikt war zu seiner Zeit ein Abt unter vielen Klostervorstehern. Und damals gab es viele Regeln, nach denen die Klöster lebten. Doch die psychologische Weisheit und die discretio, mit der er das Leben im Kloster im Geiste Jesu geformt hat, haben seiner Regel eine einzigartige Wirkung durch die Jahrhunderte gegeben. Im Mittelalter wurde die Regel Benedikts zum Erziehungsbuch für die Söhne des Adels und der gesamten Kultur des Abendlandes prägte sie ihren Stempel auf.

Das Leben des heiligen Benedikt

Benedikt wurde 480 in Nursia geboren als Sohn adeliger Eltern. Von dort kam er nach Rom zum Studium. Doch die dekadente Großstadt widerte ihn an. So verließ er die Stadt und kam nach Enfide, zusammen mit seiner Amme. Als ihn ein Wunder bekannt machte, entfloh er in die Einsamkeit der Berge um Subiaco. Drei Jahre lang blieb er dort in einer Höhle und machte die Erfahrungen der großen Einsiedler durch. Er wurde mit sich selbst, mit seinen Schattenseiten, mit seinen Fehlern und Schwächen, konfrontiert, er hielt Ausschau nach Gott, wurde verwandelt in der Begegnung mit Gott, wurde gleichsam neugeboren in der Höhle der Einsamkeit.
Da entdeckten ihn Hirten, und schon sammelten sich junge Männer um ihn. Für sie gründete er zwölf kleine Klöster um Subiaco herum.

Als ein Priester der Nachbarschaft eifersüchtig auf die blühende Mönchsgemeinde wurde, zog Benedikt mit allen Mönchen nach Montecassino und gründete dort auf dem Berg anstelle eines alten heidnischen Heiligtums ein Kloster, das zur Keimzelle eines neuen Europa werden sollte. Man nimmt an, daß Benedikt um das Jahr 529 nach Montecassino zog und dort 547 starb.
In Montecassino schrieb Benedikt eine Regel für seine Mönche. Dabei benutzte er die Regula Magistri, die um diese Zeit in vielen Klöstern Italiens Geltung hatte. Doch während die Magisterregel mißtrauisch ist und meint, die Mönche müsse man mit aller Strenge zu einem frommen Leben zwingen, ist Benedikt voller Optimismus und Vertrauen in seine Mitbrüder. Es ist die Zeit der Völkerwanderung. Immer neue Völker überfallen die italienischen Landschaften, plündern die Häuser und Felder. Man weiß nicht mehr, an wen man sich halten soll. Es ist eine Zeit tiefer Resignation und starken Mißtrauens. Auch die Kirche ist in sich zerstritten. Weite Teile sind der arianischen Irrlehre verfallen.
In dieser Situation verliert Benedikt kein Wort über die mißlichen Zustände. Er geht vielmehr daran, gegen die zerfallenen Strukturen von Staat und Gesellschaft ein kleines Kloster zu bauen und zu formen, in dem Mönche verschiedener Stämme miteinander friedlich leben, weil sie gemeinsam Gott suchen. Benedikt ist geprägt von einer tiefen Sehnsucht nach der Urkirche. Wie damals gelingt es auch ihm, daß Römer und Goten, Besetzer und Besetzte miteinander im Geist Jesu beten und arbeiten. Unter den vielen Gedanken, mit denen er seine Gemeinschaft prägt, möchte ich nur den der discretio herausnehmen.

Discretio – das rechte Maß

Discretio meint die Gabe der Unterscheidung. Die Unterscheidung der Geister war für die Mönchsväter die höchste Tugend und zugleich Geschenk von Gott. Der geistliche Vater, der andere begleiten wollte, mußte diese Gabe besitzen. Die Voraussetzung war, daß der Mönch erst seine eigenen Gedanken und Gefühle, seine Bedürfnisse und Leidenschaften anschaut und durchschaut, um sie dann auch bei anderen zu erkennen. Wenn er sie erkannt hat, geht

es darum, zu unterscheiden, ob die Regungen der Seele von Gott, von den Dämonen oder aus dem eigenen Herzen kommen.
Benedikt hat die Gabe der Unterscheidung im hohen Maß besessen. Das läßt sich an seiner Regel beobachten. Und in seiner Lebensbeschreibung lesen wir, daß er die Gedanken seiner Mönche erkennt und sieht, ob sie von Gott kommen.
Discretio hat aber bei ihm noch eine andere Bedeutung. Sie meint einmal das rechte Maß und zum andern die Fähigkeit, sich auf den einzelnen einzulassen und dem einzelnen gerecht zu werden.
Im Kapitel über den Abt beschreibt Benedikt die discretio so: »Bei Anordnungen sei er weitsichtig und besonnen. Ob sein Arbeitsauftrag, den er erteilt, Göttliches oder Weltliches betrifft, wisse er zu unterscheiden und Maß zu halten. Er denke an die Unterscheidungsgabe des heiligen Jakob, der sprach: ›Wenn ich meine Herden unterwegs überanstrenge, gehen alle an einem einzigen Tag zugrunde‹ (1 Mose 33,13). Dieses und andere Zeugnisse für die Unterscheidungsgabe – die Mutter der Tugenden! – nehme er sich vor; so ordne er alles mit Maß, damit die Starken finden, was sie suchen, und die Schwachen nicht weglaufen« (Regel Benedikts 64,16–19).
Discretio ist also das rechte Maß, mit dem der Abt die Mönche nicht überfordert. Sie ist aber keine Mittelmäßigkeit, keine Nivellierung nach unten. Der Abt soll vielmehr sowohl die Starken wie die Schwachen herausfordern. Die Schwachen dürfen nicht entmutigt werden, aber auch die Starken müssen ein Ziel haben, an dem sie wachsen können. Ihre Aufgabe ist es, die Schwachen zu tragen. Wahre Stärke zeigt sich nicht, wenn man sich über andere erhebt, sondern wenn man sie trägt und ihnen so einen Grund schenkt, auf dem sie wachsen können. Durch seinen Ansporn für Schwache und Starke verhindert Benedikt die Aufspaltung der Gemeinschaft in »Leistungsträger« und »Mitläufer« und verbindet alle in der Gnade Gottes, von der sie sich gemeinsam getragen wissen.
Neu ist bei Benedikts Verständnis der discretio, daß er sie nicht nur auf die geistliche Führung eines Menschen bezieht, sondern auch auf das Ordnen und Gestalten weltlicher Dinge. Selbst die Geschäfte des Alltags, die Arbeit, der Umgang mit dem Geld, haben für Benedikt etwas mit dem Geist Gottes zu tun. Auch in rein sachlichen Entscheidungen muß der Mönch unterscheiden, ob er

sich vom Geist Gottes oder von seinem eigenen Geist leiten läßt, ob er die Entscheidung mit seinen unaufgearbeiteten Problemen, mit seinen Emotionen und verdrängten Bedürfnissen vermischt, oder ob er sich frei von Projektionen der Wirklichkeit stellen kann, so wie sie ist. Der Geist Gottes kann uns davor bewahren, die eigenen Emotionen und uneingestandenen Bedürfnisse in die Entscheidung einfließen zu lassen. Gottes Geist befreit zur Sachlichkeit. Discretio ist ein Hören auf den Geist Gottes, der durch die Dinge, durch die Menschen und durch die Umstände zu uns spricht, der unsere unbewußten Wünsche aufdeckt und uns befreit, Gottes Willen in der konkreten Situation zu erkennen. Die Unterscheidung der Geister hat bei Benedikt nichts Schwärmerisches an sich. Man spürt bei ihm, daß er Boden unter den Füßen hat. Menschliche Erwägungen und Hören auf den Geist gehören bei ihm zusammen.
Im zweiten Kapitel wird ein anderer Zug an der discretio sichtbar: »Wenn der Abt seine Lehre vorträgt, richte er sich stets nach dem Beispiel des Apostels, der sagt: ›Weise zurecht, ermutige, tadle!‹ (2 Timotheus 4,2). Das heißt: Je nach Zeit und Umständen verbinde er Strenge mit Liebenswürdigkeit; er zeige bald den Ernst des Meisters, bald die liebevolle Güte des Vaters ... Er wisse, wie schwer und mühevoll die Aufgabe ist, die er übernommen hat: Seelen zu leiten und der Eigenart vieler zu dienen, dem einen mit freundlichen Worten, einem anderen mit Tadel, einem dritten mit gutem Rat. Dem Charakter und der Fassungskraft jedes einzelnen suche er zu entsprechen und sich allen so verständnisvoll anzupassen, daß er an der ihm anvertrauten Herde nicht nur keinen Schaden leidet, sondern sich am Gedeihen einer guten Herde freuen kann« (Regel Benedikts 2,23f.31f).
Die discretio ist hier die Kunst, sich auf den einzelnen einzulassen und zu spüren, was dem einzelnen gut tut. Der Abt soll sich nicht an starren Prinzipien orientieren, sondern am Bedürfnis des einzelnen. Das verlangt zunächst einmal »Herzenskenntnis«, kardiognosis, in der der Abt in das Herz des einzelnen sehen kann, um zu erkennen, was ihm gut tut, was er für seinen Weg zu Gott und auf seinem Reifungsweg jetzt gerade braucht. Es ist sicher leichter, eine Gemeinschaft nach strengen Normen und Prinzipien zu leiten, als sich so auf den einzelnen einzulassen. Aber wenn wir uns immer auf unsere Grundsätze berufen, zeugt das von Angst und Unsicherheit.

Weil wir Angst haben vor der eigenen Gebrechlichkeit, deshalb verstecken wir uns hinter Prinzipien, ohne zu merken, daß wir uns und unsere Umwelt Grundsätzen unterwerfen und uns selbst dabei versklaven.

Benedikt kennt natürlich die Ordnung. Er gibt ja seiner Gemeinschaft eine klare Ordnung. Aber er durchbricht sie immer wieder zugunsten des einzelnen. Es gibt keine Regel in der Kirchengeschichte, die so den Wert des einzelnen betont wie die des Abtes von Montecassino. Benedikt stellt immer wieder Grundsätze auf, aber er durchbricht sie auch ständig, um auf den konkreten Menschen und auf die jeweilige Situation Rücksicht zu nehmen. Er unterwirft alles dem klugen Urteil des Abtes und nicht einer ein für allemal fixierten Regel. Daraus spricht ein großes Vertrauen in die Urteilskraft des Menschen, einer Urteilskraft, die aus der Unterscheidung der Geister klar zu erkennen und zu beurteilen vermag. Und wir begegnen hier wieder dem Vertrauen Benedikts in die Würde des einzelnen.

Der Abt hat die Aufgabe, der Eigenart der vielen zu dienen. Das ist alles andere als eine autoritäre Führung. Vielmehr heißt »Führen« hier, den einzelnen auf seinem Weg der Reifung und der Gottsuche zu begleiten. Das verlangt zunächst einmal ein Horchen. Der Abt muß auf jeden einzelnen Mönch horchen, um zu entdecken, wo er steht, worunter er leidet, wonach er sich sehnt. Und dann muß er sich so in ihn hineinmeditieren, daß er erkennt, was ihm gut tut, was er jetzt braucht, um auf seinem Weg weiter zu kommen.

Dabei muß der Abt in sich selbst verschiedene Qualitäten verwirklichen, die Strenge des Meisters und die liebevolle Güte des Vaters. Er soll in sich immer beide Pole zulassen, die den Menschen ausmachen: anima und animus, Klarheit und Verständnis, Fordern und Lassen, Härte und Nachgeben, Zärtlichkeit und Strenge. Auf diese Weise soll er sich dem einzelnen anpassen, ihn dort abholen, wo er steht, und ihn dort hinführen, wo Gott ihn haben will.

Führen bedeutet hier Dienen. Wer einen Menschen führt, der soll ihm und seiner Entwicklung dienen, der soll ihn herausfordern, damit die Gestalt in ihm sichtbar werden kann, die seinem Wesen entspricht, die dem Bild Gottes von diesem Menschen entspricht.

Unsere Zeit ist heute geprägt von Maßlosigkeit. Viele arbeiten maßlos, vergnügen sich maßlos, überfordern sich ohne Maß. In der Maßlosigkeit verliert der Mensch das Gespür für seine Grenzen. Er hat kein Maß mehr für seine Selbsteinschätzung. So entsteht der Mythos vom Supermenschen, der immer fit sein und immer etwas bringen muß. Der Mensch hat einfach zu funktionieren und den Anforderungen des Lebens gewachsen zu sein.

Doch die Maßlosigkeit macht den Menschen krank. Wer immer stark sein muß, der muß seine Schwächen verdrängen und seine Schattenseiten verleugnen. Die verdrängten Seiten werden sich aber irgendwo bemerkbar machen. Oft genug zeigen sie sich in psychosomatischen Krankheiten. Der Körper reagiert, wenn der Mensch sein Maß überschreitet. Auf Dauer kann der Mensch nicht über sein Maß hinaus leben. Der Leib wird sich rächen, oder aber die Umgebung reagiert auf die Maßlosigkeit mit Zerstörung. Menschen in unserer Nähe werden entweder krank oder sie distanzieren sich von uns. Die Reaktion der Natur in unserer Zeit auf die maßlose Ausbeutung ist für viele heute schon zur lauten Mahnung geworden, unser Maß wieder zu entdecken.

Benedikt lädt uns dazu ein, unser Maß zu suchen und ihm entsprechend zu leben. Das rechte Maß für Gebet und Arbeit, für Einsamkeit und Gemeinschaft, für Gespräch und für Stille, für Bewegung und Ruhe, ist die Voraussetzung für ein gesundes Leben. Wenn wir unser Maß gefunden haben, können wir gesund leben und wir werden Lust am Leben empfinden. Der maßlose Mensch kann nicht mehr genießen, er kann sich nicht mehr am Augenblick freuen.

Das rechte Maß garantiert uns, daß unser Leben ausgeglichen ist und daß wir inneren Frieden finden. Nur wer seinem Maß entsprechend lebt, wird auf Dauer gesund leben und sich seines Lebens freuen. Nach Benedikt findet nur der Demütige sein rechtes Maß. Demut, humilitas (von humus = Erde, Boden), meint den Mut, seine Menschlichkeit, seine Erdhaftigkeit, anzunehmen und sich mit ihr auszusöhnen. Der Stolz, die Hybris, das Sichüberheben über seine Menschlichkeit, ist für die frühen Mönche das gefährlichste Laster.

Wer lange über sein Maß lebt und sich über sich erhebt, der wird –

so erzählen es einige Mönchsgeschichten – wahnsinnig. Er weigert sich, seine Wirklichkeit anzuschauen, und steigert sich immer mehr in eine unrealistische Sicht von sich selbst hinein. Er muß die Augen vor seiner Wahrheit verschließen und lebt schließlich in einer Scheinwelt, die irgendeinmal schmerzlich zusammenbrechen wird.

Der Demütige, der humilitas besitzt, der Kontakt zur Erde, zu seiner Menschlichkeit hat, hat auch Humor, das ja wie humilitas auch von humus, von Erde, kommt. Er kann gelassen alles anschauen, weil er sich ausgesöhnt hat mit seiner Erdhaftigkeit, mit seiner Menschlichkeit.

Von Benedikt können wir die Kunst des gesunden Lebens lernen. Das Maß, das er uns so sehr ans Herz legt, ist die Voraussetzung, gesund zu leben. Benedikt steht in der Tradition der antiken Medizin, für die die erste Aufgabe nicht das Heilen von Krankheiten war, sondern die sogenannte Diaitetik, die Lehre von der Kunst des gesunden Lebens.

Benedikt versteht seine Regel als Anweisung zum gesunden Leben. Geistliches Leben ist die Kunst, alles so zu ordnen, daß der Mensch zu sich selbst und zu Gott findet, daß er in der Gemeinschaft beziehungsfähig wird und so zu dem Menschen heranreift, wie ihn uns Christus vor Augen geführt hat. In unserer maßlosen und oft genug auch orientierungslosen Zeit tut uns die Stimme Benedikts gut, die die Weisheit des alten Mönchtums zusammenfaßt und für uns immer wieder neu erklingen läßt.

Benedikt will nicht den Asketen, nicht den religiösen Leistungsmenschen, sondern den Menschen, der das Maß lebt, das Gott ihm zugemessen hat, der das Bild Gottes wieder sichtbar macht und in ihm Gott selbst aufleuchten läßt, nach dessen Bild und Gleichnis wir geschaffen sind. Nur wenn der Mensch das Maß annimmt, das ihm Gott zugemessen hat, wird er auch das Glück erleben, das Gott ihm verheißen hat. Das rechte Maß zu finden, ist daher lebensnotwendig für den Menschen. Weil wir heute ohne Maß leben, sind wir auch aus unserer Mitte herausgefallen, sind wir krank geworden.

Benedikt möchte uns einladen, das Maß zu entdecken, das unserem Menschsein entspricht. Und vor allem möchte er uns dazu anregen, daß wir eine Lebensform entwickeln, die dieses Maß in alle Lebensäußerungen hinein trägt. Es geht Benedikt nie nur um Erkenntnis, sondern immer um das konkrete Leben. Es gibt für ihn kein gesundes Leben ohne gesunden Lebensstil, kein geistliches Leben ohne klare und gute spirituelle Formen, ohne Rituale, in denen sich die Seele ausdrücken kann.

Wenn wir gesunde Rituale entwickeln, wie wir unsern Tag beginnen und beschließen, wie wir arbeiten und essen und wie wir unsere Zeit einteilen, dann fühlt sich die Seele wohl, dann wird unser Leben gesund, dann spüren wir unsere Identität. Es ist unser Stil, wie wir unser Leben gestalten. Wir leben selbst, anstatt gelebt zu werden. Und Rituale sind für Benedikt der Weg, auf dem Christi Geist selbst unser Leben formt und heilt, erlöst und befreit.

Benedikt entfaltet die Menschwerdung Gottes in Jesus Christus bis in die konkreten Lebensvollzüge hinein. Dort will sie sich vollenden, dort will das Wort Gottes auch in uns Fleisch annehmen, um unser Fleisch zu erlösen, dort will das Wort Gottes uns das Maß setzen, das für uns heilsam ist und uns wahres Leben schenkt.

Literatur

Anselm Grün, Benedikt von Nursia – Seine Botschaft heute, Münsterschwarzach 1979

Anselm Grün, Einswerden. Der Weg des hl. Benedikt, Münsterschwarzach 1986

Praktische Unterscheidung der Geister

FRIEDRICH SPEE VON LANGENFELD

(1591–1635)

Michael Sievernich

Als mutiger Kämpfer gegen die Hexenprozesse, als bedeutender Dichter der Barockzeit, als einfühlsamer Seelsorger und geistlicher Lehrer ist der rheinische Jesuit Friedrich Spee von Langenfeld in die Geschichte eingegangen. Einer der »ausgezeichneten Männer der Gesellschaft Jesu«, einer »der großherzigsten und geistreichsten Menschen«, einer der »großen Befreier der Menschheit«, einer der »größten Mystiker der deutschen Kulturgeschichte«, so lauten die Urteile über ihn. Die Faszination, die Pater Friedrich Spee durch sein Werk bis heute ausübt, beruht nicht zuletzt darauf, daß er ein Lehrer in der »Unterscheidung der Geister« ist.
Eingeübt hat er diese geistliche Grundhaltung in der Schule der »Exerzitien« des Ignatius von Loyola. Nach dieser strengen Methode hatte er auf der Suche nach dem Willen Gottes zu unterscheiden gelernt, welche Bewegungen der Seele von Gott und welche vom Bösen stammten, welche Erfahrungen seiner selbst und seiner Mitwelt ihm inneren Frieden, Freude und Trost oder Trauer, Unruhe und Trostlosigkeit bereiteten. Praktisch angewandt hat er diese Methode im Alltag seiner bewegten Zeit, im Kampf gegen den bösen Geist der Zeit, durch spirituelle Begleitung und Ermutigung der ihm seelsorgerlich anvertrauten Frauen, durch Stärkung der Urteilskraft der ihm akademisch anvertrauten Studenten.

Zeit der Kriege und Hexen

Angsterfüllt waren die Zeiten, in denen Spee lebte (1591–1635). Religionskriege, Pestepidemien und Hexenjagden waren an der Tagesordnung. Der Dreißigjährige Krieg verwüstete Deutschland, und die Hexenprozesse standen auf ihrem Höhepunkt. »Deutschland, so vieler Hexen Mutter!« klagte Spee einmal untröstlich. Fast überall in Europa, in katholischen wie protestantischen Landstrichen, loderten die Scheiterhaufen, auf denen Frauen als vermeintliche Hexen verbrannt wurden; man schätzt die Zahl der damaligen Opfer auf mehrere Hunderttausend. Bei Hagelschlag oder Mißernte, bei Viehsterben oder Epidemien wurde angeblichen Hexen die Schuld gegeben. Man warf ihnen vor, Brunnen zu vergiften und mißliebige Personen zu verhexen. Kaum jemand konnte sich der Verstrickung in solche kollektiven Wahnideen entziehen.

Die Hexenängste des Volkes wurden geschürt von abstrusen Theorien über Teufelspakt, Hexensabbat, Schadenzauber und Teufelsbuhlschaft (sexueller Verkehr). Das Vorgehen gegen solche »Verbrechen« wurde in Rechtsbüchern festgeschrieben, zu denen der berüchtigte *»Hexenhammer«* gehört. Zur »Inquisition« (Untersuchung) des Falles und zur »Wahrheitsfindung« wendete man in den Strafprozessen grausamste Foltermethoden an. Wer diesen Praktiken und den Hexentheorien widersprach, mußte damit rechnen, selbst als Hexe oder Zauberer auf dem Scheiterhaufen zu enden. Jeder öffentliche Protest war lebensgefährlich.

Der Seelsorger Friedrich Spee lernte als Beichtvater die unschuldigen Opfer kennen, und diese schreckliche Erfahrung, so wird berichtet, habe ihn vorzeitig altern und grau werden lassen. Sie öffnete ihm die Augen dafür, daß die Hexenverfolgung ein Ergebnis der Foltermethoden und der erpreßten Geständnisse war.

Zu dieser Einsicht gelangte er durch eine »Unterscheidung der Geister«, das heißt durch ein vernünftiges Abwägen seiner Erfahrungen im Licht des Evangeliums, vor allem der Erfahrung der Untröstlichkeit angesichts der Leiden der Opfer. Diese Einsicht drängte ihn zum Protest, den er in seinen Vorlesungen vorsichtig, in seinem streitbaren Buch gegen die Hexenprozesse scharf äußerte. Die Anfeindungen blieben nicht aus. Für ihn war es jedoch eine Gewissensfrage, für das geschundene Geschöpf einzutreten. Wer wie er Lieder auf den »schönen Gott« sang, mußte gegen das Unrecht seine Stimme erheben.

Ein bewegtes Leben

Den unruhigen Zeiten entsprach Spees kurzes, ruheloses Leben, das er an vielen verschiedenen Orten Deutschlands verbrachte. Am 25. Februar 1591 wurde er in Kaiserswerth bei Düsseldorf als Sohn des kurfürstlichen Amtmanns Peter Spee von Langenfeld und seiner Frau Mechtels geboren. Nach einer ruhigen Kindheit zusammen mit vier Geschwistern schickten ihn seine Eltern im Alter von zehn Jahren auf das Jesuitengymnasium »Tricoronatum« (Dreikönigsgymnasium) in Köln, wo er bald als guter Schüler und Mitglied der Marianischen Kongregation hervorragte. Nach Abschluß seiner Gymnasialzeit trat er 1610, als 19jähriger, ins Noviziat der Gesellschaft Jesu in Trier ein. Doch schon bald zwang eine Pestepidemie zur Flucht nach Fulda. In Trier dürfte der junge Spee auch jene andere grassierende »Seuche« kennengelernt haben, die er später »Hexenpest« nennen sollte.

In Fulda legte er seine Ersten Gelübde ab und ging dann zum Studium der Philosophie nach Würzburg. Da die Ordensausbildung auch eine praktische Tätigkeit vorsah, wurde Spee Gymnasiallehrer an den Jesuitenkollegien von Speyer und Worms und Mainz. In dieser Zeit äußerte er in einem Brief an den Ordensgeneral in Rom den Wunsch, in die Mission nach Indien gesandt zu werden. Doch der General entschied anders; Deutschland sei sein Missionsland, hieß die lapidare Antwort. Während seines dreijährigen Theologiestudiums in Mainz unternahm er seine ersten dichterischen Versuche und verfaßte eine große Anzahl von Kirchenliedern, die anonym in die zeitgenössischen Gesangbücher eingingen. Einige davon, wie *»O Heiland reiß die Himmel auf«* oder *»Zu Bethlehem geboren«*, werden noch heute gesungen.

1622, im Jahr der Heiligsprechung des Ordensgründers Ignatius und des Indienmissionars Franz Xaver, wurde der nun 31jährige Jesuit in Mainz zum Priester geweiht; seine erste Stelle als Professor und Katechet trat er in Paderborn an. Nach vier Jahren in dieser Tätigkeit wechselte er 1626 nach Speyer, um eine letzte Zeit der Erprobung im Orden zu absolvieren. Danach finden wir Pater Spee in Wesel am Niederrhein und 1628 wieder in Köln, an seinem alten Kolleg »Tricoronatum«. Hier begegneten ihm wiederum die Abscheulichkeiten des Hexenwahns, die seinen Gerechtigkeitssinn

herausforderten und ihn drängten, eine Streitschrift gegen die Hexenprozesse zu verfassen. Doch zunächst wurde er zur »Religions-Reformation« in die Grafschaft Peine geschickt; dort erlitt er bei einem unaufgeklärt bleibenden Attentat in Woltorf lebensgefährliche Kopfverletzungen, die er zwar in Hildesheim und Corvey auskurierte, von denen er aber nie mehr vollständig genas. 1629/30 lehrte Spee Moraltheologie in Paderborn, nicht ohne wegen seiner kritischen Haltung zur Hexenfrage heftig angefeindet zu werden.
Im Jahr 1631, Spee war inzwischen wieder in Köln, erschien in Rinteln an der Weser ein anonymes Buch gegen die Hexenprozesse. Es erregte großes Aufsehen, und sogleich geriet der Professor Spee in Verdacht, Verfasser dieses Buchs zu sein. Seinen Ordensoberen gegenüber bekannte er sich dazu, doch bestritt er sein Mitwissen oder Mittun bei der Veröffentlichung. Kriegswirren zwangen Spee wieder einmal zur Flucht, diesmal ans Kölner Kolleg, an dem er Moraltheologie dozierte; für seinen Einsatz zugunsten der als Hexen Beschuldigten und für seine Kritik am Hexenunwesen fand er unter seinen Kollegen wenig Verständnis. Als 1632 eine zweite, verschärfte Auflage der Hexenstreitschrift, wieder anonym und ohne kirchliche Druckerlaubnis, erschien, verlangte der General in Rom die Entlassung Spees aus dem Orden, doch entschied der zuständige Provinzial in Köln, Goswin Nickel, anders. Er schickte ihn nach Trier, damit er dort lehre und als Seelsorger in Krankenhäusern und Gefängnissen wirke. In dieser Zeit änderte der General seine Einstellung zu Spee und erklärte sich mit seinem Verbleib im Orden einverstanden.
Da die Stadt Trier in die kriegerischen Auseinandersetzungen hineingezogen wurde, gab es viele Soldaten, unter denen eine Pestepidemie ausbrach. Sofort meldete sich Spee zur Pflege dieser pestkranken Soldaten; dabei zog er sich selbst eine Ansteckung zu, die den 44jährigen Pater am 7. August 1635 hinwegraffte. Wegen der Seuchengefahr wurde er umgehend in der Gruft der Jesuitenkirche bestattet. Sein über Jahrhunderte in Vergessenheit geratenes Grab sollte erst 1980 dort wiederentdeckt werden.

Das Leben des Pater Spee verlief ruhelos von Ort zu Ort. Darin spiegeln sich die bewegten Zeiten ebenso wie sein unruhiges Gewissen angesichts der Hexenjagden und Suche nach Sündenböcken. Er wollte, getreu seiner jesuitischen Berufung, immer jene Dienste übernehmen, von denen die *je größere Ehre Gottes und die je größere Hilfe für die Seelen* zu erhoffen waren. Diesen Dienst übte er in schwerer Zeit als Seelsorger, Dichter, akademischer Lehrer und unbequemer Prophet aus. Dabei folgte er unbeirrbar seiner mystischen Begabung und seinem Gewissen, die ihm die Richtschnur für die »Unterscheidung der Geister« im Alltag waren. Dieses grundlegende geistliche Gesetz bestimmte bei ihm Kopf, Herz und Hand.

Bei den Hexenprozessen stand er den Opfern, deren unmenschliche Lage sein Herz berührte, mit Rat und Tat bei. Den Verantwortlichen für die Prozesse redete er dagegen mit scharfsinniger Argumentation ins Gewissen. Daher verfaßte er insgeheim die anonyme Streitschrift gegen den Hexenwahn, die *»Cautio criminalis« (Vorsichtsmaßregel beim Strafprozeß oder Buch über die Prozesse gegen Hexen)*. Darin entlarvte er den Teufelskreis von Gerücht, Folter und Denunziation und forderte neue Grundsätze für das Strafprozeßrecht. Dazu gehören zum Beispiel die Unschuldsvermutung bis zum Beweis der Schuld, das Recht auf Verteidigung, die Unabhängigkeit der Richter, das Verbot der Folter. Damals erschien dies revolutionär, heute sind es selbstverständliche Grundsätze des Rechtswesens.

Die vom Hexenwahn besessenen Zeiten waren für Spee Anlaß, »blutige Tränen darüber zu vergießen«. Aus seiner Erfahrung mit dem Zeitgeist, dem er sich entgegenstemmte, und mit den unschuldigen Frauen in den Kerkern, denen er sich barmherzig zuwandte, kam er zum Schluß, daß dem grausamen Treiben ein Ende gemacht werden müsse. Aber wie ein Arzt nach den Ursachen der Krankheit forscht, so forschte auch Spee nach den Gründen für den Hexenwahn. Er sah sie in Unwissenheit, Neid, Mißgunst und Angst, aber auch in Dummheit und Gewissenlosigkeit, in Verleumdung und Gerüchtemacherei. Für ihn war es wichtiger, Unschuldige zu retten als Schuldige zu bestrafen. Das ergab sich aus seinem unerschütterlichen Glauben an den gütigen Gott, dessen Erbarmen und Trost er weitergeben wollte.

Lob des schönen Gottes

Dasselbe Vertrauen in Gottes Güte prägt auch die vielen Kirchenlieder (etwa 160) und die kunstvollen Gedichte, die er verfaßte. Gegen Ende seines Lebens stellte er eine Sammlung von 51 geistlichen Liedern und Gedichten unter dem Titel *»Trutz-Nachtigall«* zusammen, die erst geraume Zeit nach seinem Tod als Buch erschien und seinen Rang als bedeutenden Dichter des Barock begründet. Der Doppeltitel der Liedsammlung klingt wie ein Programm: *»Trutz-Nachtigall oder geistliches poetisch Lustwäldlein. Als noch nie zuvor in Deutscher Sprach auf recht Poetisch gesehen ist.«* Spee will auf der sprachlichen, künstlerischen und geistigen Ebene in den friedlichen Sanges-Wettstreit der Dichter eintreten, um sich mit ihnen zu messen, auch mit der »Wittembergischen Nachtigall«, wie Martin Luther genannt wurde. In künstlerischer Form soll das Gotteslob in der Muttersprache erklingen und den Weg zum »schönen Gott« ebnen, der sich in diesen Zeiten verborgen zu haben schien.

Welche Lieder singt Spee in der *»Trutz-Nachtigall«*? Es sind zarte Liebes-Lieder der gottsuchenden Seele; bewegende Buß-Lieder auf die Vergänglichkeit der Welt; glaubensgewisse Weihnachts-, Passions- und Osterlieder, die Leben, Leiden und Auferstehung Jesu besingen. Schließlich viele jubelnde Lob-Lieder auf Gottes »tausendschönen Erdenkreis«, die zur Erkenntnis und Liebe des Schöpfers anleiten sollen. So heißt es in einem Lied:

> O Schönheit der Naturen! / O wunder Lieblichkeit /
> O Zahl der Kreaturen! / Wie streckest dich so weit? /
> Und wer dann wollt nit merken / Des Schöpfers Herrlichkeit? /
> Und Ihn in seinen Werken / Erspüren jederzeit? /
> *O Mensch ermeß im Herzen dein, / Wie wunder muß er Selber sein!*

Zärtlich und innig sind die Lieder Spees; in geistreichem Spiel und gewagten Bildern umkreisen sie die großen christlichen Themen der Schöpfung und der Gnade, der Sünde und der Buße, der Dreifaltigkeit und der Eucharistie. Psalmen und Gebete erhalten eine neue geistliche Gestalt. Und immer wieder übersetzt Spee das Verhältnis des Menschen zu Gott in die uralte Sprache der Liebe, in das Bild der in ihren göttlichen Bräutigam (= Christus) verliebten Braut (= Seele).

Mit seinen Liedern will Spee das Herz ansprechen; aber auch hier ist eine Unterscheidung der Geister vonnöten: die Lieder dürfen und sollen das Herz erfreuen; aber sie müssen auch dazu verhelfen, sich in den dichterischen Bildern dem »Augenblick« der Gottesbegegnung zu öffnen und so Gott überall zu finden. Mit seiner »Trutz-Nachtigall« verfolgte Spee die Absicht, »daß nur die Herzen . . . in Gott und göttlichen Sachen ein Genügen und Frohlocken schöpfen«.

Geistliche Praxis

Alle Bücher Spees sind zum Gebrauchen da, dienen dem Glauben im Alltag. Wie die Lieder der *»Trutz-Nachtigall«* frohen Sinnes und gläubigen Herzens gesungen werden, so drängt seine *»Cautio criminalis«* auf Barmherzigkeit und neue rechtliche Verfahren im Strafrecht. Diese praktische Orientierung gilt erst recht für Spees drittes großes Werk, das *»Güldene Tugend-Buch«*. Er hat es aus der seelsorglichen Praxis für apostolisch tätige Frauen seiner Zeit geschrieben. Es ist ein geistliches Erbauungsbuch, das eine Vielzahl von praktischen Vorschlägen zur Einübung im Glauben, in der Hoffnung und in der Liebe enthält. Besonderen Wert legt Spee auf die absichtslose »Liebe der Freundschaft« zu Gott; erfindungsreich schlägt er Formen des Zwiegesprächs mit Gott vor und nimmt dafür selbst natürliche Vorgänge in Dienst. So schlägt er zum Beispiel vor, dem regelmäßigen Pulsschlag die Bedeutung des ununterbrochenen Gotteslobs zu geben oder im Rhythmus des Atmens zu beten. Auf diese Weise bezieht er auch den Körper in die »Herzenserhebung« ein oder anders ausgedrückt: Er bringt die Frömmigkeit in den Rhythmus des Herzens.

Über die Ausdrucksweisen der Gottesliebe vergißt Spee nicht die Nächstenliebe. Für deren Übung hat er mannigfache Einfälle parat,

wie etwa folgende: »Wenn ich ein leeres Haus habe, das ich nit brauch? warum laß ich nicht ein armen menschen umsonst darin wohnen?« Oder: »Wenn ich heute einem oder mehreren Studenten für dises Jahr seine bücher bezahlte? was könnte es mir schaden?« oder: »Heut will ich Freundlich zu dem sprechen, vor dem ich den größten Abscheu habe.«
In einer finsteren Epoche, in der das Ebenbild Gottes durch Folter und Scheiterhaufen geschmäht wurde, wagte Spee, poetische Lieder vom schönen Gott zu singen. Wer aber Lieder von Gott singt, kann nicht einfach zusehen, wenn dessen Geschöpfe leiden oder gemartert werden. Daher »mußte« Spee den Notleidenden in Gefängnissen und Hospitälern zu Hilfe kommen und gegen den Hexenwahn ankämpfen, selbst um den Preis des eigenen Lebens. Leben und Werk des Friedrich Spee sind ein Beispiel der Unterscheidung der Geister in schwerer Zeit. Uns Heutigen bleibt, wenn wir aus dem Glauben leben und auf das Gewissen hören, dieselbe Aufgabe: Kritik des Zeitgeistes, wenn er sich gegen die Würde des Menschen richtet; erfinderische Suche nach angemessenen (künstlerischen) Ausdrucksweisen des Lobes Gottes; ebenso erfinderische Suche nach Ausdrucksmöglichkeiten der Liebe zu Gott und zum Nächsten.

Literatur

Friedrich Spee, Cautio criminalis oder Rechtliches Bedenken wegen der Hexenprozesse, aus dem Lateinischen übertr. und eingel. von Joachim-Friedrich Ritter, München [2]1983

Friedrich Spee, Trutz-Nachtigall. Kritische Ausgabe nach der Trierer Handschrift, hg. von Theo G. M. van Oorschot, Stuttgart 1985

Friedrich Spee, Güldenes Tugend-Buch (Sämtliche Schriften Bd. 2), hg. von Theo G. M. van Oorschot, München 1968

Michael Sievernich (Hg.), Friedrich von Spee. Priester-Poet-Prophet, Frankfurt 1986

Karl-Jürgen Miesen, Friedrich Spee. Pater, Dichter, Hexen-Anwalt, Düsseldorf 1987

Anton Arens, Friedrich Spee. Ein dramatisches Leben, Trier 1990

Theo G. M. van Oorschot, Friedrich Spee von Langenfeld. Zwischen Zorn und Zärtlichkeit, Göttingen–Zürich 1992

»Richtet nicht!«

FRÜHCHRISTLICHE MÖNCHE

Josef Sudbrack

So lesen wir in den »Apophthegmata ton Patron«, den »Weisheitssprüchen der Wüstenväter«:

> *»Ein Bruder hatte gesündigt und wurde vom Priester aus der Kirche gewiesen. Da erhob sich Altvater Bessarion und ging mit ihm hinaus, indem er sprach: ›Auch ich bin ein Sünder!‹«*

Bessarion lebte im 4. Jahrhundert als Mönch in der sketischen Wüste. Sie liegt etwa zwischen Kairo und Alexandrien, dort wo heute das koptische Mönchtum – zum Beispiel im Makarios-Kloster – in erstaunlicher Blüte steht. Kopten nennen sich die Christen, die aus Frömmigkeit das Gott-Sein Jesu hervorheben und seit dem 5. Jahrhundert sich getrennt von der Großkirche entwickelten. Von diesem Makarios, nach dem die Mönche sich nennen, heißt es:

> *»Man erzählte von Altvater Makarios dem Großen, daß er, wie es in der Schrift heißt, ein Gott auf Erden war; denn wie Gott die Welt schützend deckt, so bedeckte Altvater Makarios die Schwächen, die er sah, als sähe er sie nicht, und was er hörte, als hörte er es nicht.«*

»Kaum ein anderes Wort des Evangeliums hatte für die Mönche eine solche Bedeutung wie die Mahnung: ›Richtet nicht!‹« (U. Ranke-Heinemann)

»Toleranz, (nach Corona Bamberg) diese Kardinaltugend unserer Zeit«, war für die alten Mönche mindestens ebenso wichtig wie für uns – und die vielen Zeugnisse zeigen, daß ihr mönchisches Leben darauf ruhte.

Ammonas, der Nachfolger des großen Antonios, des Urvaters des ägyptischen Mönchtums, nahm die biblische Mahnung: »Richtet nicht!« so ernst, daß er mit einem bauernschlauen Trick seine wütenden Mitbrüder hinters Licht führte.

In der Zelle eines Mönches vermutete man eine Frau. Als Abt Ammonas mit dem aufgebrachten Gefolge eintrat, konnte der Mönch die Frau noch gerade in einem Faß verstecken. Ammonas aber durchschaute die Lage. Eine Überlieferung meint sogar »um Gottes willen«, also aus übernatürlicher Erleuchtung. Er setzte sich also aufs Faß und leitete von dort herab die Untersuchung. Man fand natürlich nichts. »Da sagte Altvater Ammonas: ›Was ist das? Gott soll euch vergeben.‹ Er ließ ein Gebet verrichten und hieß alle hinausgehen. Dann nahm er den Bruder bei der Hand und ermahnte ihn: ›Gib auf dich acht, Bruder!‹ Nach diesen Worten ging er weg.«

Die frühen Sammler der Vätersprüche, aus denen die Beispiele genommen sind, haben ein ganzes Buch mit entsprechenden Geschichten zusammengestellt: »De eo quo non oporteat iudicare quemquam. – Daß man niemanden richten dürfe.«

Wüsten-Mönche und -Nonnen aus der Urzeit des Christentums

Was die frühen christlichen Mönche anbetrifft, stehen die Historiker auch heute noch vor manchen Rätseln: Gibt es Einflüsse von der spätjüdischen Qumran-Askese her? Oder gibt es gar Verbindungslinien nach Indien? Wie war das Verhältnis von Askese und Amt oder das Verhältnis von blutigem Martyrium und Martyrium in der Wüste?

Aber in vielem stimmen die ernstzunehmenden Historiker überein: Die Männer und (heute oft vergessenen) Frauen, die sich in die ägyptische und syrische Wüste zurückzogen, um allein für Gott dazusein, sind große Zeugen des gelebten Christentums. Nicht Opposition zur sich etablierenden Großkirche, sondern der Ruf Jesu Christi trieb sie. Und so bilden sie auch keinen Gegensatz, sondern eine polare Ergänzung zur Kirche, die mit der sogenannten konstantinischen Wende zur Staatsreligion wurde.

A. Guillaumont, der mit seiner Frau zusammen die frühchristliche Askese erforschte, zeigt, daß das Attribut »Weltflucht« nicht das Herz dieser Wüstenaskese trifft; denn die Mönche verwandelten

durch ihre Arbeit oft recht bewußt die Wüste in ein Paradies. Wer heute das oben erwähnte Makarios-Kloster besucht, wird dies ganz konkret erfahren.
Viele, viele Geschichten erzählen von der »politischen« Wirksamkeit dieser Mönche, von dem Einfluß, der von der Wüste her auf Kirche und Staat ausging. Nicht von ungefähr steht ein Großteil der einflußreichen Theologen und Bischöfe in enger Verbindung mit den Wüstenmönchen oder stammt sogar aus ihren Reihen.
Auch die Sexual-Askese mit all ihren Gefahren, die heute leichthin diskriminiert wird, kann nur verstehen, wer den Nachfolgeruf Jesu und seinen Aufruf zur Ehelosigkeit, »um des Himmelreiches willen«, ernstnimmt. »Wer es fassen kann, der erfasse es« (Matthäus 19,12).
Aber vielleicht wird auch der Blick in die so sehr bewunderte indische Religiosität zu einem gerechten Urteil verhelfen: Ramakrishna, der Vater des Neo-Hinduismus, verzichtete bewußt auf den Vollzug seiner Ehe; und Mahathma Gandhi tat dasselbe, sobald er seinen gewaltlosen Widerstand gegen die Kolonialherrschaft begann.
Ein Mensch von heute, der sich mit dieser Urzeit des Christentums und seiner spirituellen Blüte beschäftigt, muß zwar den kulturell-geistigen Abstand von über anderthalb Jahrtausenden überwinden. Doch wenn er offen ist, machen es ihm die kurz und prägnant erzählten, oft humorvollen Anekdoten aus den »Weisheitssprüchen der Wüstenväter« leicht, die Welt dieser Mönche und Nonnen liebzugewinnen.

Die Weisheit des Miteinanderseins

Wenn wir heute von Wüsteneinsiedlern sprechen, vergessen wir oft, daß auch die Einsiedler in ihren Klausen sich meist zusammenschlossen zu größeren, verstreuten Siedlungen. Und so kann man in den »Weisheitssprüchen« der Einsiedler die biblische Wahrheit der untrennbaren Einheit von Gottes- und Nächsten-Liebe finden. Oder noch deutlicher: Das Verhältnis zur Schwester und zum Bruder ist für sie das Kriterium für das Verhältnis zu Gott. »Wer sagt, er sei im Licht, aber seinen Bruder haßt, ist noch in der Finsternis. Nur wer seinen Bruder liebt, lebt im Licht« (1. Johannesbrief 2,9f).

Diese biblische Wahrheit schlägt sich bei den Mönchen zuerst im Wissen um die Solidarität nieder, die uns alle in unserem Sündersein, in unserem Versagen und unserer Schwachheit verbindet.

Ein Mönch flüchtete sich vor der Anklage seiner Mitbrüder zum Abt. Man beschuldigte sich gegenseitig. Altvater Paphnutios aber legte ein Gleichnis vor: »Ich sah am Ufer des Stromes einen Menschen, der bis zu den Knien im Schlamm steckte. Als aber Leute herzukamen, um ihm die Hand zu reichen, stießen sie ihn bis zum Hals ins Wasser.« Wer aus sicherem Gehege dem andern die Hand entgegenstreckt, weist ihn ab. Wer aber, was Paphnutios leise andeutete, im gleichen Morast steckt, kann dem Bruder mit Gottes Hilfe die Hand reichen und ihn retten.

Und so endet dieser Weisheitsspruch:

»(Abt Paphnutios) weiß sich mit ihm (dem Sünder) in derselben Tiefe und hat doch an der Liebe Gottes teil, die auch dem anderen gilt.«

Sicherlich: Sünde ist für uns ein schwieriges Wort. Aber ein jeder weiß es: Nicht aus der Haltung des »Reinen«, des Reichen und Überlegenen heraus, sondern nur in der Solidarität des Miteinander von Schuld und Schwachheit wird die Hilfe für den Mitmenschen wirklich hilfreich und aufbauend.

Der Blick auf das eigene Gewissen

Deshalb lautet eine durchgängige Weisheit in allen diesen Sprüchen: »Schaue dich an und urteile nicht über andere!« Altvater Pachomios, der Begründer der ersten Mönchsgemeinschaft, wurde von einem Mitbruder ohne Grund beschimpft. Doch er wehrte sich nicht, sondern fragte nur schlicht: *»Hast du nie gesündigt?«*
Der Zorn des Mitbruders legte sich sofort. Die darauf folgende Erläuterung läßt hinter dem moralisch-pädagogischen Zeigefinger die spirituelle Weisheit der Selbsterkenntnis ahnen:

»... denn wenn du einem bösen Menschen Gutes tust, pflegt er zu einem Gespräch für das Gute zu kommen. Das ist nämlich die Liebe Gottes, daß wir uns miteinander abmühen.«

Sicherlich, eine Gemeinschaft braucht Recht und Gesetz; und darin liegt auch ein Urteilen über andere. Später hat Basileios der Große, ein anderer Begründer des gemeinsamen Klosterlebens, in seine Regel genaue Strafbestimmungen aufgenommen, wie sie sich auch in der Regel des Pachomios finden. Ähnliches liest man in der so liebevollen, dritten alten Mönchsregel des heiligen Augustinus.
Doch der große Erforscher der frühen Mönche, H. Dörries, schreibt zu Recht: »Keiner der Wüstenväter hätte ihm (Basileios) zugestimmt.« Dort nämlich, also noch vor der Kodifizierung des »Gemeinsamen Lebens«, war das »Richtet nicht!« oberste Richtschnur. Evagrios Pontikos, der Theologe der Wüstenaskese und Mönchsmystik, schreibt daher:

»Hüte dich, daß du nicht unter dem Vorwand, einen anderen zu heilen, selbst unheilbar wirst und deinem Beten den Todesstoß versetzest!«

Man muß die modernen und alten Vorbehalte zurückstellen und zuerst die spirituelle Weisheit des »Richtet nicht!« ergreifen, ehe man die Logik von Gesetz und Ordnung darüber stülpt. Dann nur wird einer die auch psychologische tiefe Wahrheit des »Richtet nicht« erspüren.
Die großen Pazifisten der Neuzeit ahnten es. Ich erwähnte schon Gandhi; man kann den Katholiken Reinhold Schneider daneben stellen: Ob nicht im Charisma der »Gewaltlosigkeit«, des »Richtet nicht« und »Versucht noch weniger Recht zu erzwingen« die Innerlichkeit lebt, von der Jesus in der Bergpredigt spricht: »Wenn dich einer vor Gericht bringen will, um dir das Hemd wegzunehmen, dann laß ihm auch den Mantel« (Matthäus 5,40).
Gewiß, man darf nun solche »Weisheitssprüche« nicht wieder zum Gesetz und zur logischen Norm erheben. Aber man muß sie als ständigen Stachel im Fleisch ernst nehmen. Dann wird man verstehen, wie Johannes Tauler – der Seelsorger unter den Deutschen Mystikern, fast tausend Jahre später –, diese Altväter-Weisheit auslegt:

»Und darum, du armer, blinder Mensch, warum urteilst und belehrst du dich selber nicht? Was kannst du wissen, was in

deines Nächsten Herzensgrund verborgen ist oder auf welchem Weg Gott ihn gerufen oder geladen hat? Wollen wir zu großem, fruchtbarem Frieden kommen in Gott, in der Natur und gegen die Welt, so müssen wir mit ganzem Fleiß und Ernst zuerst lernen, alle Dinge zum Besten zu kehren und uns lieblich und sanftmütig zu fügen in allerlei Menschen Gebärde, Sitten und Weisen. Jeglicher Mensch sollte barmherzig sein gegen seinen Nächsten, in aller Weise, wie dieser es bedarf.«

In der Obhut des barmherzigen Vaters

So wichtig der soziale Hintergrund des mönchischen »Richtet nicht!« ist, ganz verständlich wird der Weisheitsspruch erst aus dem religiösen Zusammenhang:

»Ein Soldat fragte einen Altvater: ›Nimmt Gott die Buße oder Reue an?‹ Die Antwort lautete: ›Mein Lieber, wirfst du dein Gewand weg, wenn es einen Riß bekommen hat?‹ ›Nein‹, gab der Soldat zurück, ›ich flicke es und trage es weiter.‹ – ›So kümmerst du dich also um dein Gewand! Und Gott sollte für sein eigenes Ebenbild keine Güte bereit haben?‹«

Dieses unbedingte Vertrauen in Gottes größere Barmherzigkeit kam schon in der Anekdote des großen Makarios zum Ausdruck; darin gründet letztlich das »Richtet nicht!« der mönchischen Spiritualität.

Das allein ist der Hintergrund der Mahnung, die Abbas Paphnutios von seinem geistlichen Vater auf den Weg mitbekam:

»Tu keinem etwas Böses und urteile über niemand! Das beachte, und du wirst das Heil finden.«

Dieser Glaubens- und Vertrauens-Hintergrund hebt die Mönchsweisheit über jede rein humanistische Interpretation des »Richtet nicht!« hinaus; über die asoziale der Aufklärung (Friedrich II. von Preußen): »Jeder kann nach seiner eigenen Facon selig werden«; und über die ironische Verkehrung moderner Philosophie (Theodor W. Adorno): »Der Splitter in deinem Auge ist das beste Vergrößerungsglas«; und über einen logisch-normierten Pa-

zifismus, der vor dem Bösen und dem Unrecht die Augen schließt.
Darüber steht die Botschaft Jesu vom gütigen Vater, die er selbst bis in den Kreuzestod hinein mitnahm: »Vater, vergib ihnen, denn sie wissen nicht, was sie tun« (Lukas 23,34). Dahinter steht das Vertrauen, das Jesus mit den Bildern vom Gras, von den Vögeln und von den Lilien uns erläutert: »Deswegen sage ich euch: Sorget euch nicht ...« (Matthäus 6,25–34) – auch nicht über euere Sünden, schrieb einmal Augustinus in ähnlichem Zusammenhang.
Wir aber müssen diese Bildreden und Weisheitssprüche ernst nehmen, jedoch uns hüten, aus ihnen Normen und Gesetze zu formen. Statt zu diskutieren, wo die Grenzen ihrer Wahrheit sein könnten, ist es fruchtbarer, einfach auf die Anekdoten aus der Wüstenweisheit hinzuhören:

»In der Sketis war einmal eine Versammlung wegen eines gefallenen Bruders. Die Altväter sprachen, nur Abbas Piro schwieg. Hernach stand er auf, nahm einen Sack, füllte ihn mit Sand und trug ihn auf der Schulter. In einem Körbchen trug er ganz wenig Sand vor sich her. Die Väter fragten, was das bedeute, und er antwortete: ›Dieser Sack mit dem vielen Sand, das sind meine Sünden, deren es viele sind. Und ich habe sie hinter mich getan, damit sie mir nicht zu schaffen machen und ich darüber weine. Und siehe, die wenigen Fehler meines Bruders, die sind vor mir und ich mache viele Worte, ihn zu verurteilen. Es ist nicht in Ordnung, so zu tun, vielmehr sollte ich meine eigenen vor mir tragen und über sie nachdenken und Gott bitten, mir zu verzeihen.‹ Da standen die Väter auf und sagten: ›Wahrhaftig, das ist der Weg des Heiles!‹«

Vom Segen des Schweigens

BRUNO DER KARTÄUSER

(Um 1030–1101)

Esther Schöler

Die Lebensform des heiligen Bruno ist in der Mönchsregel der Kartäuser ausführlich dargestellt, seine Biografie dagegen ist nur bruchstückhaft bekannt. Vermutlich stammte er aus einem Kölner Patriziergeschlecht. Er wurde um 1030 in Köln geboren. Als Student und angehender Geistlicher ging er an die berühmte Domschule zu Reims, wo er seine Studien abschloß.

1056 war er bereits Leiter dieser Schule und Angehöriger des Domkapitels. Um 1074 wurde er Kanzler des Reimser Erzbischofs Manasse. 1077 empfahl der päpstliche Legat in einem Schreiben an Papst Gregor VII. »den Herrn Bruno, Meister in aller Tugend«, als geeigneten Kandidaten für das Bischofsamt von Reims; denn er habe »um des Namens Jesu willen viel Ungemach erlitten«.

Reims war von den großen Konflikten der Zeit um Laieninvestitur (Verleihung kirchlicher Ämter durch weltliche Fürsten) und Simonie (Ämterkauf) nicht verschont geblieben. Der Konflikt entbrannte dort um Erzbischof Manasse, weil er sein Amt durch Simonie erlangt und mehrfach mißbraucht hatte. Bruno und andere Kanoniker erhoben auf dem Konzil von Autun deshalb Anklage gegen ihn und erwirkten seine Amtsenthebung. Im Gegenzug jedoch wurden sie von Manasse, der das Urteil ignorierte, enteignet und verbannt. Mehr als drei Jahre sollte es dauern, bis mit Manasses erzwungenem Abzug von Reims der Prozeß zu einem Ende kam.

Inmitten dieser Wirren, von denen Bruno persönlich hart betroffen war, gewann er Klarheit über seine Berufung zum Mönchtum: »Glühend vor göttlicher Liebe« gelobte er, »die flüchtige Welt zu verlassen, um die Ewigkeit zu ergreifen«, schreibt er in einem Brief. 1084 gründete er mit sechs Gefährten in einem abgelegenen, kargen Hochtal der Gebirgslandschaft Chartreuse bei Grenoble ein Kloster. Es bestand aus Holzhütten für die Mönche, ihren sogenannten

Zellen, und einer kleinen Steinkirche. Das war der Anfang der »Großen Kartause«, des Mutterhauses aller Kartäuserklöster. Hier entstanden auch Brunos Regeln für die Lebensführung der Mönche, in der Einsamkeit und Schweigen zentrale Bedeutung haben.

Brunos Berufung blieb nicht unangefochten. Papst Urban II., seinem ehemaligen Schüler, erschien es wichtiger, daß er seine Fähigkeiten im Dienst der Weltkirche einbrachte; denn die war in Bedrängnis. Er berief Bruno als seinen Berater nach Rom und dieser folgte dem Ruf. Ihm war die Erfüllung seines Gehorsamsgelübdes oberstes Gebot, selbst wenn der Verzicht auf persönliche Berufung damit verbunden war. Nach kurzer Zeit bat er jedoch um seine Entlassung. Urban widersetzte sich Brunos Wunsch nicht. Er bestand auch nicht auf seinem Plan, Bruno das Bischofsamt von Reggio zu übertragen, als dieser ablehnte. Mit Einwilligung des Papstes gründete Bruno in der süditalienischen Einöde La Torre eine zweite Kartause. Dort lebte er wieder in Einsamkeit und Schweigen, getreu seiner Berufung, während in der Nähe sich das Kreuzfahrerheer zur Überfahrt nach Palästina sammelte, um dort für die heiligen Stätten zu kämpfen und Jerusalem zu erobern.

»Nach Jerusalem mögen andere wallfahren – du nimm Demut und Geduld zum Ziel!« schreibt ein Vierteljahrhundert später der fünfte Prior der Großen Kartause, Guigo von Kastell, der Brunos Anweisungen für die Mönche seiner Schrift »Gebräuche der Kartause« zugrunde legte. Sie wurde die erste Kartäuserregel. Zwei Briefe Brunos wurden ihr meistens beigefügt. Sie vermitteln den Mönchen einen sehr lebendigen Eindruck von der Persönlichkeit ihres geistlichen Vaters, der in idealer Weise »den Kartäuser« verkörperte. Bruno spricht darin sowohl nüchtern von dem »Nutzen« des Schweigens als auch begeistert von der »göttlichen Wonne«, die es bereitet.

Eine wichtige Funktion in Brunos Regeln hat die Zelle. Sie ist der Raum, in dem das Schweigen geübt wird. In ihr verbringt der Kartäuser die längste Zeit seines Lebens, verlassen darf er sie nur zu festgesetzten Zeiten. Sie enthält nur das Allernotwendigste und in ihr herrscht Stille. »Hier können mutige Männer bei sich verweilen«, schreibt Bruno. »Bei sich verweilen« heißt für ihn, die Aufmerksamkeit auf sich lenken in Selbstbesinnung, Selbstbetrachtung und -kritik. Die Stille, das Schweigen, drängt den Kartäuser dazu; denn aufdringlich laut wird in ihm selbst alles, was ihn umtreibt, was ihn nicht loslassen will.

»Mutige Männer«, betont Bruno: der Kartäuser muß den Mut aufbringen, diesem Gedanken- und Gefühlsansturm standzuhalten; denn für ihn gibt es keine Fluchtmöglichkeit, keine Ablenkung. Er muß in der Zelle aushalten. Schweigen erweist sich als Aufgabe: er soll Verwirrendes zu ordnen und zu klären, Aufwühlendes zu glätten versuchen. Je länger er in der Zelle ausharrt, um so besser gelingt ihm das.

Guigo notiert im »Tagebuch eines Mönches«: »Schau, welchen Gefühlsrausch rufen in dir, weit mehr als der Herr, Dinge wach, die nicht einmal genannt werden sollen.« Der Rausch verflüchtigt sich, macht Nüchternheit Platz. Auffallend häufig beginnen die Tagebucheintragungen mit »schau!«. Er gewinnt Abstand, nimmt in Augenschein, was sich da alles in seinem Innern abspielt. Wer schweigt, schaut aufmerksam, forschend, er entdeckt bisher Übersehenes: »Schau, wie du dich selber nicht kennst!« Er lernt, sich zu durchschauen, erkennt und bekennt seine erniedrigenden Abhängigkeiten: »Schau, wie tief unter den Tieren du stehst. Wenn sie sich satt gefressen haben, wehren sie den Rest den übrigen nicht. Du hörst auch satt nicht auf, zu raffen und zu stapeln.« – Tag für Tag von neuem soll solche Selbstbesinnung geübt werden; denn die Erfolge sind immer nur Teilerfolge, es gibt Rückschläge – die Wiederholungen im »Tagebuch« zeigen es an. »Mühevolle Muße« nennt Bruno diesen Weg.

»Bei sich verweilen« ist nicht Selbstzweck. Bruno fügt hinzu: »um mit Eifer die Tugendkeime zu pflegen«. Das heißt, sich um die Stärkung jener Kräfte zu bemühen, die aus Verstrickung und Abhängigkeit befreien. Der Mönch tut es bereits, wenn er den mühevollen Weg zur Selbsterkenntnis in Geduld geht, ernstlich um Wahrhaftigkeit bemüht ist, in Demut seine Grenzen eingesteht und erträgt. Bruno gebraucht den Ausdruck »pflegen«. Damit deutet er an: mir ist nur die Pflege anvertraut, die Keime dazu hat Gott in mich hineingelegt, und er allein schenkt das Gedeihen. In den »Gebräuchen« ist auf eine Stelle der »Klagelieder« verwiesen: »Gut ist es, schweigend zu harren auf die Hilfe des Herrn« (Klagelieder

3,26). Martin Buber übersetzt: »... auf seine Befreiung«. Das ist die Haltung des Kartäusers, wenn er schweigend bei sich verweilt.
Im Schweigen können sich seine inneren Wahrnehmungsfähigkeiten entfalten: Hören, Schauen, Fühlen, Schmecken. Schlafende Talente der Seele werden geweckt. Die Seele erwacht zu intensiver Aufmerksamkeit. Auch sie gehört zu den Tugenden, die der Pflege bedürfen. Die Ordensregel mahnt, sie zu gebrauchen: Dem Kartäuser »soll das stille Lauschen des Herzens zur Gewohnheit werden, das Gott durch alle Türen und auf allen seinen Pfaden eintreten läßt«. Es soll alle Tätigkeiten, die der Tagesplan ihm vorschreibt, begleiten: Psalmensingen, Betrachten, Lesen, Schreiben und Handarbeit. Das Schweigen des Kartäusers wird gleichsam angereichert mit diesem Lauschen und kann auf diese Weise zu einem beständigen inneren Schweigen werden, das durch Sprechen und Singen nicht aufgehoben wird. Es wird zum Beten ohne Unterlaß. Damit es anhält, werden Pausen der Stille auch während des Gottesdienstes eingelegt.
Das Gespür für die Nähe Gottes soll wachgehalten werden. Es soll sich dem ganzen Körper mitteilen und die Gebetshaltung der Mönche beeinflussen. Auf dem Boden hingestreckt, bereitet der Mönch sich auf die Feier der heiligen Messe vor und hält in derselben Haltung die Danksagung. Ehrfurcht vor Gott wird so zur Erfahrung.
Die im Schweigen geweckten Fähigkeiten führen den Kartäuser zu einem lebensvollen, den ganzen Menschen erfassenden Beten, zu einem Gebetsleben im buchstäblichen Sinn. Das Wort Gottes ist wirklich Nahrung für ihn: »Die Lesung legt gediegene Speise in den Mund, die Betrachtung zerteilt und zerkaut sie, das Gebet empfindet den Geschmack, und die Kontemplation ist das Verkosten selbst, das genießen läßt und nährt.« So schreibt ein Kartäuserprior des 12. Jahrhunderts. In einem Brief Brunos heißt es, in der Kartause könne man sich »glücklich von den Früchten des Paradieses nähren«. Das Verkosten ist ein seltenes Gnadengeschenk, zu vergleichen mit den Gottesbegegnungen der großen biblischen Gestalten, auf die in den »Gebräuchen« verwiesen wird. Bei Mose ist es die Gottesschau, Elija hört Gott: »... zuletzt hörte Elija einen ganz leisen Hauch« (1. Könige 19,12). Buber übersetzt: »eine Stimme

verschwebenden Schweigens«. Hier wird ganz deutlich, zu welcher Hellhörigkeit das stille Lauschen des Menschen durch Gottes Gnade gelangen kann.

Bruno wußte Maß zu halten. Er hat auch dem Gemeinschaftsleben in der Kartause Raum gegeben. Das ist seine besondere Leistung im Rahmen der großen Klosterreformbewegung seiner Zeit, daß er Einsiedlertum und die benediktinische Form der Klostergemeinschaft miteinander in Einklang zu bringen wußte. Um der Gemeinschaft willen schränkte er das Schweigegebot ein. Bei Beratungen sollte jeder seine freie Meinung äußern, danach aber sich wieder im Schweigen üben. »Keiner soll sich anmaßen, seine oder eines anderen Meinung hartnäckig zu verteidigen, damit das Gut der Beratung nicht in Zwietracht oder Zorn ausarte.« Es gibt auch Gelegenheit zu Gesprächen in der Kartause, allerdings nicht oft.

Gemeinschaftsbildend ist das Gebet in der Kirche. Ein Kartäuser unserer Zeit schreibt, der zweieinhalbstündige Gottesdienst um Mitternacht sei der schönste der Tageszeit. Die Einstimmigkeit im Lobpreis Gottes zeigt die innere Verbundenheit an. Sie trägt den einzelnen und stärkt ihn. Wird sie jedoch nur geringfügig gestört, kann bei manchem Gereiztheit aufkommen. Das ist die Kehrseite der im Schweigen gewachsenen Sensibilität. Die »Boten des Herzens« werden in allen Nuancen wahrgenommen: unruhige Bewegungen, eigenwilliger Gesang, stechende Blicke. Um diese Gefahr von der Gemeinschaft abzuwenden, hat Bruno den Mönchen zwei Regeln gegeben. Die Kartäuser sollen bei allem, was sie am andern verwirrt, das Gute annehmen; »annehmen« heißt es, nicht durch analysieren »herausfinden«. Eine schöne Betrachtung zu dieser Regel gibt es im »Tagebuch«: »Schau, wie du voll Erwartung das Getreide im Halm und Knoten am Stamm lieben kannst. In solcher Hoffnung liebe jene, die noch nicht gut sind.« So zu schweigen heißt nicht, sich das Urteilen über den anderen zu verkneifen, sondern zu hoffen, statt zu urteilen und nicht in das Geheimnis der Seele des anderen einzudringen. Der Kartäuser soll das ergründen, was in ihm selbst vorgeht: »Warum maßest du dir an, was am anderen dir mißfällt? Zorn? Du zürnst, weil er zürnt. O nein, zürne dir, daß du zornig bist. Wenn wirklich der Zorn dir mißfiele, würdest du ihn

nicht einlassen, sondern fliehen. Das ist der Fall nur, falls du Frieden hältst.«
Eine zweite Regel geht auf die Boten des Herzens ein. Der Kartäuser soll seinen Mitbruder »mit freundschaftlicher Sympathie und einem bescheidenen Kopfnicken grüßen.« Wer so grüßt, weiß um die eigene Schwäche und nimmt den anderen an, so, wie er ist, wie man es eben bei einem Freund tut. Und er gibt selbst keinen Anlaß zu Verwirrung.

In Brunos Leben wird besonders anschaulich, was der Autor des »Buches Kohelet« als allgemeines Lebensgesetz feststellt: »Alles hat seine Stunde. Für jedes Geschehen unter dem Himmel gibt es eine bestimmte Zeit ... eine Zeit zum Schweigen und eine zum Reden« (Kohelet 3,1.7). Bruno hat ein feines Gespür dafür gehabt, wann der Zeitpunkt dafür da war zu reden und wann zu schweigen. Wir verpassen leicht das Signal für die Zeit des Schweigens. Wir reden auch dann noch weiter, wenn wir nichts mehr zu sagen haben. Und dann kommt Unsinn heraus, wenn nicht gar Tratsch und Bosheit. Wir vermeiden peinlichst jene Gesprächspausen, die mit der Redewendung bezeichnet werden: »Engel durchs Zimmer rauschen hören«. Wenn das wirklich geschähe, wäre es doch etwas Schönes: Engel, Boten Gottes – man könnte still abwarten, was sie uns sagen, wie oder ob das Gespräch weitergehen soll. Das geschähe, wenn unser Schweigen vom Lauschen des Herzens auf Gott begleitet wäre.
Es gibt Signale, die deutlich den Zeitpunkt für das Schweigen anzeigen: bei der Begegnung mit Trauernden zum Beispiel oder mit Schwerkranken. Wenn wir diese Signale verpassen, dann kann Reden sehr weh tun. Mir fällt die Ijob-Geschichte ein: Ijobs Freunde sitzen sieben Tage und Nächte schweigend bei ihm, weil sie sehen, wie furchtbar er leidet. Als sie zu reden anfangen, ihm ihre guten Ratschläge und Belehrungen erteilen, stoßen sie Ijob noch tiefer ins Unglück: »Wenn ihr doch richtig hören wolltet ... Ertragt mich doch, gestattet mir zu reden ...«, klagt Ijob (Ijob 21,2). Still zuhören, das kann ein Bote des Herzens sein, der wohltut.
Meistens mögen wir aber nicht einmal uns selbst zuhören. Wenn uns etwas bedrückt, beunruhigt, ängstigt, dann überspielen wir das, und zwar oft im wörtlichen Sinn mit Hilfe von Radio oder Fernse-

hen. Es heißt: wir brauchen Ablenkung, Zerstreuung, Tapetenwechsel. Tatsächlich kann auch das helfen, Abstand von unseren Problemen zu gewinnen. Zu ihrer notwendigen Lösung aber führt nicht Zerstreuung, sondern Sammlung und Hinwendung zu Gott, von dem allein wirkliche Kraft und Hilfe kommt.

Schweigen im Sinn Brunos ist mehr als ein Verzicht auf Worte. In der Atmosphäre des Schweigens, die letztlich zu einer Atmosphäre der Sammlung werden kann, lösen wir uns von unseren Alltagssorgen und werden immer mehr offen für Gott. Im Schweigen erleben wir Gottes Anwesenheit mitten in unserem Alltag. Er ist da. »Im Urgrund meiner Seele«, wie es die Mystiker des Mittelalters – Meister Eckehart, Johannes Tauler und Heinrich Seuse – geschildert haben. Im Schweigen finden wir neue Prioritäten für unser Leben. Wir lernen Not-wendiges und Wesentliches von »Wichtigem« und Unwichtigem zu unterscheiden.

Natürlich können wir zur Nähe Gottes nicht allein durch eine Technik des Schweigens gelangen. Immer sind wir dabei auf Gottes Gnade angewiesen. Sie erschließt sich uns aber meistens nur dann, wenn wir auch von uns aus bereit sind, Gott bei uns einzulassen, ihm in uns Raum zu geben.

Als Bruno in La Torre vom Eifer der Mönche in der Großen Kartause und vom Gedeihen ihres Klosters erfuhr, schrieb er ihnen: »Freut euch ... über euer Glück und wegen der Freigebigkeit der Gnade Gottes an euch!«

Literatur

Gerardo Posada, Der heilige Bruno. Vater der Kartäuser. Ein Sohn der Stadt Köln. Aus dem Span. übers. von Hubertus Maria Blüm O Cart, Köln 1987.

Guigo von Castell, Tagebuch eines Mönches, Paderborn 1952

Anselm Grün OSB, Der Anspruch des Schweigens, Münsterschwarzach 1984

Gelassenheit durch Gottvertrauen

THOMAS MORE

(1478–1535)

Christian Feldmann

Die sogenannten politischen Heiligen müssen meist lange auf ihre Heiligsprechung warten. Beim britischen Lordkanzler Thomas More dauerte es exakt vierhundert Jahre: Am 6. Juli 1535 wurde er hingerichtet, am 6. Juli 1935 zur Ehre der Altäre erhoben. Damals – in der Zeit des Faschismus und des Nationalsozialismus – war das freilich ein Akt von unübersehbarer politischer Brisanz: Überall in Europa wurde der gigantische Versuch unternommen, das kritische Denken aus- und die Gewissen gleichzuschalten. Zu eben dieser Zeit erhielt die Christenheit in Thomas More einen Heiligen, der für seine Gewissensfreiheit in den Tod gegangen war.

Thomas More: der klassische Verweigerer aus Gewissensgründen, der lieber stirbt, als ein Wort zu sagen, das er nicht verantworten kann. Thomas More: ein Musterbeispiel zivilen Ungehorsams auch für unsere Zeit, in der Christen regelmäßig mit den staatlichen Ordnungsmächten und Behörden in Konflikt geraten, weil sie Rüstungswahnsinn und Umweltvernichtung nicht tatenlos zusehen wollen. Menschen wie Thomas More werden zur bohrenden, ja beschämenden Frage an unsere verräterische Liebe zum ausgewogenen Kompromiß: Wagen wir es, das Evangelium ernst zu nehmen, Standpunkt zu beziehen, aus dem Rahmen zu fallen, uns unbeliebt zu machen?

Die Fakten sind bekannt: Mitten im geistigen Neuaufbruch des europäischen Humanismus erhält Thomas More, Sohn eines vornehmen Richters, eine solide juristische Ausbildung in London und Oxford. Gute Manieren lernt er beim Kardinal und Lordkanzler John Morton in Canterbury. Hochgebildet, vielseitig interessiert, Geschichtsexperte, talentierter Musiker und geschätzter Autor von Lustspielen und Epigrammen, macht er sich mit 21 Jahren als Anwalt selbständig, wird zur lebenden Legende dank seines ausge-

prägten Gerechtigkeitsempfindens, zieht fünf Jahre später ins Unterhaus ein, wo er maßlose Geldforderungen des Königs mit hervorragenden Argumenten abschmettert.
Erfolgreich arbeitet er als Justitiar der Londoner Tuch- und Seidenhändler, als Friedensrichter und Sprecher der Schöffen. Er gehört einem Gelehrtenclub an und gießt seine hintergründigen Betrachtungen über das Menschenleben in formvollendete Gedichte. Die Beziehung zu seiner Frau muß sehr zärtlich gewesen sein, den drei Töchtern läßt er eine für damalige Begriffe ungewöhnlich emanzipierte Erziehung zukommen. Seine Umgangsart ist herzlich, auch zu Gegnern benimmt er sich – bei aller Liebe zur Ironie – respekt- und taktvoll, er besitzt einen barmherzigen Humor und spricht wie ein Kind mit Gott, Schwäche und Hilfsbedürftigkeit eingestehend:
»Und gib mir, guter Gott, ein demütiges, bescheidenes, ruhiges, friedliches, geduldiges, barmherziges, gütiges, zartes, kindliches Herz, in allen meinen Werken, Worten, Gedanken, damit ich einen Vorgeschmack habe deines heiligen, gesegneten Geistes!«
Mores glänzende intellektuelle Gaben, seine Diskretion und seine Fähigkeit, unauffällig im Hintergrund alle Fäden in der Hand zu behalten, empfehlen ihn fast schon zwingend für den Staatsdienst. König Heinrich VIII. holt ihn an seinen Hof, macht ihn zum Unterschatzkanzler, schickt ihn auf wichtige diplomatische Missionen, benutzt ihn als moralisches Aushängeschild seiner Regentschaft. Doch schon hat jene bekannte Hofdame Anna Boleyn begonnen, die englische Politik zu verwirren.
Heinrich VIII. will sie ebenso zu seiner Mätresse machen wie zuvor ihre Mutter und ihre Schwester. Mit Anna hat er allerdings erheblich mehr Schwierigkeiten: Sie verlangt eine legale Verbindung und den Platz auf seinem Thron. Dazu hätte Heinrich aber zuerst seine seit 13 Jahren bestehende Ehe mit der spanischen Prinzessin Katharina von Aragón annullieren lassen müssen, und dazu ist der Papst nicht bereit.
Bleibt also bloß der Bruch mit Rom, und Thomas More soll dem Monarchen helfen, der englischen Öffentlichkeit diesen Bruch plausibel zu machen. Obwohl er nie einen Zweifel daran gelassen hat, daß er in der leidigen Ehesache nicht auf der Seite des Königs steht, ernennt ihn Heinrich 1529 zum Lordkanzler. Dem geschick-

ten Diplomaten gelingt es lange, sich aus dem unerquicklichen Streit herauszuhalten. Schließlich sieht er jedoch ein, daß in seiner Stellung auch ein Schweigen als Einverständnis gewertet werden muß. More reicht seinen Rücktritt ein – dieses Mal noch vergeblich. Der König fürchtet, völlig zu Recht, die Breitenwirkung dieses Schritts.

Währenddessen schicken die Vertrauensleute des Königs gelehrte Gutachten nach Rom, die sich für eine Eheannullierung aussprechen. Der Druck auf die englische Kirche wächst. Schließlich verfügt Heinrich, die Bischöfe dürften Kirchengesetze künftig nur noch mit Zustimmung des Königs und des Parlaments erlassen. Der Lordkanzler More reicht zum zweiten Mal seinen Rücktritt ein, diesmal mit Erfolg. Er zieht sich in sein Landhaus zurück, in bittere Armut, widmet sich der Schriftstellerei – und bereitet sich realistisch auf seinen Tod vor. Denn irgendwann, das weiß er, wird der zutiefst gekränkte König ein eindeutiges Bekenntnis verlangen. Und Sir Thomas More ist nicht bereit, mit irgendwelchen Finten oder Notlügen gegen sein Gewissen zu verstoßen. Später schreibt er seiner Tochter Margaret aus dem Gefängnis:

»So wenig ich mich in das Gewissen anderer einmische, so sicher bin ich, daß mein Gewissen mir allein gehört. Es ist das Letzte, was ein Mensch für sein Heil tun kann, daß er mit sich eins wird. Wie ich Dir schon oft gesagt habe, Margaret, ich nehme mir nicht heraus, über die Sache zu entscheiden oder zu diskutieren; weder verwerfe noch tadle ich anderer Leute Handlungsweise ... Aber was mich angeht, so will ich Dir zu Deinem Trost sagen, Tochter, daß mein eigenes Gewissen in dieser Sache ... sich gut mit meinem Heil verträgt; dessen bin ich so sicher, Meg, wie dessen, daß Gott im Himmel ist! Und deshalb, was all das Übrige angeht, Güter, Ländereien und Leib (wenn es dahin kommen sollte), so vertraue ich, da ja mein Gewissen in Frieden ist, auf Gott. Er wird mich eher stärken, den Verlust zu ertragen, als daß ich gegen mein Gewissen schwöre und meine Seele in Gefahr bringe; sind doch alle Gründe, die andere Menschen zum Gegenteil veranlassen, für mich nicht überzeugend, so daß ich ihretwegen mein Gewissen ändern dürfte.«

Bekannt ist auch der Schluß der Geschichte: Thomas More hat sich mit seinen Todesahnungen nicht geirrt. Zwei Jahre nach seinem Rücktritt landet der ehemalige Lordkanzler im Tower, dem Londoner Staatsgefängnis. Der Grund: Er hat den von allen Engländern verlangten »Suprematseid« verweigert, den Eid auf das neue Thronfolgegesetz. In diesem Gesetz wird Heinrichs erste Ehe für ungültig erklärt und die päpstliche Autorität abgelehnt. Genau das aber kann Thomas More nicht akzeptieren. Dem vom Parlament eingesetzten König seien zwar alle Engländer Gehorsam schuldig. Aber keine Macht der Welt könne ihn zum Oberhaupt der englischen Kirche erklären – das sei eine Sache des Glaubens.

Nun werden aber auch die Kräfte deutlich, denen diese Symbolfigur der Zivilcourage ihr Durchhaltevermögen und ihre Gelassenheit verdankt: Bei der Einlieferung in den Tower überläßt er dem Kerkermeister sein gutes Gewand mit der lächelnden Bemerkung, zu Staatsgeschäften werde er es kaum noch brauchen. Und wenn er sich über Kost und Unterkunft beklagen sollte, möge man ihn ruhig hinauswerfen! Nichts von Bitterkeit, tobender Wut oder schlotternder Furcht. Aus Mores Kerkerhaft im Tower sind uns Briefe erhalten, die erregende Zeugnisse eines unbeirrbaren Glaubens und einer ruhigen Gelassenheit abgeben. Freilich ist ihm diese nicht einfach zugefallen. Sie ist die Frucht harter und ständiger Kämpfe mit der eigenen Angst.

»Glaub mir, Meg«, schreibt er seiner Lieblingstochter aus dem feuchten Verließ heraus, »ein verzagteres Herz als Dein Vater kannst Du gar nicht haben«. Sei er doch »von Natur so wehleidig, daß ich fast schon vor einem Nasenstüber zurückschrecke«. Schon lange vor der Verhaftung habe er Todesängste ausgestanden, »und sie waren nicht klein, und mein Herz war schwer vor Furcht, und ich malte mir alle drohenden Todesarten aus und lag lange ruhelos und wach ...«

Ganz zu schweigen von den quälenden Gedanken an Frau und Kinder, die Hausdurchsuchungen über sich ergehen lassen mußten, materielle Not litten und der Rachsucht des Königs schutzlos ausgeliefert waren. Nein, More hielt es für keine Schande, Tod und Qualen zu fürchten, habe doch Christus selbst diese Angst gespürt. Aber Thomas More wurde mit der Angst fertig, weil er als Realist im Tod einen Bestandteil des Lebens sah – und weil er glaubte. Für Gottes Liebe konnte es keine Grenze geben, auch nicht die Folter und den Tod. Gott würde ihn schon in seine Hut nehmen. Thomas an seine Tochter Margaret: »Wenn wir dort bleiben wollen, sind wir

in Sicherheit. Gegen unseren Willen kann uns keine Macht von dort vertreiben.«
Am Ende kann der von Kälte und Finsternis gepeinigte, von Ratten erschreckte und von vielfältigen Schmerzen gequälte Todeskandidat seiner Tochter das erstaunliche Geständnis machen: »Mir kommt es so vor, als ob mich Gott auf seinen Knien halte und wie ein verwöhntes Kind hin und her wiege.« Sein hartnäckiger Glaube gibt ihm die Kraft, 445 Kerkertage lang alle Finten abzulehnen, mit denen ihm die ungeduldigen Abgesandten des Königs, aber auch besorgte Freunde die Eidesleistung schmackhaft machen wollen. Sogar seine behutsam argumentierende Tochter Meg und die resolut auf ihn einschwatzende Gattin Alice schaffen es nicht, den zähen Widerstand des Häftlings zu brechen. Zu der verzweifelten Alice soll er lächelnd gesagt haben: »Meine gute Frau, du taugst nicht zum Geschäftemachen. Willst du wirklich, daß ich die Ewigkeit gegen zwanzig Jahre eintausche?«
Nein zu sagen, ist die einzige Freiheit, die dem Kerkerhäftling Thomas More noch geblieben ist, und die will er sich von niemandem nehmen lassen. Die Kraft dazu bezieht er aus dem Glauben an das befreiende Sterben Christi. Seine Diener könnten wohl keine größeren Privilegien beanspruchen als ihr Herr, schreibt er aus der Todeszelle: »Wollten wir in Behaglichkeit in sein Reich eingehen, wenn er in sein eigenes nur durch Leid einging?«
Und weiter: »Wo jemand ... sein Herz erschauern und zurückschrecken sieht bei der Vorstellung der Qualen, muß er sich ins Gedächtnis rufen und bedenken, welch große Qual Christus für ihn gelitten hat, und herzlich um die Gnade beten, daß Gott die Kraft zum Standhalten gebe, wenn der Fall eintreten sollte. Wenn ein Mensch in seinem Herzen mit so tiefer Sehnsucht und Liebe danach verlangte, mit Gott im Himmel zu sein und sich am Anblick seines glorreichen Antlitzes freuen zu dürfen, wie jene heiligen Märtyrer der alten Zeiten es taten, dann würde er nicht mehr als diese zögern bei der Not, durch die er gehen muß. Aber unser zerbrechlicher und schwächlicher Glaube und unsere Liebe zu Gott, die weniger als lauwarm ist ..., machen uns so stumpf im Verlangen nach dem Himmel, daß der plötzliche Schrecken vor irgendeinem körperlichen Schmerz unser Herz verwundet und unsere Frömmigkeit erschlägt. Welches Grauen wir auch in unseren Sinnen empfinden

mögen, mit seiner Hilfe werden wir doch seinetwegen eher alle Folter ertragen, die der Teufel mit all seinen heidnischen Folterknechten in dieser Welt erfinden könnte, als ihn und seinen Glauben vor der Welt verleugnen ... Wenn wir diese Zuversicht haben und unseren Willen dem seinen unterwerfen und um seine Kraft bitten, dann können wir sicher darauf rechnen: Er läßt nicht zu, daß sie uns je mehr aufladen, als wir durch seine Gnade tragen können. Gott weiß, was kommen wird, wir nicht.«
Schließlich nehmen ihm die Kerkerwächter auch noch das Schreibzeug weg. Am 1. Juli 1535 beginnt der Schauprozeß in Westminster Hall, eine makabre Komödie mit korrupten Richtern und eingeschüchterten Geschworenen. Weil man den Ex-Kanzler für die Eidverweigerung allein nicht auf das Schafott schicken kann, muß ein meineidiger Zeuge herhalten: Er beeidet eine Äußerung Mores gegen die königliche Oberhoheit, die dieser nie getan hat. Das Urteil: Tod.
Und jetzt, mitten in die Urteilsverkündung hinein, bricht Sir Thomas zum ersten und einzigen Mal sein Schweigen. Mit ein paar Sätzen schlägt er diesem armseligen Gericht die Argumente aus der Hand: »Diese Verurteilung«, so sagt er, »stützt sich auf eine Parlamentsakte, die in unmittelbarem Widerspruch zu den Gesetzen Gottes und seiner heiligen Kirche steht, deren höchste Leitung kein weltlicher Fürst aufgrund irgendeines Gesetzes sich anmaßen darf ... Darum ist dies kein Gesetz, aufgrund dessen Christenmenschen einen Christen unter Anklage stellen dürfen.«
Kein Wort mehr. Auf dem Rückweg in den Tower umarmt Thomas weinend seine Kinder. Mit Kohle schreibt er ihnen auf ein Fetzchen Papier einen gefaßten Abschiedsbrief, ganz ohne Pathos, mit keinem Wort auf sein schreckliches Schicksal eingehend. Ein paar herzliche Gruß- und Segenswünsche für jeden und die Hoffnung auf ein Wiedersehen im Himmel.
Am 6. Juli 1535, um neun Uhr morgens, tritt der ehemalige Lordkanzler den Weg zum Schafott an. Die Geschichte dieses Sterbens ist unsterblich: Entkräftet von fünfzehn Monaten Kerkerhaft in der engen, lichtlosen Zelle, ist der 57jährige Todeskandidat etwas schwach auf den Beinen, und die Stufen zum Blutgerüst scheinen ihm ziemlich wacklig gebaut. Deshalb wendet er sich in seiner höflichen, leicht ironischen Art an den Kommandanten des Towers

und bittet ihn: »Ach, bester Herr, wollen Sie mir helfen, heil hinaufzukommen? Herunter komme ich schon selber.«
Den Scharfrichter, der nach englischem Brauch vor ihm niederkniet und um Vergebung bittet, umarmt er mit dem Friedenskuß. »Gib acht, daß du nicht schief zuschlägst«, soll er ihm diskret geraten haben, »ich habe einen kurzen Hals, und du mußt auf deinen Ruf achten!« Und als er den Kopf schon entschlossen, ohne zu zittern, in die Einkerbung des Richtblocks gelegt hat, bittet er um einen Augenblick Geduld. Er schiebt den im Kerker gewachsenen langen Bart sorgfältig zur Seite und erläutert lächelnd: »Der wenigstens hat doch keinen Hochverrat begangen!«

Literatur

Hans Peter Heinrich: Thomas Morus. Mit Selbstzeugnissen und Bilddokumenten. rororo bildmonographien

Richard Marius: Thomas Morus. Eine Biographie. Benziger-Verlag

Walter Nigg/Helmuth Nils Loose: Thomas Morus. Der Heilige des Gewissens (Bildband). Herder-Verlag

Demut und Vertrauen

PETER WUST

(1884–1940)

Johannes Mohr

In einer Welt voller Ungewißheit ist das Wagnis gefragt. Dabei sind Menschen, die Hoffnung ausstrahlen, ohne zu erdrücken, eine große Hilfe. Ein solcher geistiger Leuchtturm begegnet uns in Professor Dr. Peter Wust. Vom Grenzland an der Saar ging sein Blick schon früh ins Nachbarland Frankreich hinüber, wo der »Renouveau Chatholique« (Katholische Erneuerung) seit der Jahrhundertwende das geistige Leben prägte.

Der Schriftsteller Paul Claudel hatte im Weihnachtsgottesdienst des Jahres 1886 beim Gesang des »Adeste fideles« hinter einer Säule in der Kathedrale Notre-Dame in Paris den Glauben an Gott wiedergefunden. Von diesem Geschenk wurde sein weiteres literarisches Schaffen befruchtet und durchtränkt. Die Stelle der Glaubenserfahrung Claudels wurde durch eine Messingplatte im Boden markiert. Sie bildete gleichsam eine der Wurzeln im geistigen Werdegang von Peter Wust. Er berichtet darüber in seiner »Pariser Rechenschaft«: »Am 1. Mai 1928 betrat ich zum ersten Mal den Boden von Paris. Es war das Ende eines langen Weges und die Erfüllung einer lange gehegten stillen Sehnsucht. Mein erster Gang war nach Notre-Dame, wo ich gleich vorn, im rechten Seitenschiff, an einer Säule stehenblieb, um Gott für so manches zu danken und zugleich auch in ein tiefes Nachsinnen zu versinken über die Bedeutsamkeit der Stätte, an der ich nun endlich stand.«[1]

Peter Wust wurde am 28. August 1884 in Rissenthal (Saarland) als Sohn eines wandernden Siebmachers geboren. Nach Abitur 1907 in Trier und Studium in Berlin und Straßburg unterrichtete er an Gymnasien in Trier und Köln, wurde 1914 zum Doktor der Philosophie promoviert und 1930 als Professor der Philosophie an die Universität Münster berufen. Am 3. April 1940 starb er in Münster.

Seine großartige Menschlichkeit und sein tiefer Glaube leuchten besonders aus seinen Briefen hervor. Darum sollen Auszüge daraus etwas ausführlicher zitiert werden. Drei bedeutsame Grundlinien lassen sich im Leben von Peter Wust ablesen:

Seine Demut

Die Demut ist Peter Wust nicht in den Schoß gefallen. Als junger Mann zog er aus, um die Welt des Geistes, des Verstandes und des Wissens zu erobern. Auf diesem Feldzug hat er den Glauben als vermeintlichen Ballast abgeworfen, aber sein Schritt ist darum nicht leichter geworden. Er blieb gleichsam stecken in der heimatlichen Erde, über die er in seiner Jugend die Kühe getrieben hatte. Die Liebe zur Heimat war ein Fundament seines Lebens. Auf diesem Fundament ruhte seine Demut.

Demut ist gebeugte Haltung. Der Demütige bückt sich liebevoll zu den kleinen Dingen hinab. Von Münster aus schreibt Professor Wust: »Wenn ich so draußen in der Bauernwelt der Münsterer Umgegend herumwandere, dann überkommt mich ein unstillbares Heimweh nach Vater und Mutter, nach dem einfachen, immer herumwandernden Siebmacher, der viel betete . . .«[2]

An Johannes Langenfeld, Bürgermeister von Losheim, schrieb Wust am 6. Oktober 1929: »Ich habe nur ein Glück: Ich bin so ganz fest im Glauben. Und ich kann Christus so von Herzen lieben. Aber wer hat es mir erwirkt? Ich weiß es: nur der selige Vater, dieser arme, arme Siebmacher, der immer betete, wo er ging und stand. Diesem armen Siebmacher verdanke ich alles, was Gott mir geschenkt hat. Und deshalb werde ich heute noch ganz selig, wenn ich auf der Straße solchen Leuten wie Schirmflickern oder Scherenschleifern begegne oder sie bei ihrer Arbeit beobachte. Ich habe das kleine Siebmacherhämmerchen meines Vaters, das er 40 Jahre in Gebrauch hatte, hier auf meinem Pult liegen: Es ist der Hammer des Glücks.«[3]

Die Jugendzeit formt den Menschen für sein ganzes Leben. Peter Wust drückt es so aus: »Unsere Eltern hatten uns immer eins gelehrt: Ehrfurcht! Und das habe ich bis heute nicht vergessen. Ja, es dringt mir erst jetzt mit jedem Tag tiefer in die Seele ein.«[4]

Ein ehrfürchtiger und demütiger Mensch kann nicht lange von Gott fern bleiben. In einem wunderbaren Trostbrief schreibt Wust an Dr. Rockenbach, als dessen Vater gestorben ist: »Nehmen Sie dieses kleine große Leben als Vorbild dafür, daß nicht im Wissen die großen Lebenssiege erfochten werden. Die eigentliche Kraft ist bei den Glaubenden, bei den demütig Hörenden, Horchenden, Gehorchenden ...«[5]

In der Demut seines Herzens findet Wust zum tiefsten Vollzug des menschlichen Lebens: dem Gebet. In einem Brief an Pater Philotheus Böhner vom 27. April 1933 schreibt er: »Von den Kämpfen mit mir selbst her habe ich es erst gelernt, daß alle Einsicht in die letzten Regionen nur im Gebet erfleht, erbettelt, herabgerufen werden kann. Es ist so: unsere Vernunft muß als arme Bettlerin vor den mächtigen Pforten des Geheimnisses stehen und warten, warten, bis uns diese Tore durch eine huldvolle Hand aufgetan werden. Das Gebet erst macht unsere Seele still, still und immer stiller, bis sie dann, wenn alle ihre titanischen Subjektstürme sich gelegt haben, im reinen Abendfrieden auf einmal gewahrt, wie die Dinge ihre ganzen scharfen Konturen erhalten.«[6]

Als Professor Wust seinen Tod nahen fühlte, machte er einen Abschiedsbesuch bei Kardinal von Galen. Der Kardinal erkannte die Größe dieses reifen Mannes und machte sich Notizen nach dem Gespräch. Peter Wust hatte gesagt: »Forschen ohne Beten führt ins Verderben ... Wertmäßig steht Beten unendlich hoch über dem Forschen; und darum erreichen auch ganz schlichte Leute, wie mein seliger Vater einer war, eine Höhe und innere Würde, die mit gelehrtem Forschen allein niemals erreicht werden kann.«[7]

Professor Wust hatte in seinen Vorlesungen Erfolg. Als er nach Münster kam, sahen die neuen Kollegen verächtlich auf den ehemaligen Studienrat herab. Aber der Erfolg – jeden Morgen und Nachmittag 500 Hörer, die ergriffen lauschten – fegte alle Opposition hinweg. Und das Geheimnis dieses Erfolges? In einem Brief an Direktor Hans Kolligs vom 24. November 1931 bekennt Wust: »Ich habe nie den Lehrstuhl betreten, ohne zuvor innig das ›Veni Creator Spiritus‹ zu beten ... Und nun stehe ich fest, in der herrlichen Klarheit, die nur unser Glaube geben kann. Und deshalb sage ich: das Geheimnis der Attraktion in diesen Vorlesungen liegt nicht in mir. Es liegt in Dem, der mich stärkt.«[8]

Wer noch Zweifel an der Größe und Demut dieses Menschen hat, der schaue auf seine letzte große Tat: sein Todesleiden. 1938 erkrankte Wust an Oberkieferkrebs. Er wußte, daß seine Krankheit unheilbar war, daß er langsam dem Tod entgegenging. Er litt furchtbare Schmerzen. Jetzt konnte er zeigen, daß es ihm Ernst war mit den tröstenden Worten, die er am 27. Dezember 1932 an seinen Freund Jakob Kneip geschrieben hatte: »Nicht daß wir siegen, ist die Hauptsache, lieber Freund Kneip, sondern daß die Liebe Gottes in unserem Herzen alles besiegt, auch unsere persönliche Ungeduld, das allein ist entscheidend.«[9]
Während des Abschiedsbesuches bei Kardinal von Galen sagte Wust: »Daß ich durch mein Leiden, durch mein langsames Sterben völlig ernst machen darf mit dem Gebet, mit der vollen Hingabe an Gott, das ist ein Glück, wie ich es nicht verdient habe und für das ich trotz mich gelegentlich erfassender Todesangst unaufhörlich in meinem Herzen danke und jubelnd das ›Te Deum‹ singe.«[10]

Seine Einsamkeit

Peter Wust gehört zu den Menschen, denen das Leben nicht leicht fällt, die schwer am Leben tragen, nicht aus falscher Sentimentalität oder infolge von Krankheit, sondern weil sie in die Tiefe hinabtauchen, wo die Rätsel des Lebens verborgen liegen. An seinen französischen Freund Charles Du Bos schrieb Wust am 20. Juli 1929: »Lieber Freund, der Hintergrund der ›Pariser Rechenschaft‹ war grenzenlose Einsamkeit, jene menschliche Einsamkeit, die auf Erden nicht aufgehoben werden kann, weil sie eine Einsamkeit ist, die aus dem Hunger und dem Durst nach Ewigkeitsfülle in uns entsteht, nach jener Fülle, in der nur die trinitarische Gottheit lebt.«[11]
In sein Wort legt Wust sein ganzes inneres Leben hinein und bleibt dann selbst leer zurück. Er schreibt im gleichen Brief an Du Bos: »Ich bin nun einmal dieser Mensch, der ich bin: ich lege zuweilen in ein kurzes Wort das ganze Schwergewicht meines ohnehin sehr begrenzten Daseins hinein; und hinterher muß ich dann wochenlang als Bettler am Wege stehen, der nur soviel in seinen hingehaltenen Hut bekommt, daß er knapp für den kommenden Tag zu leben hat.«[12]

Ein Mensch, der sein Leben, sein Sprechen und Tun so ernst nimmt, kann kaum von der tiefen Sorge um die Erfüllung seines Lebens verschont bleiben. Am 24. Februar 1929 schreibt er an Du Bos: »Immer lastet diese Sorge um mein Heil auf mir. Ich kann nichts daran ändern, daß diese Sorge mich immer wieder befällt. Gott ist so groß, und ich bin so klein, so hilflos, so preisgegeben jedem Sturmwind dieses Erdenseins. Wenn Gott mich einstens nur als Bettler zuläßt zu seinem Reich, dann werde ich ganz zufrieden sein. Aber ob ich selbst das von Gott erwarten darf?«[13]

Ein Mensch, der selbst um diese Fragen ringt und leidet, versteht auch das Leid anderer. In einem Brief an Martin Rockenbach zitiert Wust ein Gedicht von Baudelaire aus den »Fleurs du Mal«:

»Mein Gott, du hast das Leid gegeben, sei gepriesen!
Den Trüben ist die Pein zur Läuterung geweiht;
als göttlich reiner Heiltrank ward sie uns gewiesen;
sie macht die Kraft zu geistlichem Genuß bereit ...«[14]

Je weiter Peter Wust aufwärts schreitet, desto mehr muß er sich die Zeit zur Einsamkeit abringen. In Münster findet er wieder Zeit auf seinen Spaziergängen in die Umgebung. Er schreibt an einen Bekannten am 25. April 1931: »Ja, ich bin einsam hier, aber ich habe diese Einsamkeit wieder lieben gelernt.«[15]

Peter Wust weiß um die Gefahren solcher Lebensauffassung. Einem Freund, der ähnlich leidet und dabei in Krankheit, Mißtrauen und Untätigkeit zu sinken droht, schreibt er: »Sie müßten, statt zu leiden, die ganze Kraft Ihres Willens aufbieten und zum Handeln kommen. Schauen Sie, statt nach innen, nach außen, immer auf die große Sache, um die es sich handelt ... Wer die Ewigkeit hinter sich hat, braucht doch eigentlich um nichts zu bangen ... Werfen Sie all diese irdische Angst beiseite ...«[16]

Die Einsamkeit enthält bei Peter Wust keine Verbitterung. Das beweist sein Humor. Seinem leidenden Freund schreibt er am 9. November 1928: »Essen Sie lieber jeden Morgen zur Stärkung ein Stück des kräftigsten Bärenschinkens. Das tut Ihnen gut. Und nun wollen wir morgen wieder kräftiger lachen: das homerische Gelächter über die Welt, so wie sie nun einmal ist, nehmen selbst die Götter nicht übel. Denn von ihnen stammt es ja.«[17]

Sein Vertrauen

In der Demut und im Leiden ist Peter Wust zu seiner letzten großen Haltung gereift: dem Vertrauen. Schon am 26. Juli 1929 hatte er an Abt Ildefons Herwegen von Maria Lach geschrieben: »Ich will nur ein Kind sein: Gott hält jedes Tierchen, das lebt, in seiner bergenden Hand. Warum sollte er nicht auch mich bergen?«[18] Er, der große Sucher, der Ungewißheit und Wagnis des Lebens so tief erlitten hatte, er findet in die Sicherheit.

Josef Pieper, ein anderer großer christlicher Philosoph in Münster, berichtet, wie er ihm damals als Flakhelfer einen Besuch abstattete, um ihm mitzuteilen, daß der gerade ausgelöste Fliegeralarm ein Irrtum gewesen sei. Peter Wust griff lächelnd zu seinem Notizbuch – sprechen konnte er nicht mehr – und schrieb: Ich befinde mich in absoluter Sicherheit.[19]

Das philosophische Hauptwerk von Peter Wust »Ungewißheit und Wagnis« schließt mit dem Wort Goethes: »Wenn du stille wirst, wird dir geholfen.«

Am 16. Februar 1940 schrieb Wust an seinen Heimatpfarrer: »Wie geht es denn? Bei mir ist es immer noch dasselbe. Vereiterung der ganzen Mundhöhle, unvorstellbare Schmerzen Tag und Nacht, kein Schlaf oder höchst selten – es ist ein Martyrium –.«[20] Dann bittet er um ein kleines Photo vom Inneren der Pfarrkirche.

Am 3. April 1940 ist Peter Wust gestorben und auf dem Friedhof des Münsterer Vororts Mecklenbeck neben dem Friedhofskreuz beigesetzt worden. Auf seinem Grabstein ist zu lesen:

»Aus dem Wirklichkeitstraum
Durch Ungewißheit und Wagnis
In den Wirklichkeitsraum
Der Geborgenheit in Gott.«

Die Persönlichkeit des christlichen Philosophen Peter Wust, wie sie uns aus seinen Briefen aufleuchtet, mag wie die Vision eines fremden Sterns erscheinen. Aber der Geist, aus dem sie ersteht, ist unvergänglich, und darum ist ihre Faszination unvergleichbar. Als die Mutter seines Freundes Martin Rockenbach starb, schrieb Wust an den Vater, den Lehrer Johann Peter Rockenbach: »Und so werfe ich denn in Ihr von Trauer erfülltes Herz das flammende Wort des großen Theologen Hermann Schell: ›Der Pfingsttag kennt keinen Abend, denn seine Sonne, die Liebe, kennt keinen Untergang.‹«[21]

Anmerkungen

1 Peter Wust: Unterwegs zur Heimat. Münster 1956, S. 131 zit. »Unterwegs«
2 Unterwegs S. 97
3 Unterwegs S. 82
4 Unterwegs S. 97
5 Peter Wust: Briefe an Freunde, hrsg. von Wilhelm Vernekohl, Münster ²1956, S. 63, zit. »Briefe«
6 Briefe S. 89
7 Briefe S. 129
8 Briefe S. 34/35
9 Briefe S. 83/84
10 Briefe S. 129
11 Unterwegs S. 52
12 Unterwegs S. 53
13 Unterwegs S. 48
14 Briefe S. 54
15 Briefe S. 71
16 Unterwegs S. 105–107
17 Unterwegs S. 109
18 Unterwegs S. 72
19 Josef Pieper: Weistum – Dichtung – Sakrament. Aufsätze und Notizen, München 1954, S. 156–159
20 Briefe S. 122
21 Briefe S. 71

Humor aus dem Glauben

PHILIPP NERI

(1515–1595)

Christian Feldmann

Er war ein stadtbekannter Spaßmacher, ein richtiger Clown, ein selbsternannter Hofnarr der Mächtigen, Aufgeblasenen, Hochgeehrten, eine liebenswürdige Vaterfigur und eine Seele von Mensch – und dazu noch ein Heiliger. Ein verrückter Kerl, über den sich die Römer schief lachten und den sie gleichzeitig zärtlich liebten und stolz »il Santo« nannten, den Heiligen. Mit seinem unbekümmerten Humor zeigte Philipp Neri den Menschen, daß Gott kein müder Griesgram ist. Seine verspielte, ansteckende Frömmigkeit machte faszinierend klar, daß Religion und Lebensfreude durchaus etwas miteinander zu tun haben. Denn wer die Welt und ihre kleinen Genüsse als Geschenk Gottes sieht, muß sie einfach lieb haben!

Ein solches Bündel von Freude und sympathischer Verrücktheit kann nur in Florenz geboren sein, der prächtigen Stadt der Komödien und Feste, wo man in jenen Tagen, in der Blüte der Renaissance, das Leben feierte und die Schönheit anbetete. Dort kam Filippo Neri 1515 als Sohn eines schlecht verdienenden Notars zur Welt. Armer Leute Kind, erwarb Filippo doch bei den Dominikanern von San Marco eine solide Bildung. Dort hielt er sich viel lieber auf als bei seinem Onkel Romolo, einem kinderlosen Kaufmann, der ihm die Regeln und Raffinessen des Geschäftslebens beibringen sollte. Doch Filippo war viel zu naiv und ehrlich; er mußte einfach Beutel und Kasse öffnen, wenn er einen Bettler nur von weitem sah. So hält man kein Kapital zusammen.

Eines Tages muß ihm die muffige Atmosphäre in dem Handelskontor so auf die Nerven gegangen sein, daß er kurzerhand auf seine kleine Erbschaft verzichtete und ohne Geld nach Rom marschierte. Dort finden wir ihn wieder als Hauslehrer bei einem Landsmann, dem päpstlichen Zolldirektor Galeotto Caccia aus Florenz. Ein notorischer Geizhals, der den sichtlich begabten Kindererzieher in eine elende Kammer steckte und mit Mehl und Oliven entlohnte. Filippo war das völlig egal, er speiste draußen am Brunnen, trank Wasser dazu, freute sich seines bescheidenen Lebens und verschlang nachts am Fenster beim Mondschein Heiligenleben und Abenteuergeschichten.

Denn längst hatte er sich seine eigene Welt geschaffen, die viel schöner und kostbarer ausgestattet war als die luxuriösen Kulissen, in denen die große Gesellschaft jener prunkliebenden Zeit lebte. Oder vielmehr, er hatte sich in diese andere Welt führen lassen – von einem Gott, den er früh schon leidenschaftlich liebte. Bei den Mönchen seiner Kinderzeit hatte er ihn gefunden, später bei den Benediktinern von Montecassino, wo er ganz in der Nähe, am Hafen von Gaeta, ein Lieblingsplätzchen hatte: eine Rundkapelle hoch über dem Meer auf einem einsam gelegenen Felsblock, den man nur über eine schwindelerregende Eisenleiter bezwingen konnte. Dort dachte er, so wird berichtet, mutterseelenallein über das Leiden des Herrn nach und ließ den Blick weit über das Wasser in die Ferne schweifen.

In Rom stieg er dann oft und oft in die Katakomben hinab, um zu beten und nächtelang Zwiesprache mit den toten Märtyrern zu halten. Auch zum Grabmal der Cäcilia Metella an der Via Appia pilgerte er in den Nächten, und schlafen legte er sich am liebsten auf den Stufen irgendeiner uralten Basilika. »Da er nicht sicher war, was der Herr von ihm wollte«, bilanzierte sein erster Biograph recht nüchtern, »verbrachte er ganze Nächte im Gebet.« Hier, in der unaufhörlichen Suche nach Verbindung mit dem Ursprung, mit den allerersten Christen und ihrer noch frischen Christuserfahrung, liegen die Wurzeln seines starken Glaubens.

Wenn er Zeit hatte, hörte Neri auch theologische Vorlesungen an der päpstlichen Sapienza-Hochschule und besuchte die Kranken in den verdreckten, vernachlässigten Spitälern. Irgendwann einmal erschien ihm aber auch dieser Lebensstil viel zu locker und bürgerlich. Filippo verkaufte alle seine Bücher – außer der Bibel – und wurde eine Art Großstadt-Eremit. Im römischen Florentinerviertel am Tiber bummelte er durch die Straßen. Verwahrlosten Schulkindern baute er einen Spielplatz, er betete mit ihnen in den Kirchen und schickte sie zum Betteln für die Kranken.

Und jetzt zeigt sich zum ersten Mal, daß Filippos Hang zu närrischen Späßen und verwirrenden Sprachspielereien seinen Grund in einer ungeheuer vertrauensvollen, fast intimen Beziehung zu Gott hat. Denn wie einst Sokrates verwickelt er die Passanten in scheinbar harmlose Plaudereien, bittet sie um Auskünfte, läßt sich von seinen geschmeichelten Gesprächspartnern ihr Spezialgebiet erklären – um unversehens zu tieferen Problemen vorzustoßen, über die sie noch nicht nachgedacht haben oder die sie gern verdrängen. Belanglose Informationsfragen legen versteckte Hintergründe bloß, freches Sich-dumm-Stellen entlarvt, hartnäckige Sturheit bricht kühle Distanz auf.

Filippos Gesprächspartner sind verunsichert, genervt, empört – aber sie sind nicht mehr die Alten. Die Mauer um ihr sorgsam gehütetes Seelenleben hat Risse bekommen, das Selbstverständliche ist nicht mehr selbstverständlich. Filippo hat freilich nicht im Sinn, seine Mitmenschen zu blamieren. Er bringt sie aus der Fassung, um sie für das Evangelium zu öffnen. Hinter seinen manchmal boshaften Frage-und-Antwort-Spielen wird seine große Güte sichtbar, und er geht teilnehmend auf Sorgen und Existenznöte ein. Filippo stichelt nicht in verletzender Weise an den Leuten herum, sondern versucht ihnen bewußtzumachen, daß es außer Geld und Essen noch etwas anderes gibt, wofür es sich zu leben lohnt. Von einer solchen Liebenswürdigkeit sei er gewesen, bezeugt Kardinal Cusano, »und jeder war von seinen Worten derart gefesselt, daß es fast unmöglich schien, sich von ihm zu trennen«.

Bald kannte man den fraticello – »das Mönchlein«, wie er genannt wurde – überall in Rom. Er unterschied sich vorteilhaft von den zahlreich vorhandenen Straßenpredigern mit ihren finsteren Höllendrohungen. Filippo sprach auch von Gott, aber er machte keine Angst mit dem himmlischen Strafgericht, sondern teilte von dem Glück mit, das er selbst in der Nähe Gottes fand. Sein Evangelium war eine fröhliche Botschaft, und der Gott, an den er glaubte, hatte ganz offensichtlich Humor. Denn es gab in Rom keinen einfallsreicheren Spaßmacher als diesen Filippo Neri und keine Verrücktheit, zu der er nicht fähig gewesen wäre.

Er lief in einem knallroten Hemd durch die Straßen, um die vornehmen Kardinäle zu veräppeln. Er sprang die Treppen hinunter wie ein Schulbub, immer mehrere Stufen auf einmal nehmend. Aus einem stillen Gebet heraus konnte er plötzlich durch die Kirche zu tanzen anfangen. Er platzte in ein Krankenzimmer, wo der Priester gerade die Sterbegebete sprach. Filippo haute ihm scherzhaft eine herunter, fing selbst kräftig zu beten an und wackelte dabei lustig mit dem Kopf. Das gefiel dem Kranken so gut, daß er auf der Stelle gesund wurde.

Filippos Begründung für all diese Narrheiten klingt seltsam, sehr ernst und moralisch: Es gebe keine wahre Tugend ohne die Freude. Aber wieder zeigt sich, wie untrennbar Humor und Glauben bei ihm verbunden sind. Wer in der Gegenwart des guten Gottes lebt, davon ist er felsenfest überzeugt, der kann gar nicht anders als sich freuen. Verdrießliche Mienen, griesgrämige Weltverachtung, überhebliche Schwarzseherei geraten ihm zur Gotteslästerung. Sein Lebensmotto ist in Rom zum Sprichwort geworden: »Skrupel und Melancholie, geht fort von meinem Haus!«

Oberflächlicher Optimismus ist damit natürlich ebensowenig gemeint wie Blindheit gegenüber dem himmelschreienden Elend in der Welt; dazu kennt Filippo die inneren und äußeren Nöte seiner Mitgeschöpfe und die Zerrissenheit jeder Menschenexistenz viel zu gut. »Im Feuer, in der Trübsal«, hat er einmal gesagt, »lernt man jemanden kennen, der wirklich Christ ist.« Filippo kämpft vielmehr gegen den tierischen Ernst, das Sichverbeißen in Probleme und Ängste, die allzu große Nachgiebigkeit gegenüber melancholischen Anwandlungen. Denn all das bringt seiner Ansicht nach die Gefahr mit sich, »dem Heiligen Geist unrecht zu tun«.

Unnachahmlich, wie er einem jungen Mann die Angst vor einem Dämonen austreibt, den dieser in seinem Zimmer zu sehen glaubt: »Sieh doch den Tristo, den Trübseligen«, sagt er wegwerfend zu dem Gepeinigten, »sieh doch den Tristo! Ach geh, tu diesem Tristo doch nicht die Ehre an, von ihm zu sprechen!« Und umarmt den Angsthasen und schneidet ihm Grimassen. Der Junge fängt zu lachen an – und ist von seiner Dämonenfurcht geheilt.

»Heiterer Sinn«, behauptet Filippo, »stärkt das Herz und macht beharrlich im Guten; darum soll, wer Gott dienen will, stets heiteren Geistes sein.« Der wahre Weg, gut zu bleiben, sei »heilige Fröhlichkeit«. Wieviel Weisheit steckt hinter seinen zahllosen spontanen Einfällen! Dem Wettlauf etwa, zu dem er einen trübsinnigen Pater auffordert – was gewiß wirkungsvoller ist, als lange mit ihm über seinen Seelenzustand zu diskutieren. Wenn ihn selbst die

Schwermut packt, läßt er sich von seinem quecksilbrigen Freund Macaluffi etwas vortanzen. Heitere Menschen, das ist seine Erfahrung, sind leichter auf dem Weg des Geistes zu lenken als melancholische!

Dieser Humor hat aber auch eine rebellische Komponente, die sich mit Vorliebe an feierlichen Zeremonien und prominenten Zeitgenossen entzündet: Neris aufrührerische Späße stellen die geltende Wertordnung auf den Kopf. Wenn er seinen Schabernack mit Kardinälen und später sogar mit Päpsten treibt, entlarvt er die Herren der Welt als lächerliche Zwerge. Die überheblich zur Schau getragenen Insignien von Würde und Autorität entpuppen sich als alberne Kostümierungen großer Kinder. Wieder einmal enthüllt Filippos Humor eine durchaus ernsthafte Moral. Die allgewaltige Ordnung kann durchbrochen werden – in der Freiheit der Kinder Gottes. Der Mensch ist mehr wert als der Sabbat und die fröhliche Spontaneität wichtiger als die Einhaltung unbarmherziger Regeln.

Im übrigen waren diese verrückten Späße für Filippo ein Mittel, dem Starkult um seine Person entgegenzusteuern. Denn spätestens, als er mit etwa 35 Jahren sein Herumvagabundieren aufgegeben und mit seinem Beichtvater und ein paar einfachen Laien eine Bruderschaft für obdachlose, hungrige Pilger gegründet hatte, hielten ihn immer mehr Leute für einen begnadeten Gottesmann und Wundertäter. Dann ließ er sich auch noch – auf den Druck seiner Umgebung hin – zum Priester weihen, lebte in größter Schlichtheit in einem verfallenden Klostergebäude, verbrachte bis zu 15 Stunden am Tag im Beichtstuhl – und erwarb sich dort den Ruf eines psychologischen Genies.

Filippos bescheidene Kammer, deren Tür stets offenstand, hieß im Volk »Herberge zur christlichen Fröhlichkeit«. Sie wurde zur Keimzelle des Oratoriums, seiner zukunftsträchtigsten Gründung. Nach dem Mittagessen fanden sich Filippos Freunde, meist junge Leute, auch der eine oder andere Handwerksmeister, auf diesem Zimmer ein. Neri setzte sich auf sein Bett, damit die anderen mehr Platz hatten, und man begann aus einem religiösen Buch zu lesen und sich darüber zu unterhalten. Manchmal stieg einer auf einen Stuhl und hielt eine feurige Ansprache. Oder man sang miteinander volkstümliche Lieder.

Bald hatte Filippo Hunderte von Schülern in seinem Haus der offenen Tür. Seine Gesprächsgruppen wuchsen zur Gemeinschaft des Oratoriums – »Haus des Betens« – mit einem festen Tagesprogramm aus Kurzvorträgen, Gebet und Liedern, aber ohne Satzung und Regel. Zu Filippos Seelsorgsmethoden gehörten Konzerte mit selbstgedichteten Liedern, Andachten auf italienisch – damals eine ungewöhnliche Ergänzung der lateinischen Messe – und ausgesprochen fröhliche Wallfahrten, begleitet von Musikanten, lärmenden Kindern, Mauleseln mit Chianti-Flaschen und Salami.
Und natürlich vergaß er auch dabei nicht auf seine Späße. Er hatte eine schreckliche Angst vor allen Versuchungen zur eitlen Selbstüberschätzung. Niemand sollte die Ekstasen und Visionen sehen, die nach ziemlich zuverlässigen Biographen bei ihm das Natürlichste von der Welt waren und die er doch für unwichtig hielt. Um sich vor derartigen Entrückungszuständen zu schützen, pflegte er in der Sakristei vor dem Gottesdienst mit kleinen Hunden zu spielen oder am Altar hin und her zu trippeln wie ein Spaziergänger.
Denn nicht auf mystische Sonderwege und außergewöhnliche Begnadungen kommt es nach Filippos Überzeugung im Christenleben an, sondern allein auf einen entschlossenen, handfesten Glauben. »Was also brauchen wir?« fragte er einmal und gab sich selbst die Antwort: »Feuer, Glaube und Eisen ..., Eisen, um unseren Willen zu formen und uns zu heiligem Gehorsam Ihm gegenüber zu bringen.«
Glaube wächst aus einer leidenschaftlichen Liebe heraus, Freude an der Geborgenheit in Gott zwingt zur Demut, die Versklavung an das eigene Ich weicht der Verfügbarkeit für den zärtlich geliebten Gott – bei Filippo Neri gehört das alles zusammen, und alles mündet in einen bezwingenden, befreienden, unbändigen Humor. »Wie gern«, hat er einmal gebetet, »möchte ich von dir wissen, wie es denn gemacht ist, jenes Netz der Liebe, das so viele einfängt.« Die Zeitgenossen, die diesen liebenswürdigen Narren mit dem großen Herzen erlebten, haben sich wohl dasselbe gefragt.

Von der wahren Freude

ALFRED DELP

(1907–1945)

Roman Bleistein

Von Pater Alfred Delp SJ – geboren am 15. September 1907 in Mannheim – gibt es etliche gute Fotos, die ihn dem nahebringen, der fragt: Wie sah Alfred Delp aus? Wer war er, der da 1926 in den Jesuitenorden eintrat und eine große Zukunft als Wissenschaftler vor sich hatte, aber bereits 19 Jahre später sterben mußte.

Die einen Fotos sind jene, die am 9. und 10. Januar 1944 während des Prozesses vor dem Volksgerichtshof in Berlin gemacht wurden. Alfred Delp gegenüber saß der Präsident des Deutschen Volksgerichtshofes, Dr. Roland Freisler, der »rote Roland«. Delp schaut konzentriert, in sich gekehrt und ernst, wohl wissend, daß sein Kopf schon in der Schlinge liegt und daß es nun darum geht, die letzte Chance, das Leben zu retten, mit dem Zeugnis für den Glauben an Jesus Christus und mit der Hoffnung auf eine soziale und gerechte Gesellschaft zu verbinden.

Zwar gelang es Delp, sich großartig zu verteidigen. Aber er rettete sein Leben nicht. Als Mitglied des »Kreisauer Kreises«, einer Widerstandsgruppe gegen den Nationalsozialismus, wurde er – unberechtigterweise – mit dem Attentat auf Hitler am 20. Juli 1944 in Verbindung gebracht und am 11. Januar 1945 wegen Hoch- und Landesverrats zum Tode verurteilt. Als er am 2. Februar 1945 im Gefängnis Berlin-Plötzensee gehängt wird, sagt er auf dem Weg zur Hinrichtung zu dem ihn begleitenden Gefängnispfarrer: »In einer halben Stunde weiß ich mehr als Sie.«

Von einer anderen Seite zeigen ihn viele andere Fotos: einen lächelnden, fröhlichen, schier übermütigen Mann; offensichtlich in Übereinstimmung mit Gott und der Welt, bereit, die Harmonie mit den Freunden und Mitmenschen als ein Fest zu genießen. Dieser heitere Delp hat nicht nur selbst gelacht und andere durch seine Freude angesteckt. Er hat auch immer wieder über die Freude

gepredigt. Noch in seiner Gefängniszelle in Berlin-Tegel hat er eine lange Meditation geschrieben: »Von den Bedingungen der wahren Freude.«
Gerade diese Berliner Aussage ist deshalb so nahegehend, weil »die Hände im Eisen liegen, das Herz in alle Winde der Sehnsucht gespannt, der Kopf voller Sorgen und Fragen« ist. Trotz dieser mehr als widrigen Umstände »in unserem Kloster zum harten Leben« stellt er sich die Frage: »Wie müssen wir leben, um der wahren Freude fähig zu sein oder zu werden ... Wie soll der Mensch leben, damit ihn dieses Glückhafte im Herzen aufgeht und einen strahlenden Schein in seine Augen und sein Antlitz kommen läßt und seinen Händen ein glückhaftes Können und Vollbringen gibt?« Fünf Bedingungen entdeckte Delp in der Liturgie des dritten Adventssonntags »Gaudete«:

1. Frömmigkeit und Fröhlichkeit hängen innerlich zusammen

Man muß »im Herrn sein«; denn »der Herr ist nahe« (Philipper 4,4–5). Delp versteht diesen Imperativ in einem doppelten Sinn. Im Sinn des ersten Gebotes: »Das Leben steht unter Herrschaft und Ordnungen des Ewigen. Es geht um ewige Werte und Gehalte. Dominus prope est – der Herr ist nahe –, das muß dann heißen: die Menschen haben dies in ihr Bewußtsein eingelassen, nicht nur in ihr Gedächtnis und in das Repertorium der Wahrheiten, an die sie von den Predigern regelmäßig erinnert werden.«
Mit dieser Forderung sind für Delp zugleich die großen Freudentöter genannt, denen das gottlose Leben sich selbst ausgeliefert hat: »Der Mensch wird erwürgt von der alles durchdringenden Sinnlosigkeit, die sich als Ergebnis seines Lebens ihm aufdrängt, wenn er aus der zeitlich-ewigen Spannung ausscheidet. Der Mensch gerät in die Verwirrung des unaufgeklärten Daseins, in dessen Dämmerdunkel für ihn dann keine erhellende Sonne einbricht ... Und der Mensch erliegt schließlich der Barbarei des jeweils lautesten Wertes und geringsten Gutes. Er wird besessen und gejagt und getrieben, er ist kein Freier und kein Herr mehr.«
Die Konsequenz Delps aus dieser Einsicht lautet: »Fern vom Herrn verkümmert das Ganze! Wir müssen dies den Leuten immer wieder

sagen, das ist die wichtigste Verkündigung heute. Und wir müssen es wissen und vorleben.«

Aber Delp erkennt noch einen zweiten Sinn dieses »Dominus prope est«: die persönliche Nähe Gottes ist gemeint. Nicht nur in dem Sinn, daß Gott in der Kirche zu finden ist. Wesentlicher geht es darum, daß der Mensch Gott in sich selbst findet: »In seiner Mitte geschieht das Leben Gottes. Genau da wird der Mensch er selbst, wo er sich als Ort des höchsten und lichtesten Seins weiß ... Dieser Mensch wird des großen Amtes fähig sein und ihm wird die Welt und das Leben nichts schuldig bleiben ... Und dieser Mensch wird der Mensch der großen Freude sein. Der großen Freude, die er lebt und erlebt. Und die er gibt und entzündet.«

2. Die Bekehrung zur Freude ist immer neu gefordert

Diese Bekehrung wird einerseits ein Ergebnis seiner eigenen Anstrengung sein, aber ebenso ein Ergebnis der großen Befreiung durch Gott. »Wie der Mensch in diese schöpferische und ihn als Menschen erst ermöglichende und schaffende Nähe Gottes gelangt, das ist die Frage.« Die Antwort Delps heißt: der Mensch muß sich selbst bescheiden, muß um Grenze und Zuständigkeit wissen. Diese Wahrheit wird ihn frei machen. Aber zugleich eröffnen ihm Träume immer wieder den Weg aus der Gewährung und der Gewöhnlichkeit.

Dabei kommt der Mensch am Dienst – eben am geplagten Menschen – und an der Verkündigung, an der Rühmung des Herrn, nicht vorbei: »Die Verkündigung, das Zeugnis, die Rühmung des Herrn. Hier löst sich der Mensch aus allen Krämpfen in eine letzte Ehrlichkeit und Hellsichtigkeit. Und es bedarf einer dauernden persönlichen Anstrengung, sich diesen Anstoß über sich selbst hinaus, von sich selbst weg immer wieder zu geben. Aber so gelingt dem Menschen zugleich die Offenheit, in der er bleiben muß, wenn er ehrlich den großen Wirklichkeiten zustreben will, die mit ihm gemeint sind.«

3. Die Freiheit ist der Atem des Lebens

Der Mensch ist der großen Gesten fähig, aber er muß ehrlich sein. Das Feuer des Prometheus ist ein Märchenfeuer. Zur Freiheit bedarf er Gottes. Denn nur er kann aus den vielen Gefangenschaften des Menschen befreien, aus dem Dickicht, aus dem er nie herauskommt. Das alles sollten die Menschen tragen, wie es ist: unerlöstes Leben. Und dieses Eingeständnis trägt dazu bei, die Ketten und das Gefängnis zu verwandeln. Gottes erlösende Freiheit bricht ein: »Dann weitet sich die Enge und die Lunge bekommt wieder frische Luft und der Horizont hat wieder Verheißungen. Das Dasein weint und klagt noch, aber es klingt schon eine leise Freudenmelodie der Sehnsucht und des Wissens in den gebrochenen Stimmen der Klagenden.«

4. Die überlegene Distanz zur Welt aus Gottes Nähe

Trotz all dieser Einsichten ist der Mensch immer wieder umgetrieben, in die Hetzjagd des Tages und in die vibrierende Angst. Dann geht es darum, hindurchzuschauen auf die großen Zusammenhänge: »Der Ort ist erkannt, an dem allein die gültigen Wertungen geschehen und die endgültigen Entscheidungen fallen. Dieser Ort ist der Punkt, an dem sich die schöpferische und heilende Freiheit Gottes und die suchende und rufende Freiheit des Menschen treffen. Dort stirbt nicht die Not, aber der Kummer. Dort schwindet nicht die Last, aber der Kleinmut. Dort gilt auch die Aufgabe und Bewährung des Daseins, aber nicht als quälende Sorge.«
Wenn dies dem Menschen gelingt, dann ist er über das Gröbste hinaus: »Die Seele kennt wieder Lieder und hört die heimlichen Brunnen wieder rauschen. Sie vollzieht den Durchbruch zur Verwirklichung des ›in Domino‹. Und einmal wird sie singen das alte jubelnde Preislied der gesegneten Begegnung: Alleluja.«

Der Mensch ist immer auf die Wirklichkeit des je größeren Gottes ausgerichtet. Der Horizont eines engen Lebens wird immer wieder aufgerissen durch die Verheißungen Gottes: »Die Verheißungen Gottes stehen über uns, gültiger als die Sterne und wirksamer als die Sonne. An ihnen wollen wir gesund werden und frei von Innen her. Sie haben uns umstellt und den Raum des Lebens zugleich ins Unendliche ausgeweitet. Selbst die Klage behält noch ihr Lied und die Not ihren Klang und die Einsamkeit ihre Zuversicht.«
Und die Freude, die dann möglich und erfahrbar wird, ist vielgestaltig. »Habe ich etwas gesagt von der vielfachen und erregenden Freude, die einen Menschen überkommen kann im Schein der Sonne, in der Bewegung des Wassers, im Aufblühen der Blumen, bei der Begegnung mit einem echten Menschen? Habe ich etwas gesagt von der freudvollen Regung, die für einen Menschen echte Liebe und echtes Leid bedeuten können? Wie Himmel und Erde die Anläße großer und tiefer Freude werden können?« Damit hat Delp die Vielfalt der Freude ausgedehnt in die schier unendlichen Erlebnisweisen jedes Menschen. Das »Gaudete« in allen Dingen, weil Gott in allen Dingen.
Am Ende dieses herrlichen Textes schreibt Delp sozusagen das geistliche Testament seines Lebens: »Es ging um das alte Thema meines Lebens: der Mensch wird gesund durch die Ordnung Gottes und in der Nähe Gottes. Hier wird er auch freudefähig und froh. Die Ordnung Gottes herstellen und Gottes Nähe verkünden und lehren und anderen bringen: das ist es, was mein Leben meint und will und dem es zugeschworen ist und bleibt.«
Wir können heute durch den 2. Februar 1945 belehrt hinzufügen: Das ist es, was sein Martertod bleibend bezeugt.

Literatur

Alfred Delp. Gesammelte Schriften IV (hrsg. von Roman Bleistein), Frankfurt [2]1985
Roman Bleistein, Alfred Delp. Geschichte eines Zeugen, Frankfurt 1989

An und mit der Kirche leiden

KATHARINA VON SIENA

(1347–1380)

Benedikta Hintersberger

Obwohl Katharina kaum lesen und schreiben konnte, sind uns zahlreiche literarische Zeugnisse, vor allem mehr als 300 Briefe überliefert. Päpste, Politiker, Theologen, Ordensleute und Laien zählten zu den Adressaten dieser Botschaften, die Zeugnis geben von einer großen Leidenschaft für das Heil der Kirche. 1970 erklärte Papst Paul VI. diese ungewöhnliche Frau zur Kirchenlehrerin.

Das Leben der heiligen Katharina

Als Tochter eines Färbermeisters wurde Caterina Bennicasa 1347 geboren und wuchs in einer großen Familie mit über zwanzig Kindern auf. Sehr jung schon entschied sie sich für ein geistliches Leben und schloß sich gegen den Willen ihrer Eltern als Mantellata (nach dem Mantel benannt, den die Frauen trugen) dem Orden der Predigerbrüder an. Ihre seelsorgliche, heilende und friedenstiftende Begabung wurde bald über Siena hinaus bekannt. Menschen aller sozialen Schichten suchten bei ihr Rat und geistliche Begleitung: zum Tode verurteilte Gefangene ebenso wie hochgestellte Kirchenfürsten.

Die vielen Kontakte fielen auf, denn ein solches Engagement widersprach eindeutig dem Sittenkodex für geweihte Frauen. So blieben Kritik und Mißbilligung nicht aus. Katharina hatte sich darum auf dem Generalkapitel des Dominikanerordens in Florenz 1374 für ihre Lebensweise und Lehre zu verantworten. Sie wurde jedoch rehabilitiert und wohl auch mit neuen Aufgaben betraut. Der Predigerbruder Raimund von Capua sollte sie als »Seelenführer« begleiten und unterstützen.

Ihr moralisches Ansehen nahm weiter zu. Mit ganzer Kraft und gläubiger Leidenschaft drängte Katharina auf eine Reform der verderbten kirchlichen Zustände. In den Machtkämpfen, besonders zwischen dem Kirchenstaat und Florenz, versuchte sie zu vermitteln. Sie fühlte sich auch verpflichtet, den in Avignon residierenden Papst zur Rückkehr nach Rom zu bewegen. Deshalb begab sie sich sogar an den Hof des Pontifex nach Frankreich. Welchen Einfluß Katharina tatsächlich auf Gregor XI. ausübte, ist allerdings in Historikerkreisen umstritten. Der Papst kehrte zwar nach Rom zurück, doch nach seinem Tod entbrannte der Streit um den päpstlichen Thron und den Residenzort erneut. Es kam zur Wahl eines Gegenpapstes. Katharinas Versuch, die gegnerischen päpstlichen Gruppen zu versöhnen, scheiterte. Die geistige Katastrophe, die durch dieses große abendländische Schisma 1378 über die Kirche hereinbrach, konnte sie nicht mehr verwinden. Am 29. April 1380 starb Katharina in Rom. 1461 wurde sie heiliggesprochen.

Großer Hunger nach Reform

Einzigartig an Katharinas prophetischer Sendung ist die kirchliche Dimension. Bilder, die sie in Visionen schaute, verweisen auf diesen Dienst in der Kirche. Zwei Visionen zu Beginn und am Ende ihres geistlichen Lebens sind besonders charakteristisch.

Nicht weit vom elterlichen Haus erscheint der Sechsjährigen über dem Kirchenchor von San Cominco der Erlöser Jesus Christus in priesterlichen Kleidern und mit der päpstlichen Tiara gekrönt. Umgeben von den Aposteln Petrus, Paulus und Johannes lächelt er ihr zu und segnet sie wie ein Bischof mit dem Zeichen des Kreuzes. Seit diesem beglückenden Kindheitserlebnis fühlt sich Katharina ganz Christus zugehörig und verpflichtet, für ihn Seelen zu retten. Die Reform der Kirche an Haupt und Gliedern, die sie als Lebensziel anstrebt, praktiziert sie vorerst im Kreise einer geistlichen Familie, der famiglia, die sich bald zu formieren beginnt.

Kurz vor ihrem Tod sieht Katharina das untergehende Schiff der Kirche auf ihre Schultern fallen. Gott selbst zerdrückt ihr Herz auf

dem Antlitz der Kirche, damit sich die entstellte Kirche in ihrem Herzblut reinigen könne.
Ihre politischen Beziehungen, die spirituell-religiös motiviert waren, zielten alle darauf hin, den im Papsttum repräsentierten Christus auf Erden in seiner Integrität wiederherzustellen, denn nur mit der Heilung des kirchlichen »Körpers« könne »das Erlöserblut Christi in diesem Organismus wieder funktionieren«.
Die Liebe zu Gott konnte für Katharina nichts anderes sein als auch Liebe zur Kirche. Für sie ist die Kirche nämlich der Ort, wo Gott seine Liebe enthüllt und wo sich alle finden, die es nach ihm verlangt. Wer nach Gott Verlangen hat, den verlangt es nach Gleichgesinnten, und die Gemeinschaft dieser Gleichgesinnten ist die Kirche. Alles, was die Kirche an ihrer Bestimmung hemmt, die Menschen um die Liebe Gottes zu sammeln, ist in Wirklichkeit ein Angriff auf diese Liebe selbst. Daher ist die mißbrauchte und gespaltene Kirche so entsetzlich, weil sie die Liebe von Menschen zu Gott verhindert und zerstört.
Aus ihrer glühenden Liebe zu Gott und zur Kirche formulierte Katharina in geradezu prophetisch anmutender Form ihre Kirchenkritik. Ihr Reden war dabei freimütig und deutlich, denn »alles friedlich vertuschen zu wollen, ist grausamer als alles andere« (Brief an Papst Gregor XI., 1376).
Ihre Kraft und ihre Berechtigung für dieses ungewöhnliche Sendungsbewußtsein holt Katharina aus einer Vision, die Raimund von Capua überliefert. Im Gespräch mit Gott fragt sie: »Wie kann das sein, was du eben zu mir gesagt hast, daß ich mich den Menschen nützlich erweisen könne? Ich bin doch nur ein armseliges Ding und das gebrechlichste von allen. Ich bin eine Frau, mein Geschlecht steht allem derartigen vielfach im Wege. Du weißt ja, wie geringschätzig die Männer von den Frauen denken, wie sehr es gegen die Schranken des Anstands verstößt, wenn Frauen mit Männern von gleich zu gleich verkehren wollen!« Und Gott sprach zu ihr: »Bin nicht ich es, der alle Menschen erschaffen hat, Männer und Frauen? Kann ich die Gnade meines Geistes nicht ausgießen, wo ich will? Vor mir gibt es weder Mann noch Frau, weder gemein noch vornehm, alles ist für mich gleich, denn alles steht gleicherweise in meiner Macht ... Wie ich einst zu den Juden und zu heidnischen Völkern unbeholfene, aber mit meiner Weisheit ausgerüstete Män-

ner gesandt habe, so will ich heute Frauen schicken, die von Natur aus unwissend und gebrechlich sind, doch werde ich sie mit göttlicher Weisheit ausstatten, so daß sie den Hochfahrenden eine beschämende Lehre erteilen werden ... Ich verlasse dich nirgends, und auch in Zukunft werde ich nicht weniger bei dir sein. Wie bisher werde ich dich besuchen, und an meinem verläßlichen Rat wird es dir nie fehlen, damit du alles, was ich dir auftrage, auch richtig ausführen kannst.« (Schenker, 98f.)
Kurz vor ihrem Tod beteuerte sie nochmals ihre Sorge um die Kirche mit den Worten: »Wenn ich sterbe, ist die Ursache meines Todes die Liebe zur Kirche, die mich verbrennt und verzehrt.«

Sympathie für die Kirche

Das gegenwärtige Leiden an der Kirche ist wesentlich bedingt »durch die mangelnde Verwirklichung dessen, was communio und Volk Gottes als Grundstruktur der Kirche bedeuten – durch das Zurückbleiben hinter dem, was als Hoffnung, Ermutigung und Zuversicht der Geist, die Intention und die Zielsetzung des Zweiten Vatikanums war. Es ist das Zurückbleiben hinter dem, was einmal konkrete Wirklichkeit der katholischen Kirche war und der Kirche ein hohes Maß an Zustimmung, der Identifikation und der Glaubwürdigkeit einbrachte – und was sich heute oft in das Gegenteil verkehrt hat« (Fries, 96).
Polarisierungen, restaurative Tendenzen, Überbetonung hierarchischer und zentralistischer Strukturen scheinen das Miteinander der communio zu gefährden. Mögen Katharinas Kirchenbild, ihre asketische Lebensweise und ihr theologischer Ansatz dem Mittelalter gemäß gewesen und darum heute auch fremd und kaum nachvollziehbar sein, die geistliche Grundhaltung, besonders ihr kritisches Engagement in der Kirche wirken geradezu modern und bieten ermutigende, hilfreiche Orientierung, um mit diesen leidvollen Erfahrungen gut und richtig umgehen zu können:

- Die wichtigste Konsequenz für unsere Zeit ist wohl das gemeinsame Bemühen, alle Kräfte mobil zu machen, um nicht der Resignation und Verbitterung Raum zu geben und den Geist der Hoffnung auszulöschen. So verständlich es in manchen Situationen sein mag, sich zurückzuziehen, aufzugeben, auszusteigen oder gar aus der Kirche auszutreten, solche Verhaltensweisen eröffnen keine neuen Zukunftsperspektiven. Was nottut und weiterbringt, ist das glaubende Vertrauen darauf, daß Gottes Geist erneut eine positive Wende ermöglichen kann, daß auch die gegenwärtige winterliche Kirche zu neuen Aufbrüchen fähig ist. Eine Gruppe von Gleichgesinnten stärkt und hilft mit, den Geist der Hoffnung lebendig zu halten.

- Katharinas kritisches Engagement in der Kirche weist uns darauf hin, wie sehr es für eine Reform des Mutes zum Wagnis und der ehrlichen Kritik bedarf. Dabei sind sicher die Bereiche, Inhalte und Zielsetzungen dafür je nach Biographie, Begabung, Ort, Zeit und vielleicht auch Geschlecht verschieden.
  Worauf es ankommt: An meinem Platz, mit meinen Fähigkeiten als Frau oder Mann mich für ein besseres Gelingen der communio einzusetzen, freimütig, weil ich als Getaufte/r Verantwortung trage im und für das Volk Gottes und demütig, dien-mutig zugleich, weil nur im Miteinander die Kirche als Ursakrament erfahren werden kann.
- Katharinas Spiritualität lebt aus der Kraft der Vision, die sie von der Kirche hat und die sie auch in Zeiten der Dürre und Bedrängnis wachhält. Es ist wohltuend und ermutigend, mit welchem Selbstbewußtsein sie an der Vision festhält, daß Gott die Frauen ebenso wie die Männer mit seiner Weisheit ausrüstet und aussendet. Ihr unerschütterlicher Glaube daran, daß es vor Gott weder Mann noch Frau gibt . . ., sondern alle für ihn gleich-wertig sind, könnte Entspannung bringen in die heute oft so unsachlich und emotional einseitig geführten Diskussionen um die Frauenfrage.
- Was wir von Katharina lernen können und sollen, das ist ihr radikales Offensein für Gott. Es geht letztlich nicht um die Sorge, wie es mit der Kirche weitergeht, sondern allein um die Frage: Wie geht er, unser Gott, mit seinem Volk weiter? Was sind seine Ansprüche und Verheißungen an uns heute?
  Antworten darauf finden wir im Verwurzeltsein in Gott ebenso wie im sensiblen Aufgeschlossensein für die Zeichen der Zeit. Diese nennt das Zweite Vatikanische Konzil theologisch Orte, um darin Gottes Willen zu erkennen.
  Wachsames Mühen um solch ein Aggiornamento, ein »Heutig-

werden« unseres Glaubens, verlangt intensive Gottesbeziehung und zugleich Einsatz für Frieden, Gerechtigkeit, Versöhnung und Solidarität mit jenen, die keine Stimme haben.

- Leiden an der Kirche und mit der Kirche prägt Katharinas Leben und Sterben. Aber die treibende Leidenschaft ihres Engagements ist die Freude an der Kirche, eine tiefgründende Sympathie für eine Gemeinschaft von Menschen, die es nach Gott verlangt und die miteinander auf dem Weg sind mit der Verheißung: »Wo zwei oder drei in meinem Namen versammelt sind, da bin ich mitten unter ihnen« (Matthäus 18,20).

Literatur

L. Gnädiger (Hrsg.), Caterina von Siena. Briefe und andere Texte, Olten 1980

A. Schenker, Das Leben der heiligen Katharina von Siena (Legenda maior des Raimund von Capua), Düsseldorf 1965

H. Fries (Hrsg.), Es bleibt die Hoffnung. Kirchenerfahrungen, Zürich 1991

Ohne Gott ist alles leerer Aktivismus

THERESE VON LISIEUX

(1873–1897)

Ernst Gutting

So gut wie unbekannt ist die für uns Deutsche sicher erfreuliche Tatsache, daß der Großvater der Theresia Martin – woran auch dieser Name erinnert – aus Furtwangen im Schwarzwald kam. Vom dortigen Pfarrer erhielt ich ihren Stammbaum väterlicherseits. Entscheidend ist freilich nicht, wieviel deutsches und französisches Blut in den Adern »der größten Heiligen der Neuzeit« (Pius X.) und zweiten Patronin Frankreichs floß, sondern von welchem geistigen Blutstrom der Liebe sie durchtränkt war. Beschloß sie doch mit 14 Jahren, kurz vor ihrem Eintritt in den Karmel, »im Geiste ihren Standpunkt am Fuße des Kreuzes zu nehmen, um den ihm entfließenden göttlichen Tau aufzufangen und ihn hernach über die Seelen auszugießen ... der Schrei Jesu am Kreuz widerhallte ununterbrochen in meiner Seele, ›Mich dürstet!‹« Dieser Schrei entfachte in ihr jenes unbekannte, heftige Feuer, von dem sie ein Jahr später bei ihrem Eintritt in den Karmel sagte: »Ich bin gekommen, um Menschen zu retten und für die Priester zu beten.« Ihr Weg in den Karmel und im Karmel war eine durch und durch missionarische Berufung.
Als neuntes Kind der Eheleute Louis und Zélie Martin wurde sie am 2. Januar 1873 geboren. Vier Jungen waren schon gestorben. Ihre vier Schwestern lebten noch. Die Eltern, die ursprünglich selbst ins Kloster wollten, woran der Vater durch fehlende schulische Vorbildung und die Mutter durch ihre schwächliche Konstitution gehindert waren, hatten vor der Geburt Theresias Gott gebeten, er möge ihnen doch einen Jungen schenken, der vielleicht Missionar werden könnte. Es kam wieder ein Mädchen, das nicht Missionar und Priester werden konnte, so sehr Therese dies für sich selbst gewünscht hat.
Doch bereits 30 Jahre nach ihrem Tod wurde sie 1927 Patronin aller

Missionare und Missionsschwestern, 1929 Patronin der Christlichen Arbeiterjugend, 1928 Schirmherrin Rußlands und Patronin Mexikos, 1941 der Arbeiterpriester und 1944 zweite Patronin Frankreichs. Die Kirche stellte sie an alle »Fronten« Gottes.

Mit 24 Jahren starb sie am Abend des 30. September 1897. Schon 28 Jahre später wurde sie von Pius XI. heiliggesprochen, der bei ihrer Kanonisationsmesse sagte: »Wer sieht nicht ein, wie leicht sich die Reform der menschlichen Gesellschaft, die wir uns zu Beginn unseres Pontifikates vorgenommen haben, verwirklichen ließe, wenn der Weg der geistigen Kindheit Allgemeingut würde.«

Therese hat vier Monate vor ihrem Tod gesagt: »Ich fühle es, meine Mission beginnt, die Mission, Gott so lieben zu lehren, wie ich ihn liebe, und den Menschen meinen kleinen Weg zu zeigen.« Sie ahnte es, daß sich Schwierigkeiten bei der Verwirklichung ihrer Sendung einstellen werden. »Aber Gott wird genau wie bei Jeanne d'Arc seinen Willen trotz der Eifersucht der Menschen durchsetzen.«

Ein Wort Gottes an uns

Therese versprach: »Ich werde wiederkommen ... Ich werde meinen Himmel damit verbringen, Rosen auf die Erde regnen zu lassen.« Wenn sie nach ihrem Tod ihren Einsatz der Liebe zur Rettung der Menschen ohne die »Fesseln« des »irdischen Gefängnisses« nicht verwirklichen könnte, wollte sie »lieber bis zum Ende der Welt auf der Erde bleiben«. Sie hatte nur noch einen Wunsch. »Lieben, geliebt werden, und auf die Erde zurückkehren, um die Liebe zu lehren.« Sie sagte voraus, daß die ganze Welt sie lieben wird. Sogar die Moslems bauten ihr ein kleines Heiligtum in Kairo.

Mit Therese beginnt die Neuzeit der Kirche, schreibt Gustav Thibon: »Ihre Lehre dürfte in der Geschichte der christlichen Heiligkeit dieselbe Rolle spielen wie die des heiligen Benedikt am Ende des antiken Zeitalters.«

Angesichts dieser atemberaubenden Fakten drängt sich auch uns mit Pius XI. die Frage auf: »Was will uns die kleine Therese sagen, die ein Wort Gottes an uns geworden ist.« Man sagt, daß Gott seine Heiligen als Antwort und Orientierung für brennende Aufgaben einer Zeit hundert Jahre im voraus schickt. Was das Konzil wollte,

und wofür noch viele Schritte getan und Hindernisse überwunden werden müßten, hat Therese 70 Jahre vor dem Konzil vorweggenommen. Sie wurde zum Leitbild einer Kirche, die mit all ihren Gliedern am »Leib Christi« ihre missionarische Sendung erfüllen soll. Gleichzeitig hat sie das Geheimnis dieses Wirkens und die dabei uns drohende, größte Gefahr erkannt und die theologische Lösung dieses Problems uns erklärt und vorgelebt, daß ohne Gott alles leerer Aktivismus wäre.
Als in der Weihnachtsnacht 1886 ihre inständige Bitte um Befreiung von einer sie schon zehn Jahre belastenden neurotischen Überempfindlichkeit erhört wurde, entdeckte sie mit ihrer missionarischen Berufung auch das Geheimnis unseres apostolischen Wirkens.
Im Rückblick auf ihre bisherige innere Lähmung, die sie für ihre Berufung im Dienst der Liebe Christi fast unfähig machte, schreibt sie: »Wie die Apostel konnte ich ihm sagen: ›Herr, ich habe die ganze Nacht gefischt und nichts gefangen.‹ Noch barmherziger gegen mich als gegen seine Jünger, nahm Jesus selbst das Netz, warf es aus und zog es gefüllt mit Fischen wieder ein; er machte mich zum Seelenfischer. Ich spürte ein großes Verlangen, an der Bekehrung der Sünder zu arbeiten, ein Verlangen, das ich vorher nicht so lebhaft empfunden hatte.«

Jesus nahm selbst das Netz

Bei Therese überrascht immer wieder ihre so klare theologische Sicht eines Problems und die Entschiedenheit, wie sie auch die Konsequenzen aus ihren geistlichen Erfahrungen und Erkenntnissen zog. Hier sagt sie ganz eindeutig von ihrem missionarischen Tun: »Jesus nahm selbst das Netz, warf es aus und zog es gefüllt mit Fischen wieder ein.« Nicht aus eigener Initiative und Kraft wird sie apostolisch wirken. Nur in der Hand Jesu, in der Einheit mit ihm, wird sie zum Netz und Menschenfischer, der einzig und allein Jesus bleibt. Durch unsere Freiheit und unseren Eigenwillen können wir Jesus immer wieder hindern, durch uns zu wirken. Darum sagt Therese von ihrer ersten Kommunion: »Jesus allein blieb. Er war der Herr, der König.« Hatte Therese ihn nicht gebeten, ihr die Freiheit zu nehmen? Ihre Freiheit ängstigte sie; sie fühlte sich so schwach, so zerbrechlich, daß sie für immer sich mit der göttlichen Stärke vereinigen wollte.

Wer von uns lebt schon so bewußt und unbeirrbar aus diesem Gesetz unseres Tuns als Christ und Mitarbeiter der Kirche, obwohl wir die Aussage Christi kennen: »Getrennt von mir könnt ihr nichts tun« (Johannes 15,5)? Was hätte Christus, nachdem er unsere Lebenseinheit mit ihm im Gleichnis vom Weinstock und den Reben seinen Jüngern erklärt hat, anderes sagen können? »Wer in mir bleibt und in wem ich bleibe, der bringt reiche Frucht« (Johannes 15,4).

Für Therese war dies keine theoretisch, abstrakte Wahrheit, sondern eine konkret erfahrene und gelebte Wirklichkeit ihres Gottes- und Menschenbildes. Was heißt konkret, »Gott ist Liebe« (1. Johannesbrief 4,16)? Auf den ersten Seiten ihrer »Selbstbiographischen Schriften« sagt die kleine Therese: »Es ist der Liebe wesenseigen, sich herabzulassen.« Gott ist sich verströmende, verschenkende, ständig mitteilen wollende Liebe. Wer ist das Ziel dieser Liebe? Natürlich der Mensch. Von seiner Sehnsucht als Quelle seiner Selbstmitteilung beim letzten Abendmahl sagte Jesus: »Mit großer Sehnsucht habe ich mich danach gesehnt, dieses Osterlamm mit euch zu essen« (Lukas 22,15).

Was diese Sehnsucht und Liebe für uns bedeutet, wird uns wie Therese nur durch die Erkenntnis unseres eigenen Nichts bewußt. Damit besitzen wir eine entscheidende Absicherung gegen jede hochmütige Selbstüberschätzung und pharisäische Leistungs- und Tugendfrömmigkeit. Es gibt keine Tugend und kein apostolisches Tun als menschliches Eigenprodukt. Was könnte aus uns selbst, den aus dem Nichts geschaffenen und dann durch die Sünde noch verdorbenen Wesen entspringen?

Das Prinzip apostolischer Tätigkeit

Ein Beweis für den menschlichen Stolz, der uns der meisten Gnaden beraubt, liegt darin, daß man die von Therese erkannte Wahrheit unserer menschlichen Armut so schlecht akzeptieren kann. In den Augen Thereses ist es gerade unser Nichts und unsere Schwachheit, durch die Gottes Liebe und Barmherzigkeit angezogen wird.

Je tiefer unser Elend, um so tiefer will und muß sich Gott herablassen, weil dies der Liebe wesenseigen ist. »Um sich der Schätze der barmherzigen Liebe erfreuen zu können, muß man sich erniedrigen, sein Nichts erkennen, und das ist gerade, was viele Seelen nicht wollen.« Aber »damit die Liebe vollkommen befriedigt wird, muß sie sich erniedrigen, bis zum Nichts erniedrigen und dieses Nichts in Feuer umwandeln«. Therese glaubte an das Verlangen der Liebe Gottes, sich uns mitzuteilen, um uns in seine Liebe umzuwandeln. Deshalb bittet sie ihn, »die Ströme seiner unendlichen Zärtlichkeit in ihre Seele überfließen zu lassen, damit sie eine Zeugin«, ein Werkzeug seiner Liebe werde.
So wird Christus zum Prinzip unseres apostolischen Tätigseins. Der eigentlich Handelnde in uns und durch uns wird immer er selbst sein. Darum sagte Therese im Hinblick auf Christi neues Gebot der Liebe, zu der wir aus eigener Kraft völlig unfähig sind: »Wenn ich Liebe erweise, so handelt einzig Jesus in mir; je mehr ich mit ihm vereint bin, desto inniger liebe ich alle meine Schwestern.«
Die Notwendigkeit einer kontemplativen, ganz auf Gott ausgerichteten Grundhaltung, wird ihr völlig einsichtig, als man die Novizinnen ihrer geistlichen Leitung anvertraute. Sie schreibt in ihren Erinnerungen: »Als ich in das Heiligtum der Seelen Einlaß erhielt, erkannte ich sogleich, daß diese Aufgabe meine Kräfte überstieg.« Wie kann sie diese aber trotzdem lösen? So wie Christus ganz aus seinem Vater und für diesen lebte, birgt sich Therese in die Arme Gottes und bittet ihn: »Herr, ich bin zu klein, um deine Kinder zu nähren. Willst du ihnen durch mich austeilen, was jedem frommt, so fülle meine kleine Hand; und ohne deine Arme zu verlassen ... werde ich deine Schätze austeilen.«
Seitdem sie begriffen hatte, daß sie aus sich selbst nichts wirken kann, fühlte sie sich von ihrer Aufgabe nicht mehr überfordert. Leistungsdruck, Minderwertigkeitskomplexe und Angst vor Mißerfolgen schwinden. Therese weiß, sie muß sich mehr und mehr mit Christus vereinen, das Übrige wird hinzugegeben werden. Sie spürte, was eines ihrer bekanntesten Worte ausdrückt, daß »Gutes zu wirken ohne die Hilfe Gottes ebenso unmöglich ist, wie die Sonne in der Nacht scheinen zu lassen«.

Ohne Gott wird darum alles zum leeren Aktivismus. Die nicht erkannte Leere wird dann erst recht zu einer Versuchung zum Aktivismus; anstatt die zentrale Mitte und Quelle unserer pastoralen Tätigkeit und immer umfangreicheren kirchlichen Programme zu sein, wird man Gott durch unsere menschliche Phantasie und unsere theologischen, psychologischen und pädagogischen Inhalte und Methoden zu kompensieren versuchen. Auf solchen kirchlichen Betrieb trifft dann das Wort von Ernst Jünger zu: »Alles rast, nichts bewegt sich.« Pius XII. prägte dafür den Begriff von der »Häresie der Aktion«.

Das Tun der Kirche als »Leib Christi« kann nur wirksam werden, wenn es eine Aktion der Liebe Gottes selbst ist. Wie Gott diese Aktion durch uns verwirklicht, erkannte die Karmelitin Theresia vom Kinde Jesu durch jene zwei bedeutenden Entdeckungen, worin erstens ihre Berufung und zweitens ihr weltumspannendes missionarisches Wirken besteht: sie findet ihren Platz im Herzen der Kirche und das Gesetz der apostolischen Strahlkraft der Liebe.

Gewöhnlich sagt man, der Karmel ist ein kontemplativer Orden. Seine Zielsetzung ist aber rein apostolisch. Wenn uns heute oft die paradoxe These begegnet: »Je mystischer, desto politischer«, dann wird hier genau wie bei der Sendung des Karmel auf den Zusammenhang von Ziel und Mittel hingewiesen. Für den Karmel gilt der Satz: »Je kontemplativer, desto apostolischer.« Denn »der Eifer einer Karmelitin soll die ganze Welt umfassen«.

Therese ging in den Karmel, um Menschen zu retten. Wer aber der Retter ist, der das Netz auswirft, erkennt Therese schon, als Jesus sie zum »Menschenfischer« machte. Wie kann sie dieser Sendung als »Menschenfischer« und Teil des »Netzes« der Kirche gerecht werden? Nur durch die Einheit mit Christus, worin Therese das einzige Mittel für ihre Aufgabe sah.

Die Liebe zu Christus, die der Herzschlag der betenden und kontemplativen Existenz des Christen in all ihren Formen ist, führt immer neu und tiefer in diese Einheit. Damit ist auch klar, daß letztlich nicht die Rettung der Menschen, sondern die Liebe zu Gott die Motivation unseres missionarischen Wirkens ist. Therese beginnt ihr Gebet der Hingabe: »Oh mein Gott ... ich möchte dich lieben und bewirken, daß du geliebt wirst!« Menschen mit unserer Liebe anzustecken, das heißt vor allem sie zur Liebe überhaupt zu bewegen, das ist der Weg der Rettung. Therese versichert dem Herrn, »daß sie ihn erfreuen, sein Herz trösten will, indem sie Menschen rettet, die ihn ewig lieben werden«. Dazu erklärten die Karmelitinnen von Lisieux, »daß ihr Wunsch, Menschen zu retten, nur eine sekundäre Absicht ist«. Sie tut alles, »um zu bewirken, daß Gott mehr geliebt werde«.

Allein die Liebe

Aus Dankbarkeit für die Liebe, die Therese von Gott erfahren hat, hätte sie am liebsten alles für Christus selbst getan, was je aus Liebe zu ihm geschehen ist. Nun findet sie aber ihre konkrete Aufgabe nicht einmal unter den Charismen, die Paulus bei den Gliedern der Kirche aufzählt. Sie »wollte sich ja in allen wiedererkennen«. Wie entdeckt sie nun ihre Berufung? »Die Liebe gab mir den Schlüssel meiner Berufung. Ich begriff, daß wenn die Kirche einen aus verschiedenen Gliedern bestehenden Leib hat, ihr auch das notwendigste, das edelste von allen nicht fehlt. Ich begriff, daß die Kirche ein Herz hat, und daß dieses Herz von Liebe brennt. Ich erkannte, daß die Liebe allein« – identisch mit Gott in uns! – »die Glieder der Kirche in Tätigkeit setzt. Würde die Liebe erlöschen«, dann würden alle fruchtbaren Tätigkeiten unterbleiben. Alles würde also zu einem leeren Aktivismus. Therese dagegen ist für sich davon überzeugt: »Im Herzen meiner Mutter der Kirche werde ich die Liebe sein, so werde ich alles sein.«
Das Geheimnis der weltweiten Wirkweise dieser Liebe erklärt sie auf den letzten Seiten ihrer Biographie in dem Text, dessentwegen man sie die Entdeckerin des Gesetzes der apostolischen Strahlkraft nennt. Außer den Novizinnen gab ihr die Priorin auch noch zwei Missionare als Patensöhne. Dazu kommen die vielen Bitten, die von außen an die Karmelitinnen herangetragen werden. Wie kann ich all diesen Erwartungen gerecht werden, fragt sich die kleine Therese. Sie fand die Antwort für dieses Problem, als ihr das Wort des Hohenliedes (1,3) in die Hände fiel: »Ziehe mich an dich, wir

werden eilen.« Sie interpretiert, daß es nicht einmal notwendig ist, zu sagen, »indem du mich an dich ziehst, ziehe auch die Seelen, die ich liebe, an dich. Dieses schlichte Wort, ›ziehe mich an dich‹, genügt.« Die Fruchtbarkeit unserer Liebe entspringt unserer kontemplativen Grundhaltung. Hier sei nochmals an das Wort Jesu erinnert: »Wer in mir bleibt und in wem ich bleibe, der trägt reiche Frucht« (Johannes 15,6).

In einem Gleichnis schildert Therese, wie sich dieses »Fruchttragen« vollzieht: »Herr, ich begreife es, wenn eine Seele sich vom berauschenden Duft des Wohlgeruchs« – deiner Liebe – »bannen ließ, kann sie nicht einsam eilen. Alle Seelen, die sie liebt, zieht sie hinter sich her. Dies geschieht ohne Zwang, ohne Anstrengung, es ist eine natürliche Folge ihres Hingezogenseins zu dir. Wie ein Sturzbach, der sich mit Ungestüm in den Ozean wirft, alles, was ihm unterwegs begegnet, mit sich schwemmt, so zieht die Seele, die in den uferlosen Ozean deiner Liebe eintaucht, alles Kostbare mit sich, das sie besitzt ... Herr, du weißt, ich habe keine anderen Schätze als die Seelen, die es dir gefallen hat, der meinigen zu einen ...« Hier beginnt das Geheimnis der uns selbst verborgenen apostolischen Strahlkraft in der ganzen Welt. Doch Therese weiß mit Johannes vom Kreuz, dessen Schülerin sie ist, »daß der Akt der kleinsten Liebe für die Kirche nützlicher ist als all ihre Werke zusammen«.

Christsein ist eine Seinskategorie, ein Hineingenommensein in das Tun, in die Wirkweise des einfach da-seienden Gottes der Liebe. Auch der Mystiker Meister Eckhart weiß um die Fruchtbarkeit beziehungsweise Unfruchtbarkeit unserer Existenz: »Die nicht von großem Sein sind, was für Werke sie auch wirken, da wird nichts daraus.« Pius XI. hat das Geheimnis unserer apostolischen Strahlkraft als Kenner der Botschaft Theresias, die er deswegen heiliggesprochen hat, in dem Satz zusammengefaßt: »Der apostolisch wirkende Mensch wirkt nicht durch das, was er sagt oder tut, sondern durch das, was er im Innersten ist und ausstrahlt.« Alles andere bliebe leerer, unfruchtbarer, uns selbst täuschender Aktivismus.

Sich vom Geist bewegen lassen

HILDEGARD VON BINGEN

(1098–1179)

Elisabeth Kralemann

Hildegard von Bingen, eine große Frau, Heilige und Benediktinerin, wird gerade in unserer Zeit neu entdeckt. Die Ausstrahlung ihrer Persönlichkeit und die schöpferische und universale Vielfalt ihres Werkes scheinen den Abstand der Jahrhunderte, der uns von ihr trennt, mühelos zu überbrücken. Viele Attribute hat man ihr beigegeben, wie zum Beispiel »Propheta teutonica«, »erste deutsche Ärztin und Naturforscherin« ... Tatsächlich fällt auf den ersten Blick die Vielseitigkeit ihrer Begabungen auf; ihr Lebenswerk umfaßt fast alle Bereiche der damaligen Wissenschaften: Theologie und Kosmologie, Natur- und Heilkunde, Poesie und Musik.

Doch Hildegard von Bingen hat die schöpferischen Kräfte, die in ihr wirksam waren, nie sich selbst zugeschrieben. In ihren Briefen und autobiographischen Schriften kehrt ein Bild immer wieder, in dem sie ihr eigenes Selbstverständnis ausdrückt: das Bild von einer Feder, die vom Wind bewegt wird: »Ich ... bin ständig von zitternder Furcht erfüllt. Denn keine Sicherheit des Könnens erkenne ich in mir. Doch strecke ich meine Hände zu Gott empor, daß ich von ihm gehalten werde wie eine Feder, die ohne jedes Gewicht von Kräften sich im Wind dahinwehen läßt.«[1]

Hier wird deutlich, daß Hildegard nicht auf ihre eigenen Fähigkeiten vertraut, sondern sich von einer anderen Kraft getragen und bewegt weiß. Dieses Selbstverständnis kennzeichnet das gesamte Leben dieser so genialen und viel bewunderten Frau.

1098 in Bermersheim in Rheinhessen geboren, wurde Hildegard schon als Achtjährige der Klausnerin Jutta von Sponheim auf dem Disibodenberg zur Erziehung und Einführung in das klösterliche Leben übergeben. Prägung und Ausbildung erhielt Hildegard zudem durch das benachbarte Mönchskloster der Benediktiner. Später legte sie ihre Gelübde nach der Regel des heiligen Benedikt ab und wurde nach dem Tod Juttas deren Nachfolgerin als Vorsteherin einer zunächst noch kleinen Gemeinschaft.

Schon früh zeigte sich, daß Hildegard neben zahlreichen Begabungen eine besondere Gabe besaß, nämlich die der Schau. Im »lebendigen Licht« Gottes erschlossen sich ihr die Zusammenhänge der gesamten Schöpfungs- und Heilsgeschichte. 35 Jahre lang lebte Hildegard in der Abgeschiedenheit des Klosters. Die weiteren Phasen ihres Lebens standen jeweils unter einem Anruf Gottes, der sie mehr und mehr aus der Verborgenheit heraustreten ließ.

»Schreibe, was du siehst und hörst!« Mit diesem Auftrag, die Bilder ihrer Schau in geschriebenes Wort umzusetzen und anderen mitzuteilen, begann für Hildegard eine Zeit unermüdlichen Schaffens. Ihr erstes und bekanntestes Werk entstand: »Scivias« (»Wisse die Wege«), auf das später weitere visionäre und naturkundliche Schriften folgten.

Einige Jahre später erging ein erneuter Auftrag Gottes an Hildegard: »Steh auf und baue!« Dieser Ruf forderte sie auf, auf dem Rupertsberg gegenüber von Bingen für die anwachsende Gemeinschaft ein Kloster zu gründen – in Unabhängigkeit von den Disibodenberger Mönchen. Gegen heftigen Widerstand von verschiedenen Seiten konnte Hildegard schließlich dieses Vorhaben durchsetzen und 1150 mit ihrem Konvent übersiedeln. Eine weitere Gründung im leerstehenden Kloster Eibingen, oberhalb von Rüdesheim, folgte um 1165. Mehr und mehr wurde Hildegard durch die Sorge für viele Menschen aus allen Schichten der Bevölkerung und durch eine ausgedehnte Korrespondenz in Anspruch genommen.

Doch nicht nur von ihrem Kloster aus sollte Hildegard wirken. Auf einen erneuten Ruf hin: »Steh auf und predige!« unternahm sie vier große Predigtreisen, auf denen sie in konkrete Situationen hinein das Wort Gottes verkündete und Mißstände anprangerte.

Mit allen Großen ihrer Zeit stand sie in Kontakt und wirkte hinein in das kirchliche und politische Leben. Ihr ausgedehnter Einfluß erstaunt um so mehr, als Hildegard zeit ihres Lebens unter einer schwachen Gesundheit litt. Am 17. September 1179 starb sie im 82. Lebensjahr.

Sich vom Geist bewegen lassen

Ihren Auftrag als Prophetin anzunehmen, kostete Hildegard viel. Immer wenn ein Anruf Gottes an sie erging, zögerte sie zunächst, das Gehörte und Geschaute in die Tat umzusetzen. Zu den inneren Blockaden – wie Zweifel am eigenen Können – traten oft massive äußere Widerstände seitens des benachbarten Mönchsklosters, der Bevölkerung der Umgebung, ja hoher kirchlicher Kreise. Die Lebensbeschreibung berichtet, daß Hildegard jedesmal schwer erkrankte, bis sie bereit war, der inneren Stimme zu folgen. In diesen Situationen machte sie die »leibhaftige« Erfahrung ihrer eigenen Ohnmacht und Schwäche, aber auch der Kraft Gottes, die sich in ihrem Leben immer wieder gegen ihre Zweifel und Ängste durchsetzte.

In einem Brief an Papst Eugen III. drückt Hildegard dieses Erleben im schon erwähnten Bild von der Feder aus: »Ein mächtiger König thronte in seinem Palast. Hohe Säulen standen vor ihm, von goldenem Schmuckwerk umwunden und mit vielen Perlen und kostbaren Steinen herrlich geziert. Dem König aber gefiel es, eine kleine Feder zu berühren, daß sie in Wundern emporfliege. Und ein starker Wind trug sie, damit sie nicht sinke.«[2]

In diesem Gleichnis – mit seiner Vorstellung vom Königtum sicher auch zeitgebunden – stehen Macht und Pracht des Königs in Kontrast zu der Unscheinbarkeit der kleinen Feder, die ohne jedes Eigengewicht ein »Spielball« des Windes wird. Seine Tiefendimension erhält das Bild durch die Tatsache, daß der Windhauch (ruach, pneuma) ein Ursymbol des Heiligen Geistes ist. Von ihm weiß sich Hildegard in ihrer menschlichen Begrenzung und Schwäche berührt und getragen: »Eine Feder fliegt nicht aus sich selbst, sondern wird von der Luft getragen. So bin auch ich weder mit menschlicher Lehrweisheit noch mit starken Kräften begabt. Ich besitze auch

keine blühende körperliche Gesundheit. Einzig in der Hilfe Gottes ist mein Halt.«[3]
Für Hildegard war das Eingehen auf die Anregungen des Geistes keineswegs eine »federleichte« Sache, sondern etwas, das immer neu errungen werden mußte. Der angestrebten Schwerelosigkeit stand oft die Schwerkraft der eigenen Neigungen oder Befürchtungen entgegen, zum Beispiel die »Furcht vor dem Gerede der Leute«[4]. Dennoch wurde Hildegards Leben spürbar vom Geist bewegt, ja immer mehr ausgeweitet. Von der inneren Schau wurde sie hinausgeführt zum literarischen Schaffen; der geistliche Aufbau ihrer Gemeinschaft nahm äußere Gestalt an im Bauen; die Verbundenheit mit Kirche und Welt wurde konkret in den Predigtreisen und in einem umfangreichen Briefwechsel mit Ordensleuten, Priestern und Bischöfen, bis hin zu Kaiser und Papst.
Eine große Rolle spielte in Hildegards Leben die Verbindung unterschiedlicher Kräfte und Tätigkeiten, die sicher in besonderer Weise als geistgewirkt anzusehen ist. So verband sich bei ihr mystische Gebetserfahrung mit ausgedehntem äußeren Schaffen, die von Gott eingegebene Schau mit eigener präziser Naturbeobachtung und sorgfältigen Studien, die Forschung wiederum mit konkreter Anwendung in der Heilkunst. Nach Hildegard ist der Heilige Geist das Band, das alles miteinander verbindet und zur Einheit führt: die göttlichen Personen, Gott und Mensch, Leib und Seele und alle Kräfte im Menschen. Sie sagt, »daß die vollkommenen Tugendkräfte im gläubigen Menschen durch die Eingießung des Heiligen Geistes miteinander verbunden und derart gefestigt sind, daß sie . . . jedes gute Werk einmütig vollbringen können«[5].
Hildegards eigene Erfahrung führte zu einer erstaunlich ganzheitlichen Sicht des Menschen. Nach ihr ist der Mensch als Ebenbild und Mitarbeiter Gottes (operarius Dei) dazu berufen, am Schöpfungswerk Gottes teilzuhaben und gute Werke (opera bona) zu tun: »Gott hat euch so geschaffen, daß ihr ihn durch eure Werke erfahren könnt. O ihr armseligen Menschen, ihr wolltet als Ebenbilder Gottes die große Ehre nicht erkennen, gute Werke vollbringen zu können. Euch fehlen die Augen, wenn eure Werke nicht leuchten im Feuer des Heiligen Geistes.«[6]
Im Gegensatz zu den Engeln, die reine Geister sind, tritt beim Menschen zum Geist das Werk des Fleisches hinzu, weil er aus Leib

und Seele besteht. Diese bilden für Hildegard eine untrennbare Einheit: »Daher existieren beide, Leib und Seele, trotz ihrer verschiedenen Naturen, dennoch als eine einzige Wirklichkeit ... Und so ist der Mensch von der ersten Bestimmung an zusammengesetzt; oben wie unten, außen wie innen, allüberall existiert er als Leiblichkeit. Und das ist das Wesen des Menschen.«[7]
Alles als richtig Erkannte muß sich im Werk verwirklichen. Doch es gilt auch das Umgekehrte: Analog zum Schöpfungswirken Gottes muß alles Schaffen des Menschen seinen Ausgang im Herzen nehmen: »Was nämlich nicht zuvor im Herzen geliebt wird, kann zu nichts werden: keine Tat, keine Erkenntnis, auch nicht der Glaube. Wer diese feurige Kraft der Liebe nicht besitzt, der kocht die Gebote nicht durch, er schleppt sie wie ein krankes Glied mit sich herum. Auch der Vater im Himmel hat die Schöpfung erst in seinem Herzen gewirkt, ehe er sie nach außen in Erscheinung treten ließ.«[8] Das Herz ist der Ort, wo jedes Tun vorbereitet und alles Erleben verarbeitet wird. Hier tritt der Mensch in liebende Beziehung zu allem, was ist.
Hildegards Bemühen um Ganzheit und Einheit bezog sich nicht nur auf die schöpferischen Kräfte des Menschen. Sie wurde im Laufe ihres Lebens immer intensiver gerufen, eine dreifache Beziehung zu leben: zu Gott, zu den Mitmenschen, zu Schöpfung und Welt. Fast könnte man jeder dieser Beziehungen eine von Hildegards drei Visionsschriften – Wisse die Wege; Der Mensch in der Verantwortung; Welt und Mensch – zuordnen, wenn diese nicht jede Systematisierung sprengen würden.
Die grundlegende Beziehung in Hildegards Leben war die zu Gott, der als der Dreifaltige in sich selbst unendliche Beziehung ist: »Denn durch das Wort, das der Lebensquell selber ist, kam die umarmende Mutterliebe Gottes hernieder. Sie nährt uns zum Leben. Sie steht uns bei in jeder Gefahr. Sie ist das tiefste, mildeste Erbarmen, das uns den Weg der Umkehr zeigt.«[9] Der Mensch soll dieser Liebe antworten, indem sein ganzes Leben Heimweg zu Gott wird.
Vielfältig waren Hildegards Beziehungen zu den Mitmenschen: zu Mitschwestern und Mitbrüdern, Ratsuchenden und Kranken, Mächtigen und Hilfsbedürftigen. Was Hildegard über die Ehe schreibt, gilt sicher auch für jede menschliche Gemeinschaft: »daß

einer das Werk des anderen ist« (opus alterum per alterum)[10]. Hildegard wußte in besonderer Weise darum, daß das Zusammenleben ein Aktivieren aller guten Kräfte und Tugenden erfordert.
Neben diesen Kontakten zu Menschen stand Hildegard in Beziehung zur Natur, ja zum ganzen Kosmos. Mit einem ausgeprägten Sinn für alles Schöne verband sie die Sorge für die Schöpfung und den Schutz von Gesundheit und Leben. Die Verantwortung für die Welt stand für sie nicht im Gegensatz zu ihrer Gottesbeziehung: »Der gläubige Mensch ergreife den Pflug hinter dem Ochsen so, daß er gleichwohl zu Gott aufschauen kann, der da der Erde die Grünheit und alle Frucht verleiht. So trete er nach den Vorschriften des Meisters auf, daß er die Erde pflege, ohne doch das Himmlische zu vernachlässigen.«[11]
Hildegard wußte darum, daß der Mensch als Geschöpf auf diese dreifache Beziehung hin angelegt ist und sie leben muß, wenn er den Sinn seines Daseins nicht verfehlen will.

Bewegtwerden vom Geist und die Sinnleere unserer Zeit

Unsere heutige Zeit ist weitgehend gekennzeichnet von Orientierungslosigkeit. Feste Wertvorstellungen, Normen und Institutionen, die noch vor einigen Jahrzehnten Halt und Sicherheit gaben, gerieten ins Wanken. Statt einer einheitlich christlichen Prägung unserer Gesellschaft schwinden Glaube und Kirchlichkeit immer mehr und machen einer zunehmenden Säkularisierung Platz. Angesichts dieser Situation wird es für den einzelnen immer schwieriger, seinen sozialen, beruflichen und persönlichen Platz im Ganzen zu finden. Das führt zu Unsicherheit und Sinnverlust. Resignation und Sinnleere machen sich breit.
Schon die heilige Hildegard erwähnt in ihren Schriften ein solches Lebensgefühl und kennzeichnet es als »Schwarzgalle« (melancolia), die den Menschen verwirrt und in unmotivierte Traurigkeit verfallen läßt, die über das normale Maß hinausgeht (sine discretione).[12] An anderen Stellen spricht Hildegard vom »Weltschmerz«, der den Menschen ohne jede Hoffnung an seinem Dasein leiden läßt.[13] Dem »Schwermütigen« aber gibt sie die Antwort: »Du bist geradezu süchtig auf Peinigung und willst wohl nichts anderes mehr.

Gott will angerufen sein, und seine Güte sollte man aufsuchen. Du mißgönnst dir dich selbst, da du nicht auf Gott vertraust. Von Gott forderst du nichts, weshalb du auch nichts findest.«[14]

Hildegard ermutigt den Menschen zunächst einmal, in seiner Depression ein Suchender und Fragender zu bleiben und von Gott und seinem Leben noch etwas zu erwarten. Der Mensch soll auf Spurensuche bleiben, um seinen Weg zu erkennen (sci-vias). Wer unterwegs und lebendig bleibt, dem kommt Gott entgegen: »Wo die Frage im Menschen nicht ist, da ist auch nicht die Antwort des Heiligen Geistes«[15], lautet ein berühmt gewordenes Wort Hildegards.

Bei dieser Suche können wir von Hildegard dann auch Gelassenheit und Vertrauen lernen. Ihre Erfahrung mit Gott zeigt uns, daß der Mensch nicht alles selbst leisten kann und auch nicht muß. In seiner Begrenzung darf er sich Gott anvertrauen und sich von ihm »tragen lassen wie eine Feder im Wind«. Gerade in unserer so stark leistungsorientierten Zeit ist es not-wendig, daß wir wieder neu fähig werden, auch zu unserer Ohnmacht und Schwäche zu stehen.

Wenn uns heute viele äußere Sicherungen genommen sind, dann kann das auch eine Chance bedeuten, daß wir um so mehr in uns selbst hineinhören und uns Schritt für Schritt von Gott führen lassen. Von Hildegard können wir lernen, uns »vom Geist bewegen« zu lassen, so wie es unserer unverwechselbaren Einmaligkeit von Gott her entspricht. Wenn wir die Impulse im eigenen Inneren wahrnehmen und auf die Wegzeichen in unserer konkreten Lebenssituation achten, werden wir Sinn erfahren und den »roten Faden« entdecken, der sich durch unser Leben zieht. Der Heilige Geist, der so spürbar in Hildegards Leben einbrach, will auch unser Leben ausweiten und in uns Möglichkeiten und Kräfte aktivieren, um die wir bisher nicht wußten.

Dazu gehört auch die Entdeckung der Ganzheitlichkeit. Erst wenn wir uns nicht einseitig von unseren Gefühlen, unseren Bedürfnissen oder gar allein vom Kopf her steuern lassen, sondern zu einem guten Zusammenspiel aller Kräfte finden (wozu Hildegard uns in ihrem Singspiel »Ordo virtutum« einlädt), werden wir wirklich lebendig und schöpferisch. Der richtige Umgang mit dem Leib und unserer Gesundheit muß dabei mit einbezogen werden, damit wir – mit uns selbst im Einklang – in allem Tun Sinnerfüllung erfahren.

Weiter können wir im Blick auf Hildegard über unsere Beziehung zur

Umwelt nachdenken. Wie weit stehen wir in vielfältigen und lebendigen Kontakten zu Menschen und Dingen, zu Schöpfung und Welt, zu Wissensgebieten und Zeitgeschehen? Hat dabei auch die Beziehung zu Gott den ihr zukommenden Stellenwert? Erst in der Bezogenheit auf Gott gewinnt ja alles andere seine Bedeutung und seinen Sinn. Denn Gott ist – um ein Bild Hildegards zu gebrauchen – die Mitte von allem oder wie ein Kreis, der alles umfängt: »Wie ein Kreis das, was in ihm verborgen ist, in sich schließt, so schließt auch die Heilige Gottheit unbegrenzt alles in sich und übertrifft alles.«[16] Was an Hildegard so fasziniert, ist gerade diese Zusammenschau der ganzen Wirklichkeit. Gott ist dabei das eigentliche »Lebenselement«, in dem wir leben, uns bewegen und sind (vergleiche Apostelgeschichte 17,28). Von seinem Geist bewegt, können wir wie Hildegard »den Weg zum Leben« (vergleiche Psalm 16,11) finden:

»Gott, der mich erschaffen,
der wie ein Herr Seine Gewalt über mich hat,
ist auch meine Kraft,
weil ich ohne Ihn nichts Gutes zu tun vermag,
weil ich nur durch Ihn den lebendigen Geist habe,
durch den ich lebe und bewegt werde
und alle meine Wege kennenlerne.«[17]

Anmerkungen

1 Brief an Wibert von Gembloux, in: Hildegard von Bingen, Briefwechsel. Nach den ältesten Handschriften übers. u. nach den Quellen erl. v. A. Führkötter, Salzburg 1965, 226

2 A.a.O., 30f

3 Brief an den Magister Odo von Paris, a.a.O., 44 (Übersetzung nach: Neues Stundenbuch, Ergänzungshefte zu Bd. 2, Väterlesungen, Zweite Jahresreihe. Die Zeit im Jahreskreis 6, Freiburg 1974, 55)

4 Das Leben der heiligen Hildegard von Bingen, hrsg. v. Adelgundis Führkötter, Düsseldorf 1968, 49

5 Hildegard von Bingen, Welt und Mensch. Das Buch »De operatione Dei«. Aus dem Genter Kodex übers. u. erl. v. H. Schipperges, Salzburg 1965, 41

6 Caecilia Bonn, Hildegard von Bingen. Lehrmeisterin des geistlichen Lebens. Weg zu Gott, Eltville am Rhein 1979, 12

7 Welt und Mensch, 167

8 Caecilia Bonn, a.a.O., 8

9 Hildegard von Bingen, Wisse die Wege. Scivias. Nach dem Originaltext des illuminierten Rupertsberger Kodex der Wiesbadener Landesbibliothek übers. u. bearb. v. M. Böckeler, Salzburg [3]1955, 155

10 Welt und Mensch, 164

11 Hildegard von Bingen, Der Mensch in der Verantwortung. Das Buch der Lebensverdienste (Liber vitae meritorum). Nach den Quellen übers. u. erl. v. H. Schipperges, Salzburg 1972, 216

12 Vgl. Welt und Mensch, 65 u. 76

13 Vgl. Der Mensch in der Verantwortung, 257

14 A.a.O., 93

15 Wisse die Wege, 142

16 Welt und Mensch, 37

17 A.a.O., 66

Befreiung zur Liebe

JOHANNES VOM KREUZ

(1542–1591)

Günter Benker

Wir Menschen sind ausgespannt auf das Glück. Alle unsere Anstrengungen, die großen und die kleinen, zielen letztlich darauf, unseren Hunger nach Leben und Glück, nach Sinn und Erfüllung zu stillen. Wo immer sich das Glück anzudeuten scheint, da wollen wir auch zugreifen, um es ja nicht zu verpassen. Als Christen wissen wir um Gott als unseren guten Vater, der unser Glück will und der auch am besten weiß, wie wir es finden können, aber im Alltag unseres Lebens vertrauen wir viel lieber unseren eigenen Bemühungen. So setzen wir nicht selten alles daran, das zu erreichen, was uns ein Stück vom großen Glück verheißt. Im nachhinein erkennen wir dann oft genug, daß das Erreichte doch nicht hielt, was es versprach, und bald schon richtet sich unsere unstillbare Sehnsucht auf einen neuen vermeintlichen Glücksbringer.

Diese Erfahrungen sind für uns wichtig, und wenn wir mit uns selber ehrlich sind, dann führen sie uns einmal an den Punkt, wo wir in der Tiefe unseres Herzens erkennen, daß Glück und Erfüllung nicht von außen zu uns kommen, sondern nur in uns selbst zu finden sind. Deshalb ist es von entscheidender Bedeutung, daß wir uns nicht von äußeren Dingen abhängig machen – seien diese auch noch so gut und erstrebenswert. Wir müssen vielmehr lernen loszulassen, um innerlich frei zu werden für das Glück, das in uns wohnt. Dieses Glück in uns hat einen Namen, weil es eine Person, ein Du ist: Gott, die Erfüllung all unserer Sehnsucht.

Vielleicht brauchen wir Menschen oft weite und mit vielen Enttäuschungen gepflasterte Umwege, bis wir wirklich einsehen, daß alles Haben-wollen und Haben-müssen nicht zum Glück führt, sondern zur Abhängigkeit, zum ängstlichen Festhalten, zum zwanghaften »immer mehr«, zum argwöhnischen Vergleichen, zu

Rivalität und Neid. Wie schnell bricht unsere Welt zusammen, wenn uns das genommen wird, worauf wir unser Glück gebaut haben. Und selbst wenn wir diesen Teufelskreislauf durchschaut haben, braucht es noch eine gehörige Portion Mut und Ausdauer, damit wir wirklich den Weg des Loslassens beschreiten, der zur Erfüllung in Gott führt.

Ein guter Begleiter auf diesem Weg kann der spanische Karmelit, Dichter und Mystiker Johannes vom Kreuz sein. Seine Schriften[1] beinhalten keine graue Theorie, sondern die ganz persönliche Lebenserfahrung eines Menschen, der durch seine intime Freundschaft mit Gott zu einem erfüllten und gelungenen Leben fand. Gewiß kann Johannes vom Kreuz kein Patentrezept für das Glück liefern, aber er erschließt einen Prozeß des Loslassens, der den ganzen Menschen aus seinen leidvollen Abhängigkeiten und Fixierungen zur Liebe befreit. Jeder, der sich auf das Abenteuer seiner menschlichen und religiösen Entfaltung einlassen will, kann bei Johannes vom Kreuz wertvolle Orientierung finden.

Ein bewegtes Leben

Als jüngster von drei Söhnen einer sehr armen Familie wird Juan de Yepes – so sein bürgerlicher Name – 1542 in Fontiveros (Provinz Avila) geboren. Schon zwei Jahre später stirbt sein Vater. Nach dem Tod des zweitältesten Sohnes an Unterernährung wird die Mutter durch das lebensbedrohlich gewordene Elend gezwungen, Juan in ein Waisenhaus zu geben. Nach dem erfolgreichen Abschluß seiner Schulausbildung tritt er mit 21 Jahren ziemlich unerwartet in den Karmel der Stadt Medina del Campo ein und verbringt dort sein Noviziat.

Während seines Studiums in Salamanca bricht in dem jungen Karmeliten eine Krise auf, da sein Ideal eines Lebens in Gebet und Einsamkeit in den damaligen Klöstern des Ordens nur sehr bedingt verwirklicht wurde. Er trägt sich deshalb mit dem Gedanken, in den Kartäuserorden überzuwechseln. Nach seiner Priesterweihe 1567 begegnet er jedoch Teresa von Avila, die ihn für die Reform des Karmel gewinnt. Schon 1568 wird das erste Reformkloster in einem kleinen, schlichten Bauernhaus in Duruelo gegründet und entwik-

kelt sich rasch zu einem geistlichen Zentrum für die ganze Umgebung.
Mit der Zeit spitzten sich innerhalb des Ordens die Auseinandersetzungen um die junge Reformbewegung dramatisch zu. Schließlich wird Johannes vom Kreuz – als *der* Repräsentant der Reform schlechthin – gefangengenommen, zum hartnäckigen Rebellen erklärt und nach damaligem Recht zu strenger Kerkerhaft verurteilt. Neun Monate muß er im Gefängnis des Klosters verbringen und den verächtlichen Spott und die Geißelhiebe der eigenen Mitbrüder ertragen. Schlimmer als all das sind die inneren Qualen, die Johannes in dieser Zeit durchstehen muß: die Angst in der Einsamkeit des dunklen, engen Kerkers, die Selbstzweifel und die Sorgen um die Reform und ihre Anhänger. Höhepunkt seines Leidens ist schließlich die »dunkle Nacht« der Gottverlassenheit; auch sein letzter Halt – Gott selbst – hat sich verborgen. Aber gerade inmitten dieser schrecklichen Erfahrung von Ohnmacht und Haltlosigkeit, da er alles loslassen muß, worauf er sich bisher stützen konnte, ereignet sich seine tiefste Befreiung, wird er der zärtlichen Berührung seines liebenden Gottes gewahr, erlebt er die Vereinigung mit dem sehnsüchtig Geliebten. Noch vor seiner Flucht aus dem Kerker schreibt Johannes in leidenschaftlichen Gedichten seine Erfahrung nieder, die er später in seinen Kommentaren gedeutet hat. Diese Schlüsselerfahrung der Vereinigung mit Gott ist auch die Kraftquelle für den selbstlosen Einsatz für andere, den wir bis zu seinem Tod beobachten können. Überall wo er lebt, ist er ein gefragter Seelsorger, dessen Güte, Menschenkenntnis und Unterscheidungsgabe von einfachen Leuten gleichermaßen geschätzt wird wie von Professoren und anderen bedeutenden Persönlichkeiten. Besonders hervorzuheben ist seine Sorge um die Armen und Kranken, für deren Wohlbefinden ihm nichts zu aufwendig ist.
Gegen Ende seines Lebens wird Johannes erneut in einen ordensinternen Prozeß verwickelt, der seinen Ausschluß aus der Reformbewegung zum Ziel hat. Bevor es jedoch so weit kommen kann, erkrankt Johannes schwer und stirbt am 14. Dezember 1591 in Ubeda. Seine Mitbrüder und Zeitgenossen behielten ihn als frohen und liebenswerten Menschen in Erinnerung, der gern lachte, tanzte, Lieder sang und andere mit seiner Freude ansteckte. Er

liebte die Natur, die Freundschaft mit Menschen, aber auch die Einsamkeit, in der er seine vertraute Beziehung mit Gott pflegte. Weil er gelernt hatte, alles und vor allem sich selbst auf Gott hin loszulassen, hat er zur Freiheit der Liebe gefunden.

Selbsterkenntnis und Offenheit für Gott

Johannes vom Kreuz sieht das Leben des Menschen als Reifungsprozeß, dessen Ziel die Liebesgemeinschaft mit Gott ist. Durch diesen Prozeß, der ganz wesentlich in der Grundhaltung des Loslassens und Geschehenlassens besteht, soll der Mensch lernen, so zu lieben wie Gott liebt, um auch so frei und heil zu werden, wie Gott es ist.[2]

Am Anfang des menschlichen und religiösen Wachstumsprozesses stehen weder hohe Ideale, denen wir nacheifern, noch irgendwelche Leistungen, die wir zu vollbringen haben, sondern vielmehr die Bereitschaft, sich selbst gegenüber ehrlich zu sein und sich immer wieder neu verändern zu lassen. Es geht zuallererst darum, sich seinen Sehnsüchten, Ängsten, Grenzen und Abgründen aufrichtig zu stellen, sie anzunehmen und aus ihnen zu lernen.

Ausgangspunkt des Weges zu Gott ist somit der Mensch wie er ist: begrenzt und bedürftig. Diese grundlegende Erfahrung der Unerfülltheit löst in ihm ein tiefes Verlangen nach Ganzheit und Heil aus. Die eigentliche Tragik des Menschen besteht nun darin – und das gilt es zu durchschauen –, daß er sich habgierig an Menschen, Dinge und Anschauungen festklammert, um den Hunger seines Herzens nach Glück und Sicherheit zu stillen. »Ein Hungriger, der den Mund auftut, um sich mit Wind zu sättigen, wird aber nicht satt«, sagt Johannes vom Kreuz, »sondern noch mehr ausgedörrt ...«, denn er hat »... ja verlassen, was einzig ihn sättigen kann und weidet sich an Dingen, die den Hunger mehren.«[3] »Vielmehr schwillt ihr Hungern an, je weiter sie sich vom Quell entfernen, der allein sie stillen könnte, nämlich von Gott ... In den Geschöpfen findet der Gierige ja nicht, was seinen Durst stillt, sondern was ihn vermehrt.«[4] Alle Bereiche des Menschen – selbst der religiöse – sind von diesem angstbesetzten Begehren infiziert, das den Menschen nie befriedigt, sondern unfrei und folglich un-

glücklich macht. Je mehr er begehrt, desto mehr entfremdet er sich von den Dingen und Menschen, die er zu besitzen sucht und verliert sie schließlich ganz. Er wird blind für ihr eigentliches Wesen, kreist verzweifelt um sich selbst und verliert gerade dadurch sich selbst, aber auch die Offenheit für den, der ihm allein die Erfüllung schenken kann. Johannes vom Kreuz wird nicht müde, diese Erfahrung bewußtzumachen: »Der eine, im Herzen besitzlos, besitzt alles in großer Freiheit ... Der andere, der etwas mit Wissen festhält, hat und besitzt nichts, vielmehr wird sein Herz davon besessen, das an solcher Gefangenschaft leidet.«[5] Wer das Begehren »nicht überwindet, wird nicht die dauernde, heitere Freude an Gott mittels der Geschöpfe und Werke Gottes genießen«.[6]
Johannes ist kein lebensfeindlicher Weltverächter, der die Freude an den Dingen ablehnt und die Dynamik und Leidenschaft des Menschen bekämpft. Er will uns jedoch ganz entschieden vor dem Begehren warnen, das die Erfüllung, die nur in Gott gefunden werden kann, woanders sucht und den Menschen so in Abhängigkeit und Unfreiheit stürzt. »O wie erbarmenswert ist doch das Geschick unseres Daseins ...! Das Klarste und Wahrste erscheint uns als das Dunkelste und Ungewisseste, und wir fliehen davor, obschon es uns das Zuträglichste wäre, und greifen nach dem, was uns anfunkelt und unsere Blicke ergötzt; das umarmen wir und jagen ihm nach, obschon es für uns das Schlimmste ist und uns bei jedem Schritt stolpern läßt.«[7] Johannes vom Kreuz weiß, daß der Mensch nur zu echter Freiheit und tiefem Glück finden kann, wenn er sich auf den keineswegs bequemen Weg des radikalen Loslassens und der absichtslosen Hinwendung zu Gott begibt. Um alles zu gewinnen, ist es notwendig, alles zu lassen.[8]
Gott will, daß der Mensch frei und glücklich ist. Deshalb möchte er ihn aus seinen Abhängigkeiten lösen und seine Sehnsucht erfüllen, denn er »hat Mitleid mit solchen, die unter so viel Mühsal und auf Kosten ihrer selbst daran sind, das Dürsten und Hungern ihres Begehrens an den Geschöpfen zu stillen«.[9] Keine Fixierung und keine Verstrickung ist so hoffnungslos und endgültig, daß Gott sie nicht heilen wollte oder könnte. Selbst wenn der Mensch sich in seiner Fixierung auf Dinge und Menschen so verliert, daß er Gott nicht mehr wahrnimmt oder sich von ihm abwendet – Gott bleibt dem Menschen treu und entzieht ihm niemals seine Gegenwart.

Johannes vom Kreuz ist überzeugt, daß »Gott in jeder Seele, auch in der des größten Sünders der Welt, substantiell (wesenhaft) wohnt und wirkt«.[10] Zwischen Gott und Mensch besteht eine unzerstörbare Verbundenheit, die immer gegeben ist und ohne die der Mensch überhaupt nicht leben könnte. Gott wohnt in uns und ist immer schon eins mit uns, auch wenn wir das oft nicht erkennen oder fühlen. Er sucht uns viel leidenschaftlicher als wir ihn je suchen können.[11] Sehnsüchtig lädt er uns ein zur bewußten Liebesgemeinschaft mit sich, in der all unser Verlangen zur Ruhe kommt. Diese Wahrheit unseres Glaubens sollte uns Mut machen für den Weg des Loslassens, der uns die Schätze der Kontemplation erschließt, wie Johannes die Wahrnehmung der lebendigen Gegenwart Gottes in uns bezeichnet.

Wir können uns für den Prozeß unserer Befreiung und für das Geschenk der Kontemplation öffnen und bereiten, indem wir uns diesem liebenden Gott zuwenden, der in Jesus von Nazaret so anschaulich und greifbar geworden ist. Durch Lesen und Meditieren der Heiligen Schrift sowie durch das persönliche, vertraute Gespräch mit Gott können wir eine freundschaftliche Beziehung zu ihm aufbauen. Wichtig ist dabei, nicht nach besonderen Gotteserfahrungen zu verlangen, sondern frohen Herzens und in kleinen Schritten Christus im Leben und Handeln ähnlich zu werden.[12] Letztlich ist es Gott allein vorbehalten, wie weit und auf welche Weise er den einzelnen im Lauf seines Lebens in die Liebesgemeinschaft mit sich führt, weil nur er beurteilen kann, wann wir reif dafür sind. »Gott ergreift deine Hand und führt dich wie einen Blinden, und du erkennst weder das Ziel noch den Weg, da du mit den eigenen Augen und Füßen, auch bei glücklichstem Wandeln, nie hingefunden hättest.«[13]

Ehrliche Selbsterkenntnis der eigenen Erlösungsbedürftigkeit und die Bereitschaft, sich Gottes machtvollem Liebeshandeln zu überlassen und daran mitzuwirken, sind also die Voraussetzung und der Ausgangspunkt für den Befreiungsprozeß des Menschen, der in die beglückende Erfahrung des Einsseins mit Gott führt.

Johannes vom Kreuz vergleicht den Reifungsprozeß des Menschen mit dem Durchwandern einer Nacht, die aus den drei Phasen Anbruch, Mitternacht und Dämmerung besteht.
Läßt sich der Mensch vertrauensvoll auf die Beziehung mit Gott ein und versucht er sein Leben auf ihn hin auszurichten, dann entdeckt er auch früher oder später Spuren der Gegenwart Gottes in seinem Leben. Wenn er sich von Gott geliebt und getragen weiß, seine Nähe beim Beten spürt und sich bei ihm geborgen fühlt, dann steht er bereits vor dem Anbruch der dunklen Nacht. In dieser ersten Phase der Nacht, die Johannes »Nacht des Sinnes« nennt, erkennt der Mensch durch seine bisherigen, vielleicht noch ganz anfanghaften Erfahrungen mit Gott, daß alles, woran er bisher hing, relativ ist und nicht das Eigentliche sein kann. Gott beginnt, dem Menschen die sinnenhaft erfahrbaren Dinge, die sein Herz gefangennehmen, zu entziehen. Er taucht ihn in eine Leere, die ihn von allen Fixierungen auf Menschen, materielle Dinge, aber auch auf religiöse Formen und Gefühle frei machen soll für seine alles überbietende Liebe. Gott kann dem Menschen ja erst dann ein neues Verstehen schenken, »wenn das alte, menschliche Verstehen gelassen ist«, und er kann ihm erst dann »ein neues Erkennen und abgrundtiefe Wonne mitteilen, wenn alle anderen Erkenntnisse und Vorstellungen beseitigt sind«.[14]
Der Mensch ist aufgerufen, die von Gott begonnene »passive« Nacht durch »aktives« Loslassen all dessen, woran er hängt, mitzuvollziehen. Auf dem Weg zum Ziel der Liebesgemeinschaft mit Gott gehören das Wirken Gottes und das Mittun des Menschen untrennbar zusammen. Von Anfang an ist es wichtig, sich nicht halbherzig, sondern mit fester Entschlossenheit auf den Weg des Loslassens zu machen: »Man muß dieses Werk von Herzen umfangen und trachten, den Willen daran hinzugeben. Tut man es nämlich von Herzen, so wird man bald viel Freude und Trost dabei finden, insofern man geordnet und klug vorangeht.«[15]
In der zweiten Phase der Nacht, der Mitternacht, entschwinden nun auch die bisherigen Erfahrungen mit Gott, das Erahnen seiner Gegenwart und seines Wirkens, ins tiefste Dunkel. In der »Nacht des Geistes« entzieht Gott zwar nicht sich selbst, aber seine Erfahr-

barkeit, damit der Mensch seine bisher gewohnte Art und Weise des Umgangs mit Gott losläßt; er soll sowohl von seinem falschen Begehren nach Gotteserfahrungen frei werden als auch von allen übernommenen oder selbstgemachten Gottesbildern, die immer unzureichend und zu eng sind. Er muß lernen, Gott den sein zu lassen, der er ist, der immer »ganz Andere«, über den der Mensch nicht verfügen kann. Deshalb schreibt Johannes vom Kreuz: »Eine Seele behindert also ihren Aufstieg zu diesem erhabenen Stand der Vereinigung mit Gott gar sehr, wenn sie an irgendeinem Verstehen oder Fühlen oder Vorstellen oder Meinen oder Wollen nach ihrer Weise festhält oder an irgendeinem anderen ihr eigenen Werk oder Ding, weil sie sich dessen nicht ganz zu entledigen und zu entblößen vermag. Denn, wie gesagt, das, wonach sie strebt, ist über all dies erhaben, auch über das Höchste, das erkannt oder verkostet werden kann.«[16] »Die Seele hat sich also leer zu halten, ... – gleich einem Blinden –, gestützt auf den dunklen Glauben, durch ihn geführt und erleuchtet, nicht aber auf etwas gestützt, das sie begreift, verkostet, fühlt und ersinnt. Denn all dies ist Finsternis, die irreführt, und der Glaube ist über allem Verstehen und Verkosten und Empfinden und Sich-Vorstellen.«[17]
Die Nacht des Geistes ist für den Menschen noch viel schmerzhafter als die Nacht des Sinnes, weil ihm selbst die Erfahrung Gottes genommen ist. Es bleibt ihm nur sein von Gott verwundetes und entflammtes Herz, dem etwas Geringeres nicht mehr genügen kann, so daß er »sehnsüchtig tausend Wege sucht, Gott zu finden«.[18] Auch wenn es widersprüchlich scheinen mag: gerade die Nichterfahrbarkeit Gottes ist das deutlichste Anzeichen seiner Anwesenheit und Zuwendung. Gott ist wie das Licht der Sonne, und wenn er sich einem Menschen, der dieses Licht vollkommener Liebe noch nicht fassen kann, zu erkennen gibt, wird er geblendet und kann die göttliche Helle nur als Dunkelheit erfahren. Durch Entblößung und Dunkel reinigt er die Seele »und erhellt sie mit seinem göttlichen Licht. Die Seele vermutet das nicht; sie meint, noch im Finstern zu sein«.[19] »Denn Gottes Licht ist so unermeßlich und übersteigt den natürlichen Verstand so sehr, daß es um so mehr blendet, je näher er herantritt.«[20] Erst nach dem schmerzhaften Reifungsprozeß, wenn der Mensch alle unzulänglichen Vorstellungen losgelassen hat und sein Herz weit geworden ist, geht ihm auf, daß das qualvolle

Dunkel nichts anderes war als Gott selbst in seiner mit nichts vergleichbaren Liebe. Die Erfahrung der Liebe war nur deshalb so schmerzhaft, weil der Mensch ihr noch widerstrebte, weil er wegen seiner Fixierungen noch unfähig war, sie zu ertragen. Es »ist nicht so, als verursachte . . . die göttliche Eingießung von sich aus Leiden, sie bringt im Gegenteil eine Fülle von Wonnen mit sich, die die Seele später genießen wird. Der Grund liegt vielmehr in der Schwäche und Fehlerhaftigkeit der Seele und in ihrer Verfaßtheit, die dem Empfang dieser Gaben widersteht. Deshalb verursacht das göttliche Licht in der Seele die erwähnten Leiden.«[21] Und an anderer Stelle sagt Johannes: »So schwach . . . ist die Seele, daß sie die Hand des Herrn als sehr große Last und ihrem Wesen ganz entgegengesetzt auf sich fühlt, während sie doch an sich sanft und mild ist, da er sie nur berühren, nicht belasten will, und dies aus Barmherzigkeit, denn er hat nur ein Ziel: ihr Gnade zu erweisen und nicht sie zu züchtigen.«[22]

Johannes vom Kreuz beschreibt in seiner Lehre von der dunklen Nacht, wie der ganze Mensch mit seinem leiblichen, sinnenhaften und geistigen Vermögen befreit und geläutert werden muß, bevor er das Glück der Liebesvereinigung mit Gott erfahren kann. Sein begrenztes Fassungsvermögen muß er sprengen, sein bisheriges Denken und Empfinden aufbrechen lassen. Um Gott und mit ihm alles zu gewinnen, muß er zuerst alles loslassen, vor allem das, woran er hängt. Dieser schmerzhafte Prozeß verfolgt nur das eine Ziel: den Menschen zu einer Liebe zu führen, die all seine Träume vom Glück übersteigt. Gott taucht den Menschen allein deshalb in die dunkle Nacht, »um ihn allseits zu erhellen; wenn sie ihn demütig und elend macht, so um ihn aufzurichten und zu erheben; wenn sie ihn verarmt und ausleert von allem natürlichen Besitz und Besitzwillen, so um ihn zu befähigen, sich aller himmlischen und irdischen Dinge auf göttliche Art zu erfreuen und sie zu genießen und so zu einer umfassenden Freiheit im Geist zu gelangen«.[23]

Die dritte Phase der Nacht, der Anbruch des neuen Tages, kann beginnen, wenn der Mensch durch den Prozeß des Loslassens für Gott frei und aufnahmefähig geworden ist, wenn beseitigt ist, was sein Herz und seinen Verstand eingenommen und eingeengt hat. In der Tiefe seiner selbst macht er die Erfahrung einer Liebe, die zwar schon immer da war, die er aber erst jetzt in ihrer unvergleichlichen Schönheit und Intensität wahrnehmen kann. Im Innersten seines Wesens geschieht die Liebesvereinigung, in der Gott sich dem Menschen so hingibt, »daß es keine Mutterliebe gibt, die das Kind so innig umkost, keine Geschwisterliebe, keine Freundschaft, die damit vergleichbar wäre. Und so weit geht die inbrunstvolle, urwahrhaftige Liebe ..., daß er sich ihr (der Seele) wahrhaft gefangen gibt, um sie zu erhöhen, so als wäre er ihr Knecht und sie seine Herrin ..., als wäre er ihr Sklave und sie seine Gottheit: so tief ist Gottes Demut und Holdheit ... Überschüttet mit so unvergleichlichen Gnaden, was wird die Seele fühlen? Wie wird sie sich in Liebe ausströmen! Wie wird Dankbarkeit sie überwältigen, wenn sie Gottes Herz sich erschlossen sieht, mit überreicher Liebe. Umringt von solchen Wonnen, gibt sie ihr ganzes Selbst ihm hin ...«[24]

In solcher Liebesgemeinschaft mit Gott sieht der Mensch alles mit neuen Augen. Gott schenkt ihm eine neue Sehweise, ein liebendes Erkennen Gottes, der Welt, der Menschen und seiner selbst. Durch Gott vermag er alles in seinem tiefsten und eigentlichsten Wesen zu erfassen und zu genießen, nicht mehr nur die äußere Hülle. Jetzt begreift der Mensch, daß er nur deshalb alles loslassen mußte, um es auf eine neue, viel bessere Weise in Gott zurückzuerhalten. Was er früher durch seine besitzergreifende Umklammerung vergeblich an sich reißen wollte, bekommt er jetzt in ungeahnter Fülle geschenkt. So kann Johannes begeistert ausrufen: »Mein sind die Himmel, und mein ist die Erde. Mein sind die Völker, die Gerechten sind mein und die Sünder. Die Engel sind mein und die Mutter Gottes, und alle Dinge sind mein. Und Gott selbst ist mein und für mich, denn Christus ist mein und alles für mich. Was verlangst und suchst du, meine Seele? Dein ist all dies und alles ist für dich.«[25]

Die neue Liebesfähigkeit ermöglicht tragfähige und gelingende Beziehungen zu anderen Menschen, die nicht mehr aus Verlustangst festgehalten, sondern freigegeben und um ihrer selbst willen geliebt werden, denn »je mehr die Liebe zu Gott wächst, um so mehr wächst auch die zum Nächsten«.[26] Der in der Freundschaft mit Gott zu sich selbst befreite Mensch bekommt einen Blick für das Wesentliche im Leben, so daß er auch seinen Alltag viel ruhiger und gelassener bewältigen kann. Er läßt Gott in und durch sich handeln und bewirkt durch die Liebe, die in ihm erwacht ist, mehr als durch noch so viel Aktivismus. Weil es »kein besseres und notwendigeres Werk als die Liebe«[27] gibt, ist ein wenig dieser echten Liebe »vor Gott . . . von höherem Wert . . .« und für Kirche und Welt ». . . von größerem Nutzen als alle anderen Werke zusammen«.[28] Durch seine Christusähnlichkeit wird der Mensch erst fruchtbar für das Reich Gottes in der Welt.

Trotz allen überschwenglichen Glücks, das der Mensch in der Liebeseinheit mit Gott genießt, darf nicht übersehen werden, daß Johannes vom Kreuz auch diese Erfahrungen noch der dunklen Nacht, wenn auch ihrer letzten Phase, der Morgendämmerung, zuweist. Es geschieht zwar wirkliche Begegnung und echte Befreiung, aber im Dunkeln und im Verborgenen, da es in diesem Leben keine klare und unverhüllte Schau Gottes geben kann. Erst im Tod erfüllt sich das sehnsüchtige Warten auf die endgültige Begegnung mit Gott ganz. Erst dann wird es grenzenloses Glück und vollkommene Liebe ohne jede Beeinträchtigung und ohne jeden Schmerz geben.

Ist es nicht eine verlockende Herausforderung für uns, wenn Johannes vom Kreuz versichert, daß dieser Weg, dieser Prozeß zur befreienden Liebesgemeinschaft mit Gott nicht einer Elite von Heiligen vorbehalten ist, sondern daß Gott jeden Menschen, auch Sie und mich, unaufhörlich dazu einlädt: »Der Vater der Lichter . . . ergießt sich ohne Ansehen der Person dahin, wo ihm Raum gegeben wird, gleich einem Sonnenstrahl; heiter bietet er sich allen auf ihren Wegen und Pfaden, über die Erde hin sucht er Gemeinschaft mit den Menschenkindern, zu seiner Freude. Und es ist nicht für unglaubhaft zu halten, daß ein Mensch . . . das alles von ihm erhält, was der Sohn verhieß: in den, der ihn liebt, würde die Heiligste Dreifaltigkeit eingehen und ihm innewohnen.«[29]

Anmerkungen

1 Wir zitieren Johannes vom Kreuz in diesem Beitrag nach folgender Gesamtausgabe: Sämtliche Werke des Johannes vom Kreuz, übersetzt und herausgegeben von Schneider, O., Behn, I. und Balthasar, H. U. von, Einsiedeln 1962–1984. Bei der Zitation verwenden wir folgende Abkürzungen für die einzelnen Bücher der Gesamtausgabe:
S = Empor den Karmelberg, Einsiedeln [3]1984
N = Die dunkle Nacht, Einsiedeln [3]1983
C = Das Lied der Liebe, Einsiedeln [3]1984
L = Die lebendige Flamme, Einsiedeln [2]1981

2 Vgl. zur Lehre des hl. Johannes vom Kreuz ausführlicher: Benker, Günter, Loslassen können – die Liebe finden. Die Mystik des Johannes vom Kreuz, Mainz 1991

3 S, 31f.

4 S, 265

5 S, 268f.

6 S, 268

7 N, 129

8 Vgl. A, 56f.

9 S, 33

10 S, 74

11 Vgl. L, 78

12 Vgl. S, 83

13 N, 127

14 S, 26

15 S, 55

16 S, 70f.

17 S, 69

18 N, 110

19 N, 96

20 N, 128

21 N, 103

22 N, 84

23 N, 97f.

24 C, 172

25 L, 201

26 S, 277

27 C, 181

28 Ibid

29 L, 25

Armut und Gebet

JOHANNES MARIA VIANNEY

(1786–1859)

Johannes Mohr

Als in der Französischen Revolution nach 1789 ein neues Zeitalter der Menschenrechte eingeläutet wurde, lebte und wirkte in dem kleinen Dorf Ars bei Lyon ein Landpfarrer, der sein Leben nach einem ganz unzeitgemäßen Wort gestaltete: »Der Mensch ist ein Armer, der Gott um alles bitten muß.«
Johannes Maria Vianney (1786–1859) wollte »jeden Tag ärmer werden« und darin seine Aufgabe in der Kirche für die Menschen erfüllen. Armut darf hier nicht nur materiell verstanden werden, sie umfaßt viele Bereiche des Lebens. Je ärmer der Mensch wird, desto radikaler kann er bereit werden, sich auf Gott einzulassen, alles von ihm zu erbitten und zu erwarten. Armut und Gebet bilden die zwei Pfeiler der geistlichen Brücke, die zu Gott führt.

Christ in der Verfolgung

Johannes Maria Vianney hat in seiner Jugend eine Erfahrung gemacht, die in unserem Jahrhundert Millionen Christen auferlegt wurde und immer noch auferlegt wird: Er mußte seinen Glauben in der Verborgenheit leben. Infolge der Französischen Revolution wurde eine Zivilverfassung erlassen, auf die alle Priester den Eid leisten mußten. Das führte zu einer Spaltung der Kirche. Manche Priester leisteten den Eid, andere verweigerten ihn. Die Verweigerer wurden zum Tode verurteilt. Um ihren Dienst weiter ausüben zu können, mußten sie in den Untergrund gehen. Diese Situation dauerte zehn Jahre lang.
Der Pfarrer von Dardilly bei Lyon, Heimat der Vianneys, leistete den Eid und gab 1793 sein Amt auf. Verweigerer kamen verkleidet zu den treuen Familien, so auch zu den Vianneys. Der junge

Johannes Maria hat die Auswirkungen am eigenen Leib erlebt. Er berichtet, wie er unter der großen Uhr in der Stube zum ersten Mal gebeichtet hat und wie die Erstkommunion gefeiert wurde, während draußen zur Tarnung ein großer Wagen Heu abgeladen wurde. Der Druck der Bedrohung und der Angst prägte die christliche Kindheit des Johannes Maria – eine Erfahrung der Armut, zugleich aber eine Situation, die zur Entscheidung und zur Ganzherzigkeit zwang.

Deserteur unter Napoleon

Als Johannes Maria 18 Jahre alt war, begann er, sich im Privatunterricht beim Nachbarpfarrer Balley auf das Priestertum vorzubereiten. Da wurde er zum Militärdienst einberufen. Der Versuch, einen Ersatzmann zu stellen, mißlang. Schließlich wurde Johannes Maria von Beauftragten Napoleons abgeholt. Unterwegs wurde er krank, kam ins Lazarett, wurde entlassen und der Truppe nachgeschickt. Dabei entschloß er sich, zusammen mit einem Fahnenflüchtigen, unterzutauchen.
Der Bürgermeister des kleinen Cevennendorfes Les Noës fand Verständnis für den jungen Mann und stellte ihn unter dem Namen Jérôme Vincent als Hilfslehrer ein. Fast ein Jahr lang lebte Johannes Maria in Angst vor Entdeckung, aber selbst der Befehl seines Vaters konnte ihn nicht dazu bewegen, sich zu stellen. Sicher hat die Kirchenfeindlichkeit der damaligen Staatsmacht beim Verhalten Vianneys eine Rolle gespielt, ebenso die sinnlose Machtpolitik des Kaisers Napoleon, der unzählige Menschen in Europa zum Opfer fielen. Johannes Maria schämte sich später nicht, in Predigten zu erzählen: »als ich Deserteur war ...« Er nahm diesen Schatten an und stand dazu.

Grenzerfahrung in Schule und Studium

Die Schulzeit Vianneys wurde zunächst durch zwei Revolutionen beeinträchtigt: Die Revolution der Jakobiner 1789 und der Umsturz durch Napoleon 1799. In Dardilly wirkte ein »Bürger Dumas«

als Schulmeister, sicher kein ausgebildeter Pädagoge. Hinzu kamen unübersehbare persönliche Schwierigkeiten, Dinge zu begreifen und im Gedächtnis zu behalten.
Johannes Maria mußte zuerst Latein lernen. Er tat dies ab 1806 beim ehemaligen Untergrundpriester Balley, der seit 1803 Pfarrer im Nachbarort Ecully war. Mehrere junge Männer wurden dort gemeinsam auf das Priestertum vorbereitet. Einer von ihnen, Mattias Loras, später Bischof in Amerika, erhielt den Auftrag, Johannes Maria bei seinen Übungen zu helfen. Aber Vianney stellte sich so ungeschickt an, daß Loras die Geduld verlor und sich dazu hinreißen ließ, den älteren Mitschüler vor den anderen Schülern zu ohrfeigen. Statt zurückzuschlagen, fiel Vianney vor dem Mitschüler auf die Knie und bat ihn, ihm seine Unfähigkeit zu verzeihen.
Die Priesterseminarien waren zwar 1803 wieder geöffnet worden, und Johannes Maria hatte dort das Studium begonnen, aber er scheiterte an den Vorlesungen und Examina in lateinischer Sprache. Deshalb übernahm Pfarrer Balley den Unterricht und erwirkte ein Examen in französischer Sprache. Das Ergebnis war dürftig, aber der Generalvikar, der den verbannten Bischof von Lyon vertrat, fragte den Pfarrer Balley: »Ist der junge Vianney fromm? Kann er den Rosenkranz beten? Verehrt er die Heilige Jungfrau?« Der Pfarrer konnte antworten: »Er ist ein Muster an Frömmigkeit.« Daraufhin stimmte der Generalvikar der Weihe Vianneys zu: »Gut, dann berufe ich ihn. Die Gnade Gottes wird das übrige tun.« Sicher hat bei dieser Entscheidung der schlimme Priestermangel nach der kirchenfeindlichen Revolution eine Rolle gespielt. Aber im geheimnisvollen Plan Gottes sollte die intellektuelle Armut Vianneys zu einem besonderen Zeichen der Verherrlichung Gottes und zu einem Instrument seines Erbarmens werden.

Pfarrer im verwahrlosten Ars

Eine gleichgültige, wenig praktizierende Pfarrei kann zu allen Zeiten einen Pfarrer zur Verzweiflung bringen. Von Ars mit seinen 370 Einwohnern sagte der Generalvikar bei der Berufung Vianneys zu dessen Seelsorger: »In Ars ist nicht viel Gottesliebe zu finden, Sie müssen ein wenig dorthin mitbringen.« Eigentlich war Ars nur eine

Kaplanei, weil es keine 500 Einwohner zählte. Der Vorgänger Vianneys hatte den Eid geschworen und war dann abgefallen. Als besondere Übel des Dorfes wurden genannt: Sonntagsarbeit, Wirtshäuser, Tanzveranstaltungen, Vernachlässigung der Sakramente und vor allem die religiöse Unwissenheit.

Ars war wohl nicht wesentlich übler als andere Dörfer, aber immerhin hatte man Vianney gewarnt. Als er auf dem Hügel vor seiner neuen Stelle ankam, lag das Dorf im Nebel versteckt. So fragte der Priester den Hütejungen Antoine Givre nach dem Weg. Als er erkannte, daß sein Dorf nahe vor ihm lag, kniete er nieder und betete. Zu dem Hütejungen sagte er: »Du hast mir den Weg nach Ars gezeigt, ich werde dir den Weg zum Himmel zeigen.«

In seiner Armut und Demut nahm Pfarrer Vianney ohne Murren die Bürde dieses armen Stückes Kirche auf sich, weil dort unsterbliche Seelen auf ihn warteten.

Versuchung zur Verzweiflung

Nicht jeder, der sich verzweifelt gebärdet, hat wirklich die Verzweiflung kennengelernt. Pfarrer Vianney hat sie gekannt. Katharina Lassagne, Leiterin des von Vianney gegründeten Kinderheims Providence, bezeugt: »Diese furchtbaren Qualen begannen schon im ersten oder zweiten Jahr seines Wirkens in Ars.« Die Ursache lag zunächst im Gefühl seiner persönlichen Unwürdigkeit. Ein späterer Mitarbeiter Vianneys, Abbé Monin, berichtet: »Er sah dauernd die Hölle unter seinen Füßen, und eine Stimme sagte ihm, daß ihm ein Platz dort im voraus bestimmt sei. Die Furcht, verdammt zu sein, verfolgte ihn Tag und Nacht.«

Die Wurzel dieser schrecklichen Versuchung zur Verzweiflung liegt wohl darin, daß Vianney Gott gebeten hatte, ihm die »totale Kenntnis seines Elends« zu gewähren. Gott erfüllte diese Bitte. Einem anderen Mitarbeiter, Bruder Athanasius, vertraute Vianney diese Erfahrung an: »Ich erschrak so sehr über die Erkenntnis meines Elends, daß ich sofort um die Gnade bat, sie vergessen zu können; Gott hat mich erhört, aber er ließ mir genug Erleuchtung über mein Nichts, um mich verstehen zu lassen, daß ich zu nichts imstande sei.« Vianney war von seiner Unwürdigkeit zum Priester-

sein überzeugt. Er sagte: »Das Priestertum ist eine so schwere Last, daß sie der Priester nicht tragen könnte, wenn er nicht den Trost und das Glück hätte, die heilige Messe zu feiern.«
Die Verzweiflung kann einen Menschen an den Rand des Lebenswillens bringen. Dennoch ist die Verzweiflung der Weg zu unerschöpflicher Hoffnung und zur Gabe des Tröstens. Gerade weil er nicht im Frieden gelebt hat, konnte Pfarrer Vianney unzähligen zweifelnden und verirrten Menschen Versöhnung und Frieden mit Gott vermitteln.

Konfrontation mit Sünde und Satan

Manche Menschen scheinen arglos und unangefochten durch das Leben zu gehen. Ob darin Reichtum oder Armut liegt, mag offen bleiben. Der Pfarrer von Ars ist von der Konfrontation mit dem Bösen nicht verschont geblieben. Darin liegt eine der großen Lasten seines Lebens. Erst spät hat Johannes Maria die Sünde entdeckt, als er genau hinsah, wie die Menschen lebten. Im Beichtstuhl hat er manchmal geseufzt und oft geweint. Einem gleichgültigen Beichtkind sagte er: »Ich weine, weil Sie nicht weinen.« In der Sünde sah der Pfarrer nicht vorrangig ein moralisches Vergehen, sondern eine Trennung von Gott, eine Verweigerung und Flucht vor der unendlichen Liebe Gottes.
Last und Charisma zugleich war für den Pfarrer von Ars das Sakrament der Versöhnung. Um ein Uhr in der Nacht begab er sich in die Kirche, um bis acht Uhr am Abend Beichte zu hören, unterbrochen nur durch die heilige Messe, Breviergebet, Katechismusunterricht, eine rasche Mahlzeit und den Rosenkranz. Besonders liebte er die großen Sünder. Kein noch so verstockter Sünder konnte seinem Wink und seinem gütigen Wort widerstehen. 1830 kamen etwa 30 000 Pilger nach Ars, die meisten, um zu beichten.
So ist es verständlich, daß der Teufel nicht tatenlos zusah. Verleumdungen wurden laut. Eines Abends erschien ein Mädchen aus dem Dorf vor dem Pfarrhaus und begann, den Pfarrer zu beschimpfen und ihm vorzuwerfen, er sei der Vater ihres unehelichen Kindes. Das setzte sich 18 Monate fort, fast jeden Abend. Vianney ertrug es, ohne sich jemals zu wehren.

Es ist wohl nicht ernsthaft zu leugnen, daß der Satan im Pfarrhaus zu Ars Furcht und Schrecken zu verbreiten suchte: Reißen an den Vorhängen, Kolbenschläge gegen die Tür, kreischende Stimmen, Schieben von Stühlen. Zu sehen war nichts, zu ändern auch nicht. Eines Nachts wachte ein junger Mann aus dem Dorf mit einem Gewehr im Pfarrhaus. Am nächsten Morgen äußerte er, zitternd am ganzen Leib, keine Macht der Welt brächte ihn dazu, noch eine Nacht in diesem unheimlichen Haus zu verbringen.

Besonders schlimm war es, wenn am nächsten Tag ein großer Sünder sich bekehrte. Vianney vertraute einem Freund an: »Anfangs hatte ich Angst. Ich wußte nicht, was es war. Aber jetzt bin ich zufrieden. Es ist ein gutes Zeichen: der Fischfang am nächsten Tag erweist sich nämlich als sehr ergiebig.« Wieviel Kraft dieser ständige Kampf gekostet hat, weiß Gott allein.

Fluchtversuche

Pfarrer Vianney hat nicht im Frieden gelebt. Der Friede, den er anderen gab, war nicht für ihn bestimmt. Katharina Lassagne bezeugt: »41 Jahre blieb er in seiner Pfarrei Ars und immer gegen seinen Willen.« Mehrmals, zuletzt 14 Tage vor seinem Tod, richtete er Gesuche an den Bischof, ihn gehen zu lassen, »damit ich meine Sünden beweinen kann«. Mindestens drei Fluchtversuche sind bekannt. Zum ersten Mal verließ er wohl 1840 nachts um zwei Uhr sein Pfarrhaus, aber nach 800 Metern vor dem Feldkreuz von Combes zwang ihn sein Gewissen zur Umkehr. Niemand hat etwas wahrgenommen.

In der Nacht vom 11. zum 12. September 1843 versuchte er, ungesehen über den Gartenzaun zu entkommen. Man bemerkte es, konnte ihn aber nicht aufhalten. Der Lehrer Jean Pertinand war ihm gefolgt und begleitete ihn nach Dardilly. Dort, im Geburtshaus, nahm ihn sein Bruder auf, bis der Bischof entschieden habe. Der Bischof wünschte zwar die Rückkehr nach Ars, bot ihm aber auch die Kaplanei von Notre-Dame de Beaumont an. Fast dramatisch ist die Reise nach Beaumont. Dort erkennt Vianney bei der Feier der heiligen Messe, daß Gott ihn in Ars haben

will. Darum kehrt er in sein Dorf zurück. 1853 versuchte er noch einmal eine Flucht, von der er selbst sagte: »Es war kindisch von mir.«
Zahllose Menschen sind heute auf der Flucht, nicht nur vor Krieg und Hunger, sondern auch vor sich selbst und vor ihrem Platz im Leben. Johannes Maria Vianney kennt ihre Versuchungen und trägt mit ihnen ihre Armut.

Folgen des Jansenismus

Im 17. Jahrhundert gab es in Frankreich eine religiöse Strömung, die sich durch Überstrenge und Rigorismus hervortat. Nach ihrem Begründer Jansenius wurde sie Jansenismus genannt. Einige ihrer Lehren wurden von der Kirche verurteilt, aber besonders in Frankreich gewann der Jansenismus Einfluß durch die Unterstützung bedeutender Persönlichkeiten.
Walter Nigg vermutet in seiner Biographie, daß Johannes Maria Vianney bei Pfarrer Balley unter den Einfluß der jansenistischen Frömmigkeit geraten ist. Von daher ist dann die Strenge gegen sich selbst zu verstehen: Fasten, Schlafentzug und Geißelung bis zur Schädigung der Gesundheit.
In seinen Predigten gab Vianney anfangs der Versuchung nach, Angst einzuflößen, indem er die Hölle in flammenden Farben ausmalte, um die Hörer an den Rand der Verzweiflung zu führen: »Wie viele Seelen in der Hölle ... Die Sünder stürzen ständig zu Tausenden hinein ... Wie viele Christen sind jetzt schon verloren.«
Anfangs war Pfarrer Vianney auch im Beichtstuhl hart und streng, verweigerte manchmal die Lossprechung. Dann empfand er immer mehr Mitleid, und er führte die Sünder zur Liebe Gottes. Katharina Lassagne schreibt: »Er liebte alle, aber er hegte eine besondere Zuneigung zu den großen Sündern.«
Im Alter hat Pfarrer Vianney manche »Jugendtorheiten« und »Übertreibungen« bedauert. Aber sein Leben weist doch darauf hin, daß Christen anders leben als Ungläubige. Walter Nigg gibt zu bedenken: »Der heutigen Christenheit würde eine Spritze jansenistischer Frömmigkeit – nicht jansenistischer Theologie! – ganz gewiß nicht schaden.«

Die Erfahrung der eigenen Nichtigkeit

Zahlreiche Menschen betrachten heute die Idee der Selbstverwirklichung als ihr Lebensprogramm. Ihnen muß die Gestalt des Pfarrers von Ars wie verrückt erscheinen. Gott hatte ihm 18 Monate lang die Erkenntnis seiner eigenen Nichtigkeit geschenkt. Dieser Anblick seines Nichts hat ihn davor bewahrt, bei seinen gewaltigen Erfolgen in der Seelsorge dem Hochmut zu verfallen. Demut und geistliche Fruchtbarkeit gehören zusammen. Katharina Lassagne bezeugt: »Der Herr Pfarrer war in seinen Augen so klein, so nichtig und unbedeutend, daß es dem Heiligen Geist gefallen hat, diese Leere mit seiner Überfülle von wunderbarem Licht auszufüllen.«
Eine tiefe Wahrheit des christlichen Lebens ist uns weithin verlorengegangen: das geistliche Leben beginnt mit der Erkenntnis der eigenen Armut. Johannes Maria Vianney sagt: »Man muß ganz einfach beten und sagen: Mein Gott, du kennst meine arme Seele, die nichts hat, die nichts kann; gib mir die Gnade, dir zu dienen und zu erkennen, daß ich nichts bin.«

Gebet der Armut

Jesus hat die geistlich Armen seliggepriesen (Matthäus 5,3) und ihnen das Himmelreich zugesagt. Im Erkennen und Annehmen der eigenen Armut und Unfähigkeit liegt der Angelpunkt im Leben des Pfarrers von Ars. In der radikalen Armut kann der Geist Gottes sein Wirken beginnen. Solange der Mensch meint, er könne im Grunde sein Leben selbst ordnen, ist er nicht offen für Gottes Führung. Wenn aber Hände und Herz völlig leer und kraftlos sind, bleibt nur noch der Schrei nach Gott; dann beginnt das Gebet der Armut.
Es gehört zu den unergründlichen Geheimnissen Gottes, daß er selber Menschen immer tiefer in diese Armut führt. Aus dieser Armseligkeit, unserer Schwachheit, Unfähigkeit und Sünde steigt ein Gebet auf, das von aller Selbstgefälligkeit und Selbstgerechtigkeit frei ist, ganz Geschenk und Gabe des gütigen Gottes. Wer sich so vor Gott öffnet und sich vorbehaltlos zur Verfügung stellt, den

führt Gott in Wüste, Dunkelheit und Verlassenheit, damit er ihn im fruchtbaren Tal der Armut und Demut zur Vollkommenheit läutern kann. In der Nacht der Sinne und der Nacht des Geistes erfährt der Gläubige seine äußerste Armut und zugleich seine tiefste Nähe zu Gott. Der Pfarrer von Ars sagt: »Ich habe kein besseres Zeichen, daß jemand im geistlichen Leben fortschreitet, als wenn er seine Armut erkennt und sie liebt.«

Das Gebet der Armut empfängt Früchte der Ermutigung und des Trostes. Im Beichtstuhl sagte Pfarrer Vianney manchmal: »Ich bin ein viel größerer Sünder als Sie: haben Sie keine Furcht, sich anzuklagen!« Einem Mitbruder, der ihm in seinem Erfolgsneid einen bösen Brief schrieb, antwortete Vianney: »Mein inniggeliebter und sehr verehrter Mitbruder! Wieviel Grund habe ich, Sie zu lieben! Sie sind der einzige, der mich wirklich kennt. Da Sie so gut und lieb sind, daß Sie sich sogar meiner armen Seele annehmen, so helfen Sie mir doch, eine schon längst erflehte Gnade zu erwirken. Ich möchte nämlich von einem Posten, dessen ich infolge meiner Unwissenheit nicht würdig bin, versetzt werden und mich in einen stillen Winkel zurückziehen, um dort mein armes Leben zu beweinen.«

Das Gebet der Armut bringt Früchte hervor, die den Geist des Evangeliums Jesu ausstrahlen.

Geist der Kindschaft

Jesus hat das Kind-sein als entscheidende Haltung auf dem Weg zu Gott gepriesen. Sein Leben lang hat der Pfarrer sein kindliches Herz behalten. Er blieb vor den falschen Hemmungen vieler Erwachsener bewahrt. So konnte er weinen mit den Trauernden und den Sündern, in der Erinnerung an liebe Menschen und vor allem beim Gedanken an die unendliche Liebe Gottes. Und er konnte wunderbar lächeln und sich kindlich freuen über alles Gute und Schöne.

Sein einfältiges Herz blieb vor der Bosheit bewahrt. Erst im Beichtstuhl lernte er die Sünde kennen, und man spürt an seinen frühen Reaktionen, wie er vor dem Bösen zu Tode erschrak. Wie groß ist der Schock eines Kindes, das zum ersten Mal gelogen hat! Wenn es sich an die Lüge gewöhnt hat, vergeht der Schrecken. Maria, die ohne Sünde empfangene Jungfrau, hat sich als einziger Mensch nie an die Sünde gewöhnt, sie blieb frei von den Folgen der Erbsünde, ganz und gar Kind Gottes. Der Pfarrer von Ars weihte seine Pfarrkinder der Mutter Maria, indem er alle Namen auf ein Seidenband schrieb, dieses in ein vergoldetes Herz einschloß, das er eigenhändig der Marienstatue umhängte.

Gebet der einfachen Gegenwart

Jesus hat ganze Nächte im Gebet verbracht. Manchen Christen erscheint dies unvorstellbar, da sie nicht wissen, was sie in dieser Dauer tun sollen. Für den Pfarrer von Ars bedeutete beten: im Hauch der Gegenwart Gottes leben. »Wir müssen eher das Atmen aufgeben, als daß wir die Gegenwart Gottes verlieren.« Wenn er vor dem Tabernakel kniete, vergaß er seine Umgebung. Madame Alix de Belvey, die ihn lange beobachtete, sagte: »Sein Gebet war eher das des Herzens als des Verstandes und der Überlegung.«

Hierher gehört auch die Geschichte von dem einfachen Bauern aus Ars, der lange Zeit in der Kirche verbrachte und den der Pfarrer fragte, was er dort tue. Seine Antwort: »Herr Pfarrer, ich schaue Gott an, und er schaut mich an.«

Hier stoßen wir auf das wesentliche Gebet, dessen tiefste Wurzel der Apostel Paulus benennt: der Geist Gottes selber betet in uns mit unaussprechlichen Worten (Römer 8,26).

Diese Wurzel des Herzensgebetes ist vielen Christen unbekannt geblieben. Sie meinen, sie müßten »viele Worte machen« und so Gott gleichsam zufriedenstellen. Beten ist viel einfacher: sich der liebenden Gegenwart Jesu aussetzen wie sich ein naßer Vogel der Sonne aussetzt – ein Bild der heiligen Therese von Lisieux. Von dieser Wirklichkeit war der Pfarrer von Ars zutiefst durchdrungen. Manchmal blieb er in einer Predigt stecken, fand nicht die richtigen Worte für das, was ihn bewegte. Dann streckte er seine Hand zum Tabernakel hin und wiederholte nur: »Er ist da, er ist da.«

Über das Gebet sagte er einmal: »Man muß nicht viele Worte

machen, um gut zu beten. Man weiß, daß der liebe Gott da ist, im heiligen Tabernakel; man öffnet ihm sein Herz, und man ist froh in seiner heiligen Gegenwart. Ja, das ist das beste Gebet.«
Die Verbindung mit Gott endet allerdings nicht am Kirchenportal. Gott ist nahe auch im Alltag und bei allen Beschäftigungen. Der Pfarrer von Ars warnte davor, unter dem Deckmantel der Frömmigkeit die alltäglichen Pflichten zu vernachlässigen. Wenn einer draußen zu arbeiten hat, soll er nicht in der Kirche beten. Vianney sagte einmal: »Ein wohlunterrichteter Christ läßt sich von zweierlei führen: vom Hausverstand und vom Gehorsam.« In seinem eigenen Leben hat Johannes Vianney den starken Wunsch nach Gebet in der Einsamkeit unterdrückt, um den Menschen in harter Arbeit als Priester zu dienen. Diese Haltung gehört zum Geist der einfachen Gegenwart.

Gebet und Buße als Mittel der Bekehrung

Manche Pfarrer und Verantwortlichen in der Kirche versuchen heute verzweifelt, die Gemeinden durch alle möglichen Aktionen zu erneuern, die Kirchen zu füllen und das religiöse Leben in »Schwung« zu bringen. Der Pfarrer von Ars hat seine Gemeinde durch Gebet und stellvertretende Buße verwandelt. Als ihm ein Mitbruder seine Not in der Seelsorge klagte, antwortete er: »Haben Sie gebetet, haben Sie geseufzt, haben Sie geweint? Haben Sie gefastet, haben Sie (in der Nacht) gewacht, haben Sie auf dem harten Boden geschlafen? Haben Sie sich gegeißelt? Glauben Sie nicht, daß Sie alles getan haben, solange Sie noch nicht so weit gegangen sind.«
Als er einmal gefragt wurde, wie er es mit der Buße im Beichtstuhl halte, antwortete er: »Mein Freund, hier ist mein Mittel: ich gebe Ihnen eine kleine Buße auf, den Rest leiste ich selbst für Sie.«
Warum haben wir heute die Stellvertretung vergessen? Auch wenn nicht jeder das strenge Fasten des Pfarrers von Ars aushält, so gibt es doch viele Wege der stellvertretenden Buße. Dazu gehört auch die geduldige Annahme von Krankheit, Leid und Bedrückung, von täglichen Sorgen und Problemen. Pfarrer Vianney sagte einmal: »In der Stunde des Todes werden Sie sehen, daß Sie durch diese

Krankheit mehr Seelen gerettet haben als durch alle begeisternden Werke, die Sie als Gesunder wirken würden.«

Im heiligen Pfarrer von Ars begegnen wir einer Herausforderung Gottes, indem wir ein wenig mehr unsere Armut erkennen. So können wir in seine Aussage einstimmen: *»Der Mensch ist ein Armer, der Gott um alles bitten muß.«*

Literatur

Franz Burger, Johannes Maria Vianney. Der Heilige Pfarrer von Ars, Feldkirch o. J.

Jean de Fabrègues, J. M. Vianney. Der Zeuge von Ars, Freiburg 1957

Walter Nigg, Der Pfarrer von Ars, Freiburg 1992

André Ravier/Helmuth Nils Loose, Der Pfarrer von Ars, Freiburg 1982

Gérard Rossé, Der Pfarrer von Ars an seine Gemeinde, München 1980

Francis Trochu, Die Seele des hl. Pfarrers von Ars, Gröbenzell 1979

Ders., Die geheimnisvollen Erleuchtungen des hl. Pfarrers von Ars, Gröbenzell 1979

Treue im Alltag

MADELEINE DELBRÊL

(1904–1964)

Christian Feldmann

»Man hat gesagt: ›Gott ist tot.‹ – Weil das wahr ist, muß man auch redlich genug sein, nicht mehr so zu leben, als ob er lebte ... Wir wissen jetzt, woran wir sind. Auch wenn wir den Weg unseres künftigen Lebens nicht kennen, eines wissen wir: Es wird klein sein, ein unbedeutendes Leben ... Gott dauerte, jetzt dauert allein der Tod; jetzt ist der Tod allgegenwärtig, unsichtbar, wirksam; er versetzt einen winzigen Schlag und tack: Die Liebe hört auf zu lieben, der Gedanke zu denken, ein Säugling zu lächeln ... und nichts ist mehr da.«

Als sie sich mit diesen tristen Sätzen von allen Illusionen verabschiedete, war die am 24. Oktober 1904 in Mussidan (Südfrankreich) geborene Madeleine Delbrêl ganze siebzehn Jahre alt und studierte bereits Philosophie und Sozialwissenschaften an der Pariser Sorbonne. Ein richtiges frommes Milieu im Sinn eines behüteten Gettos hatte sie nie gekannt. Aufgewachsen war sie in einer gutbürgerlichen, ungläubigen Bahnbeamtenfamilie. Von Tag zu Tag, so erinnert sie sich, habe sie die Welt absurder gefunden.

Doch die Sehnsucht blieb. Die von Gott und der Menschheit enttäuschte junge Atheistin hörte nicht auf zu fragen. Madeleine: »Zu dieser Zeit hätte ich die ganze Welt preisgegeben, um zu erfahren, was ich darin trieb.«

Als sie zwanzig war, fiel die Erkenntnis in ihr Leben ein wie ein Blitzstrahl. Wir wissen nicht, was da genau passierte; engagierte Christen in ihrer Umgebung scheinen sie beeindruckt zu haben, sie fand Gott nicht mehr so »strikt unmöglich«, sie beschloß zu beten, mit ihm zu reden – und entdeckte »ein unerhörtes, bestürzendes Glück«.

Eine Bekehrung wie aus dem Bilderbuch. Doch eine »Milieuchristin« ist die Delbrêl nie geworden. Glaube war ihr weder selbstverständliche Gewohnheit noch selbstgerecht beanspruchter Besitz. Sie blieb eine Fragende, eine Suchende; sie liebte die Kirche, an der sie oft genug litt, aber Christus fand sie eher in den ganz banalen Sorgen und Nöten ihrer Mitmenschen als in Riten und Formeln. Heute gilt sie vielen nicht nur in Frankreich als Musterbeispiel einer Christin, die ihren Glauben mitten in einer skeptischen, säkularisierten Umwelt zu leben vermochte – ohne Angst, voller Liebe und in einem mitreißenden Vertrauen.

1933 hatte sie sich zusammen mit zwei Freundinnen entschlossen, »das Evangelium nach dem Urtext zu leben« und das Dasein der einfachen Leute zu teilen. Sie ging als Sozialhelferin in die Arbeiterstadt Ivry in der Bannmeile von Paris. Dort, in der ersten kommunistisch verwalteten Stadt Frankreichs, führte die kleine Gemeinschaft ein offenes »Haus der Begegnung«, baute ein Beratungsnetz auf, organisierte Hilfsdienste. Denn ohne Taten, davon war sie überzeugt, lasse sich die befreiende Botschaft des Evangeliums nicht glaubwürdig verkünden.

Das Evangelium war die Quelle ihres Handelns und nicht das Kommunistische Manifest, wie ihr mißgünstige Anhänger eines behäbigen, verbürgerten Christentums gern unterstellten. Sie ließ sich allerdings vom Einsatz der Marxisten für eine gerechtere Welt »evangelisieren« (Delbrêl), aber sie vermißte das letzte Ziel in diesen Anstrengungen, die Instanz, die verläßlich sagen konnte, daß Liebe und Gerechtigkeit besser sind als Haß und Ausbeutung. Christus war ihr Weg und Ziel geworden. Und wirkliches Glück war nicht von politischen Programmen zu erwarten, sondern nur vom Evangelium, das man viel zu lange hinter Kirchenmauern begraben hatte. In die Welt wollte sie es einwurzeln, im Alltag mußte sich der Glaube bewähren, sollte er seine lebensverändernde Kraft entfalten.

Wir gehören den anderen

Denn auch Christus, gibt sie zu bedenken, habe sich nicht eingeschlossen: »Er ist unter den Menschen gewandelt. Mit mir ist er unter den Menschen von heute gegenwärtig.« Die Welt, die Straße, die Menschenmenge, sie sind »der Ort unserer Heiligkeit«, und es

gibt kein Gebet mehr, bei dem die anderen nicht dabei sind. Egozentrische Christen, die beim Beten allzusehr um die eigene Seele kreisen, ermahnt sie, sie möchten doch Gottes Kinder nicht im Stich lassen, »um mit ihrem Vater schönzutun«!
Steht hinter unserer Sehnsucht, aus dem Alltagstrubel in Gottes Nähe zu fliehen, nicht oft bloß der Wunsch nach der Idylle, ungestört von fremden Sorgen und lästigen Ansprüchen? Ziemlich mitleidlos entlarvt die Delbrêl all diese kleinen Lebenslügen: »Der Platz in der Welt, an den er mich stellt, kann mich nicht hindern, in Gottes Gegenwart zu sein; auch ein Kind auf dem Arm seiner Mutter ist nicht weniger bei ihr, weil sie durch die Menge geht.«
Nicht von Heldentaten irgendwann in ferner Zukunft zu träumen, ist wichtig, sondern wie wir jetzt mit den Menschen neben uns umgehen. Christus ist in der Welt gegenwärtig »durch die Brüder in unserer Nähe, die wir bedienen, lieben, retten dürfen«. Das Evangelium will in uns Fleisch werden, uns bewohnen; »ist es einmal in uns Fleisch geworden, so dürfen wir es nicht bei uns behalten: wir gehören fortan denen, die darauf warten ... Er will wir selber sein, wo immer wir sind.«
Die anderen wichtig nehmen, nicht sich selbst – so schlicht drückt sie das Geheimnis christlicher Radikalität aus: Wer seinen in der Welt zerstreuten Brüdern zwanglos begegnen wolle, dem müsse alles gleichgültig sein außer dem nackten, von eigenen Ansprüchen und Allüren entblößten Glauben. »Diesen Glauben, der uns ganz gewöhnlich macht, geradezu banal, besaßen die Heiligen ... Dann werden wir alles reizvoll finden, was die anderen bewegt, und tugendhaft jene Kühnheit, die uns bisher nicht anzog, und Leute als unsere Brüder betrachten, die uns niemals ähnlich waren. Dann werden jene, die uns auf ihrem Weg begegnen, die Hände nach uns ausstrecken, begierig nach dem Schatz, der in uns sichtbar wird ...«

Glauben heißt Treue im Alltag

Allzuoft, sagt die Delbrêl, habe man aus dem Glauben eine Lehre gemacht, eine Idee, ein Denksystem. Aber: »Unser Herr spricht von einem Leben.« Deshalb buchstabiert sie Glauben als Treue im Alltag; so wird Gottes Gegenwart in der Welt sichtbar. In Madeleines Sprache ausgedrückt, die deshalb so überzeugend klingt, weil sie auf jedes fromme Pathos verzichtet: »Geht hinaus in euren Tag ohne vorgefaßte Ideen und vorausgeahntes Ermatten, ohne Absicht mit Gott, ohne Bescheidwissen über ihn, ohne Begeisterung, ohne Bibliothek, brecht auf, ihm zu begegnen. Brecht auf ohne vorgezeichneten Weg, ihn zu entdecken, denn wißt: man trifft ihn unterwegs und nicht am Ziel. Versucht nicht, ihn nach ausgefallenen Rezepten zu finden, laßt euch selber in der Armut eines banalen Lebens von ihm finden.«

Gott lieben heißt Treue im Alltag – ganz schlicht und oft glanzlos. Beharrlichkeit in den kleinen Dingen statt hochfliegender Pläne. »Jede kleine Unternehmung«, heißt es in einer ihrer bekanntesten Betrachtungen, »ist ein gewaltiges Ereignis, worin uns das Paradies geschenkt wird, das wir weiterverschenken können.

Egal, was wir zu tun haben: ob wir einen Besen oder eine Füllfeder halten. Reden oder stumm sein, etwas flicken oder einen Vortrag halten, einen Kranken pflegen oder auf einer Schreibmaschine hämmern. All das ist nur die Rinde einer herrlichen Realität, der Begegnung der Seele mit Gott in jeder neuen Minute ... Man läutet? Schnell, aufgetan! Gott ist es, der uns lieben kommt. Jemand kommt an? Bitte ... Es ist Gott, der uns lieben kommt. Zeit, sich zu Tisch zu setzen? Gehen wir: es ist Gott, der uns lieben kommt. Lassen wir ihn gewähren.«

Manche ihrer Meditationen hat sie als Gebet formuliert, zum Beispiel die folgende, die sie »Liturgie der Außenseiter« genannt hat:

»Du hast uns heute nacht in dieses Café namens Mondschein geführt. Du wolltest dort einige Stunden in der Nacht du in uns sein. Durch unsere armselige Erscheinung, durch unsere kurzsichtigen Augen, durch unsere liebeleeren Herzen wolltest du all diesen Leuten begegnen, die gekommen sind, die Zeit totzuschlagen ... Das Café ist nun nicht mehr ein profaner Ort, ein Stückchen Erde, das dir den Rücken zuzuwenden schien. Wir wissen, daß wir durch dich ein Scharnier aus Fleisch geworden sind, ein Scharnier der Gnade ... Wir binden uns an dich mit der ganzen Kraft unseres dunklen Glaubens, wir binden uns an sie mit der Kraft eines Herzens, das für dich schlägt, wir lieben dich und sie, auf daß mit uns allen ein Einziges geschehe. Durch uns zieh alles zu dir ...

Danach werden wir die letzte U-Bahn nehmen. Wir werden Leute finden, die dort schlafen. Leid und Sünde sind unentwirrbar in ihr Gesicht geprägt ... Und unser Herz wird immer weiter und immer schwerer von der Last vielfältiger Begegnung, immer schwerer von der Last deiner Liebe, unser Herz, das du gebildet und bevölkert hast mit unseren Brüdern, den Menschen.«
Gewiß, es gebe Leute, die sich von der Welt zurückzögen, »um sie auf neue Weise zu finden und zum Himmel zu heben«. Andere aber fühlten sich berufen, ganz tief in die Welt einzutauchen, »um sich dann mit ihr emporzurecken zum gleichen Himmel«. Menschen in Tuchfühlung mit allem Schmutz und aller Erbärmlichkeit einer trostlosen Erde. Menschen, in denen Gott diese Welt besucht. Madeleines Spiritualität ist mißtrauisch gegenüber allen Fluchttendenzen: »Wenn du die Wüste liebst«, hat sie gesagt, »vergiß nicht, daß Gott die Menschen lieber sind.« Denn um ihn zu finden, muß man nicht in die Einsamkeit gehen, und beten kann man im Lärm der Großstadt genauso gut wie in der Stille der Felder.

Beten an der Haltestelle

Ohne Beten, da ist sich die Delbrêl ganz sicher, gibt es keine Zustimmung zum Glauben, keine Begegnung mit dem lebendigen Christus. Weil das Leben so umtriebig und hektisch geworden sei, müsse das Gebet heute freilich anders aussehen als vor hundert Jahren. »Bohrtürmen« müsse dieses Beten gleichen, schreibt sie einmal, und sie meint damit, daß es auf die Intensität ankomme, weniger auf den Zeitaufwand.
Auch in unserem nervösen Alltag gebe es »Zeitteilchen«, die man, so wie sie sind, nehmen und mit Beten füllen könne. Man »bohrt« in die Tiefe, man taucht zu Gott hinab in konzentrierten Akten des Glaubens, der Hoffnung und der Liebe – beharrlich, immer wieder. »Welche Freude«, betet Madeleine, »zu wissen, daß wir unsere Augen zu deinem Angesicht erheben können, ganz allein, während die Suppe langsam aufkocht, während wir beim Telefon auf den Anschluß warten, während wir an der Haltestelle nach dem Bus Ausschau halten, während wir eine Treppe hinaufsteigen ...«
Wird Gott damit nicht zum Lückenbüßer gemacht? Im Gegenteil,

er taucht ein in die Welt, durchtränkt das ganze Leben, den Alltag, den wir so gern sauber von der mit Gott verbrachten Zeit trennen.

Gott in den Menschen lieben

Und im Hintergrund steht natürlich wieder die unbequeme Einsicht, daß es nicht um den eigenen Seelenfrieden geht, sondern um die tausend lästigen Sorgen der anderen, in denen Gott sich uns nähert. Nur so sei der Gipfel der Gottesliebe zu erklimmen, sagt sie einmal:

»Die einzige Stelle, an der der Berg zu bezwingen ist, ist die Liebe zu den Menschen, die uns ähnlich, aber oft so wenig liebenswert sind, weil sie unserer eigenen Mittelmäßigkeit zu sehr gleichen. Vielleicht empfinden wir ein gewisses Vergnügen, wenn wir zu einer großartigen Demut gelangen, zu einer unbesiegbaren Anspruchslosigkeit, zu einem unerschütterlichen Gehorsam, zu einer außerordentlichen Reinheit; das kann uns ein Gefühl der Zufriedenheit geben.

Aber wenn uns die Demut, die Armut, die Reinheit, der Gehorsam nicht zu gütigen Menschen machen, wenn die Leute im eigenen Haus, in unserer Straße, in unserer Stadt immer noch hungern und frieren, immer noch traurig und niedergeschlagen sind, immer noch einsam dahinleben, dann sind wir vielleicht Helden, aber wir gehören nicht zu jenen, die Gott lieben.«

Die meisten dieser kraftvollen Texte sind erst nach ihrem Tod veröffentlicht worden. Viel Zeit zum Schreiben hatte sie ohnehin nicht. Energischer Tatmensch und hochsensible Zuhörerin zugleich, kümmerte sie sich um jeden »Sozialfall« in Ivry, als wäre es jemand von der eigenen Familie; reiste sie zu Vorträgen und Diskussionen durch ganz Frankreich, suchte sie Kontakte zu den Marxisten, ohne mit ihrer kritischen Meinung hinter dem Berg zu halten.

Sie gründete eine Arbeiter-Produktivgenossenschaft, demonstrierte für politische Gefangene und wirkte an der Ausbildung der französischen Arbeiterpriester mit – schwer enttäuscht, als das Experiment 1954 zunächst einmal von Rom gestoppt wurde, aber unbeirrt in ihrer Liebe zur Kirche.

Sie baute Brücken nach Polen und besuchte die Ableger ihrer kleinen Gemeinschaft in Algerien und an der afrikanischen Elfenbeinküste. Ihr Glaube trieb zum Handeln; deshalb sah sie früher als andere die Brisanz der mörderischen Kluft zwischen Nord und Süd.

Am 13. Oktober 1964 starb Madeleine Delbrêl in Ivry einen raschen, friedlichen Tod, als sie gerade über einer Schreibarbeit saß. Sie war sechzig Jahre alt geworden.

Haltet mir keine Gedenkreden, würde sie ihren Freunden heute sagen, veranstaltet keine Neuausgaben meiner gesammelten Werke; geht einfach hinaus in euren Tag, ohne große fromme Absichten. Seid einfach Gott und den Menschen treu in eurem Alltag – dann findet ihr beide.

Gott ist so stark und nahe

BRUDER LORENZ VON DER AUFERSTEHUNG

(1614–1691)

Günter Benker

In den vergangenen Jahren hat das Interesse an Spiritualität und Mystik deutlich zugenommen. Vielen Menschen genügt es nicht mehr, den christlichen Glauben nur als Weltanschauung oder religiöse Lehre zu sehen. Vielmehr sehnen sie sich, über das einmal gelernte Katechismuswissen und über dogmatische Formeln hinaus, nach Möglichkeiten, mit dem *lebendigen* Gott in Beziehung zu treten, sich von ihm ergreifen, verändern und zur Ganzheit führen zu lassen. Diese Suche nach echter Gotteserfahrung und Gottesbegegnung bestimmt auch das Angebot auf dem »religiösen Markt«. Nie zuvor hatten religiöse und esoterische Strömungen östlicher wie westlicher Prägung einen solchen Zulauf; nie zuvor wurden so viele Kurse und Bücher über Meditationstechniken und Gebetspraktiken, über Selbstfindung und Gotteserfahrung angeboten wie heute. Lebte der französische Karmelitenbruder Lorenz von der Auferstehung in unserer Zeit, wäre er wohl diesbezüglich noch kritischer als er es bereits im 17. Jahrhundert war: »In manchen Büchern hatte ich verschiedene Betrachtungen und Übungen gelesen, wie man zu Gott kommt und ein geistliches Leben führt. Ich fand jedoch, daß mich alles mehr verwirrte, als daß es mir nützte. Ich suchte ja nur eines: ganz Gott anzugehören. Die Sehnsucht bewegte mich so sehr, daß ich es wagte, alles für alles hinzugeben.«[1]

Bruder Lorenz, den die verschiedenen Methoden eher entmutigten als daß sie ihm weiterhalfen[2], begann in sich hineinzuhorchen, seinem eigenen Gespür und seinen inneren Antrieben zu trauen. Auf diese Weise entdeckte er in sich einen ganz einfachen und direkten Weg zu Gott, den er die »Übung der Gegenwart Gottes« nennt, ». . . eine Übung, die nach meiner Meinung das ganze geistliche Leben enthält. Ich bin davon überzeugt, jeder, der sie treu übt und anwendet, steht in kurzer Zeit mitten im geistlichen

Leben ... Wäre ich Prediger, würde ich vor allen anderen Themen dieses eine verkünden: die Vergegenwärtigung Gottes. Wäre ich Seelenführer, würde ich jeden zu ihr hinführen. So notwendig scheint mir diese Übung. Zudem ist sie leicht.«[3] Allen, denen er begegnet, legt Bruder Lorenz diese Übung ans Herz, denn im Unterschied zu den meisten Methoden und Techniken kann jeder sie sich zu eigen machen. Weil Gott jeden Menschen einlädt, seine Gegenwart zu erfahren und in ihr zu leben, kann auch jeder Mensch diese Übung vollziehen, ganz gleich wo er steht, in seinen ganz konkreten Lebensumständen und Aufgaben, in seiner individuellen Persönlichkeit und Eigenart. Die einzige Voraussetzung besteht darin, sich vorbehaltlos für die Nähe Gottes zu öffnen. »Um zu Gott zu kommen, haben wir weder Klugheit noch Wissenschaft nötig. Nur eines tut not: ein redliches, festes Herz, das nichts sucht als ihn ...«[4]

Ein scheinbar unbedeutendes Leben

Bruder Lorenz, der mit bürgerlichem Namen Nicolas Herman hieß, wurde 1614 in Hériménil bei Luneville in Lothringen geboren und von seinen Eltern christlich erzogen. Als junger Soldat des lothringischen Heeres erlitt er im Dreißigjährigen Krieg eine schwere Verwundung am Bein, so daß er den Kriegsdienst aufgeben mußte. Im Alter von 18 Jahren schenkte Gott ihm eine Erfahrung, die sein Leben entscheidend veränderte: »Im Winter betrachtete ich einen Baum, wie er kahl und entblättert dastand, um dann im Frühling Blüten und im Herbst reife Früchte zu tragen. Bei diesem Anblick empfing ich einen so tiefen Eindruck von der Vorsehung und Allmacht Gottes, daß er sich unauslöschlich in mein Inneres senkte.«[5] Die Liebe zu Gott, die durch diese Begebenheit in ihm aufbrach, wurde ihm wichtiger als alles andere, so daß er schließlich 1640 in das Karmelitenkloster zu Paris eintrat. In den ersten zehn Jahren seines Ordenslebens hatte er starke seelische Leiden zu ertragen. Erst die endgültige Wandlung seines Gottesbildes durch die Erfahrung der grenzenlosen und ganz unverdienten Liebe Gottes machte alle noch verbliebenen Ängste, Schuldgefühle und Selbstzweifel zunichte. »Die Annahme, ich sei Gott nicht so ergeben, wie ich es wünschte, meine vergangenen Sünden, die mir immer vor Augen standen, die großen, unverdienten Gnaden, die Gott fühlbar und stark mir zukommen ließ, dies alles war Gegenstand und Quelle meiner Leiden. Während dieser Zeit fiel ich oft, doch ich erhob mich auch wieder, es schien mir, als sei alles gegen mich: die Welt, meine Vernunft, Gott selbst ... Oft wurde ich von dem Gedanken gequält, mein Glaube sei nichts anderes als eine Wirkung meiner Einbildung ... Manchmal glaubte ich, es sei eine willkürliche Täuschung von mir und es gebe für mich keine Erlösung. Als ich schon daran dachte, diesem Leben innerer Qual und Friedlosigkeit – wobei merkwürdigerweise mein Vertrauen auf Gott in keiner Weise erschüttert wurde – ein Ende zu machen, geschah plötzlich das Wunderbare: Eine große Wandlung vollzog sich mit mir. Meine Seele, die bis dahin so unruhig war, fühlte einen tiefen inneren Frieden. Es war, als habe sie ihre innerste Mitte, ihren Ruhepunkt gefunden.«[6] Bis zu seinem Tod am 12. Februar 1691 war Bruder Lorenz im Karmel zu Paris vor allem als Koch und Schuster, aber auch als Pförtner und Bettelbruder tätig. In seinen Briefen und Aufzeichnungen hinterließ er uns wertvolle Gedanken und Hilfen für das Leben in der Gegenwart Gottes.

Lust haben an Gott, der in uns wohnt

»Die heiligste, die hauptsächlichste und die nötigste Übung im geistlichen Leben ist die göttliche Gegenwart, daß man nämlich seine Lust habe an seiner göttlichen Gesellschaft und an dem Umgang mit Ihm ..., sich mit liebreicher Zuneigung des Herzens mit Ihm unterrede, und zwar zu allen Zeiten, ja jeden Augenblick, ohne Regel oder Maß ...«[7] Bruder Lorenz ist aufgrund seiner Erfahrung überzeugt, daß der einfachste und sicherste Weg zu Gott darin besteht, sich dessen liebende Gegenwart, so oft es nur geht, bewußtzumachen. Zugleich nennt er die wichtigste Motivation für die Übung der Gegenwart Gottes: Lust haben an Gott. Um aber Lust an Gott zu bekommen, ist es nötig, ihn kennenzulernen. Deshalb schreibt Bruder Lorenz: »Dies soll unser Anliegen sein: Gott zu erkennen ... Da die Erkenntnis im allgemeinen das Maß der Liebe ist, wird diese Liebe um so größer, je tiefer und umfassender unsere Erkenntnis ist.«[8]

Wir lernen Gott am besten dadurch kennen und lieben, daß wir unser persönliches Gottesbild an den Worten und Taten Jesu überprüfen. Jesus will uns durch seine Verkündigung und sein Handeln, durch sein Zugehen auf die Gescheiterten und die Sünder, vor allem aber durch seinen Tod für die Erlösung aller Menschen deutlich machen, daß Gott ein liebender Vater ist, der sich nach uns Menschen sehnt und der das Glück jedes einzelnen will. Stimmt unser Gottesbild mit dieser Verkündigung Jesu überein, oder sitzen vielleicht tief in unserem Innern noch die bedrückenden Vorstellungen vom zornigen, beleidigten und strafenden Richter- und Buchhalter-Gott, die uns mißtrauisch machen und Lust an der Vergegenwärtigung Gottes gar nicht erst aufkommen lassen? Bruder Lorenz konnte angesichts der Erfahrung der grenzenlosen Liebe Gottes diese falschen Gottesbilder loslassen. Deshalb versucht er immer wieder, das Vertrauen in den guten und barmherzigen Vater, wie Jesus ihn uns offenbart hat, zu wecken: »Wir haben einen Gott, der ganz Erbarmen ist, er kennt alle unsere Bedürfnisse.«[9] »Er ist immer bereit, uns in seine Arme aufzunehmen.«[10]

Wer zu erkennen anfängt, daß Gott die Liebe ist, und wer zu ahnen beginnt, welches Glück die Gemeinschaft mit Gott für den Menschen bedeutet, wird Lust auf Gott bekommen und keine Anstrengung scheuen, seine Gegenwart zu suchen. »In der Welt gibt es kein Leben, das so wunderbar und unbegreiflich ist wie der ständige Umgang mit Gott. Das begreifen nur jene, die diese Nähe bei Gott suchen und seine Herrlichkeit an sich erfahren.«[11]

Bruder Lorenz läßt uns nicht im unklaren darüber, wo wir Gottes Gegenwart suchen und finden können, nämlich zuallererst in uns selbst. »Er ist in uns – warum suchen wir ihn anderswo?«[12] »Wir brauchen die beglückende Erkenntnis, daß Gott in uns, in unserem tiefsten Seelengrund wohnt, und daß wir uns dort jeden Augenblick an ihn wenden können.«[13] Wer der Liebe Gottes Vertrauen schenkt und sich an ihr zu freuen beginnt, ist vorbereitet, sich auf die Gegenwart Gottes im eigenen Herzen, aber auch in der Welt, einzulassen.

Des öfteren erzählt Bruder Lorenz in seinen Gesprächen, Briefen und Schriften, wie er zum beständigen Verweilen in der Gegenwart Gottes gelangt ist.[14] »Die Sehnsucht bewegte mich so sehr, daß ich es wagte, alles für alles hinzugeben! Ich übergab mich ganz Gott ... Aus Liebe zu ihm verzichtete ich auf alles – was er nicht war ... Ich betete ihn an, sooft ich nur konnte. Ich sammelte meinen Geist in seiner heiligen Gegenwart und rief meine Gedanken zurück, sooft ich mich dabei ertappte, daß sie sich nicht mit ihm beschäftigten. Diese Übung war anfangs sehr schwer. Doch ich setzte sie fort, trotz der vielen Schwierigkeiten, die sich mir entgegenstellten. Ich ließ mich nicht stören oder beunruhigen, daß mein Geist, oft gegen meinen Willen, zerstreut war. So verharrte ich den ganzen Tag über, bei der Arbeit und in den ... Gebetsstunden. Immer, jede Stunde, jede Minute, selbst im Gedränge wichtigster Arbeiten, verbannte ich aus meinem Geist, was meine Gedanken an Gott unterbrechen konnte. Das war meine gewöhnliche Übung seit jenem Tag, an dem ich das geistliche Leben begann. Ich weiß, ich habe diese Übung sehr unvollkommen ausgeführt, trotzdem habe ich starke und spürbare Fortschritte durch sie gemacht. Sicher sind diese allein das Werk der Gnade und Güte Gottes, weil wir ohne ihn nichts vermögen. Ich vermag noch weit weniger als andere. Aber wenn wir treu sind im Vorsatz, in seiner Gegenwart zu sein, und ihn stets vor unserem geistigen Auge haben, ... erlangen wir eine heilige Freiheit, ein Umgehen mit Gott wie mit einem Freund. Bitten wir ihn um seine Gnade und seine Hilfe, und siehe! – sie ist schon da. Wiederholen wir diese Akte immer wieder, dann werden sie uns zur Gewohnheit, und die Gegenwart Gottes gehört so sehr und innig zu uns, als wäre dies das Natürlichste auf der Welt.«[15]

In dieser ausführlichen Schilderung bringt uns Bruder Lorenz die Wesenszüge seiner »Übung der Gegenwart Gottes« nahe. Als erstes betont er den festen Entschluß, Gott und seiner Liebe nichts anderes vorzuziehen. Es geht ihm dabei nicht um eine Abwertung der übrigen Dinge und Beziehungen des Menschen, sondern einzig und allein darum, daß Gott den ersten Platz in unserem Leben erhält, weil nur er Erfüllung, Sinn und Ziel unseres Daseins ist. Sehr viel hängt von dieser Entschlossenheit ab, sich Gott – der wahren

Mitte unseres Lebens – ganz hinzugeben. »Die vollständige Preisgabe des Menschen an Gott ist der sicherste Weg zu ihm, ein Weg, auf dem uns immer ein Licht leuchtet, so daß wir den Pfad sehen, den wir zu wandeln haben.«[16] »Das allein tut not: ein kühner, fester Entschluß, allem ein für allemal zu entsagen und uns Gott zu übergeben, mit dem wir von jetzt an ständig umgehen dürfen. Ein vertrauensvoller Verkehr muß es sein, ohne hohe Geheimnisse, lauter und rein!«[17] Bruder Lorenz ermuntert uns: »Um bei Gott zu sein, ist es nicht nötig, immer in einer Kirche zu weilen. In unserem Herzen können wir eine stille Kammer des Gebets aufschlagen, wohin wir uns von Zeit zu Zeit zurückziehen und mit ihm liebende Zwiesprache halten. Jeder kann ganz nahe mit Gott umgehen; der eine mehr, der andere weniger ... Beginnen wir also! Vielleicht wartet er auf einen hochherzigen Entschluß bei uns. Warum wollen wir den Einsatz nicht wagen?«[18] Wer von Anfang an entschieden und konsequent ist, wird sich um so leichter in die Gegenwart Gottes versenken können.
So sehr Bruder Lorenz auf eine feste Entschlossenheit drängt, so sehr pocht er auch darauf, daß diese in Freiheit, mit Klugheit und Maß verwirklicht wird, nicht verkrampft und zwanghaft. Wir sollen »uns in keiner Weise einen Zwang auferlegen und Gewalt antun. Wir müssen vielmehr Gott dienen in heiliger Freiheit.«[19] Wir dürfen nicht der Versuchung eines übertriebenen Eifers erliegen, schneller voranschreiten zu wollen als es gut für uns ist; schließlich »kann man nicht auf einmal heilig werden«.[20] Im Wissen darum, daß Gott uns führt und uns die Zeit läßt, die wir brauchen, können wir gelassen und geduldig unseren Weg gehen.
Die Übung der »Gegenwart Gottes ist ein Hinkehren des Gemüts zu Gott oder ein Denken an den gegenwärtigen Gott; sie geschieht also entweder durch die Vorstellungskraft des Gemüts oder durch den Verstand«.[21] Die eigentliche Übung der Gegenwart Gottes besteht also darin, daß wir uns beständig mit Verstand oder Gemüt an das Dasein Gottes erinnern und uns ihm als unserem geliebten Du freundschaftlich zuwenden. »Erinnern Sie sich daran, ich habe Ihnen immer empfohlen, oft an Gott zu denken, Tag und Nacht, bei all Ihrer Arbeit, in allen Ihren Vergnügungen und Zerstreuungen, er ist Ihnen stets nahe, er ist immer bei Ihnen.«[22] »Er verlangt keine großen Opfer von uns: von Zeit zu Zeit ein wenig an ihn den-

ken ...: manchmal ihn um seine Gnade bitten, manchmal ihm unsere Sorgen anvertrauen, ein andermal wieder ihm Dank sagen ... – mitten in Ihren Plagen und Mühen. Er bittet Sie, bei ihm Trost zu holen, so oft Sie können. Halten Sie ihm Ihr Herz entgegen, selbst bei den Mahlzeiten oder auch wenn Sie in Gesellschaft sind – auch das geringste Gedenken nimmt er an. Sie brauchen nicht laut nach ihm zu rufen: Er ist uns näher als wir denken.«[23]

Bruder Lorenz empfiehlt einen möglichst natürlichen Umgang mit Gott, wie mit einem Freund oder einem geliebten Menschen, mit dem wir unser Leben teilen: »Man muß mit der größten Einfachheit mit Gott umgehen, freimütig und offen mit ihm reden und seine Hilfe von ihm begehren in allem, was uns trifft. Er wird sie uns nie versagen. Oft habe ich das an mir erfahren.«[24] Zu jeder Zeit und bei jeder Gelegenheit sollen wir mit Gott in Beziehung treten, wenn auch nur für einen Augenblick: »Es ist schon genug, das Herz ein wenig zu Gott zu erheben. Ein kleines Gedenken, ein Akt innerer Versenkung, ... sind Gebete, die – mögen sie noch so kurz sein – von Gott angenommen werden ... Niemand merkt es, und nichts ist leichter, als öfters am Tag diese kleinen Akte der inneren Anbetung und Versenkung zu wiederholen.«[25]

Bruder Lorenz rät besonders den Anfängern, sich daran zu gewöhnen, den ganzen Tag über kleine Stoßgebete an Gott zu richten, die aus dem Herzen kommen. »Für die, die sich hierin zu üben anfangen, wird es nicht undienlich sein, etliche, wenige Worte zu gebrauchen, wie zum Beispiel: Mein Gott, ich bin ganz Dein eigen! O Gott der Liebe, ich liebe Dich von ganzem Herzen! Herr, bilde mich nach Deinem Herzen! oder sonstwie andere Worte, die die Liebe schon ohne Nachsinnen hervorbringt.«[26] Je weiter jemand in der Übung der Gegenwart Gottes vorankommt, desto mehr wird er von den Worten weg zu einem stillen, verliebten Anschauen Gottes kommen. »Man muß eine besondere Sorge tragen, daß man keine äußeren Verrichtungen vornehme, ohne daß dieses inwendige Anschauen Gottes in uns vorgehe, wenn es gleich nur einen Augenblick wäre; daß dies auch die Verrichtungen von Zeit zu Zeit begleite und daß sie alle damit enden ... So müssen wir ... mit dem Herzen und in dem Herzen, dieses kurze inwendige Anschauen auszuüben trachten, doch, wie schon gesagt, so, daß es ohne Anstrengung und Kunst geschehe, damit es auch desto leichter falle.«[27]

Wir können die Wirkung dieser Übung gar nicht unterschätzen, denn wer sie treu und beharrlich vollzieht und sich »tausend- und aber tausendmal den Tag über«[28] einen Augenblick lang Gott liebevoll zuwendet, wird immer mehr von der Nähe Gottes durchdrungen bis er schließlich im andauernden Bewußtsein der Gegenwart Gottes lebt. Egal was er tut und wo er sich befindet, er weiß sich getragen und geborgen von Gott, der in ihm wohnt und wirkt. »Wiederholen wir diese Akte (der Hinwendung zu Gott) immer wieder, dann werden sie uns zur Gewohnheit, und die Gegenwart Gottes gehört so sehr und innig zu uns, als wäre dies das Natürlichste auf der Welt.«[29] Von sich kann Bruder Lorenz sagen: »Schließlich gelangte ich in einen Zustand, in dem es für mich ebenso schwierig war, nicht an Gott zu denken – wie es mir früher schwerfiel, mich an seine Nähe zu gewöhnen.«[30]

Die Liebe überwindet jede Schwierigkeit

Bruder Lorenz verschweigt nicht, daß die Übung der Gegenwart Gottes vor allem am Anfang Mühe und Anstrengung bereitet. Deshalb ist es ja wichtig, sich fest entschlossen auf den Weg zu machen, den Blick auf das Ziel der beständigen Gemeinschaft mit Gott gerichtet. »Damit wir uns daran gewöhnen, mit Gott ständig umzugehen, und alles, was wir tun, vor ihm zu tun, müssen wir uns anfangs mit Beharrlichkeit immer wieder ihm zuwenden. Nach einiger Mühe finden wir bald, wie seine Liebe in uns wirksam wird und uns zu neuer Liebe anhält, die jede Schwierigkeit überwinden hilft.«[31] Wer die Vergegenwärtigung Gottes geduldig übt, wird erleben, wie sich ein Wandel in ihm vollzieht.[32] Durch die Liebe zu Gott und die intensive Beziehung mit ihm wird er dem ähnlich, den er in sich gegenwärtig weiß. Gottes Gnade wird in ihm mächtig und führt ihn zum »verliebten Schauen des allgegenwärtigen Gottes, was dann die allerheiligste, die gründlichste, die allerleichteste und allerkräftigste Art des Gebets ist«.[33]

Verschiedentlich geht Bruder Lorenz auf die große Schwierigkeit der Zerstreuung ein, weil er an sich selbst erfahren hat, wie rasch irgendwelche Gedanken die Beschäftigung mit der Gegenwart Gottes stören und behindern, vor allem in den Zeiten der Stille und des Gebetes. »Hat unser Denken die schlechte Gewohnheit der Zerstreuung, des Umherschweifens angenommen, ist es natürlich schwer, solchen Gewohnheiten beizukommen, vor allem in der ersten Zeit, wenn wir ernsthaft beginnen, uns dem Leben der Betrachtung hinzugeben ... Ich gebe Dir nicht den Rat, beim Beten viele Worte zu machen, gesprochene Worte führen oft zur Zerstreuung. Verhalte Dich im Gebet vor Gott wie ein armer, stummer, gelähmter Bettler an der Tür eines reichen Mannes. Dein innerster Wunsch sei, Deine Gedanken in der Gegenwart Gottes zu halten. Wenn diese Dich manchmal zerstreuen und von ihm abschweifen, beunruhige Dich darüber nicht allzusehr. Ärger und Unruhe zerstreuen eher das Denken, als daß sie es sammeln ... Ein Mittel, um unsere Gedanken jederzeit leicht zur Zeit des Gebets zu sammeln und sie in Ruhe zu bewahren, ist: Man soll sie zu andern Zeiten nicht zu weit schweifen lassen. Halte Deine Gedanken fest in der Gegenwart Gottes und gewöhne Dich daran, von Zeit zu Zeit an ihn zu denken. Du wirst dann finden, daß es leicht ist, die Gedanken zur Zeit des Gebets gesammelt zu halten oder sie aus der Zerstreuung wieder zur Sammlung zurückzuführen.«[34]

Gott ist in allem gegenwärtig

Die Übung der Gegenwart Gottes hat nicht nur den großen Vorzug, daß sie immer und überall ohne äußeren Aufwand praktiziert werden kann, sie überwindet dadurch auch die so sehr verbreitete Spannung von Kontemplation und Aktion. Meist sind wir doch gewohnt, die Zeiten der ausdrücklichen Hinwendung zu Gott (Gottesdienst, Gebet, Bibellesung) säuberlich zu trennen von unseren alltäglichen Beschäftigungen und unserer sonstigen Lebensgestaltung. So kommt es zu einem Nebeneinander von Gottesbeziehung und Leben. Das Anliegen des Bruder Lorenz besteht jedoch gerade darin, unser gesamtes Leben in allen seinen Bereichen mit Gott zu verbinden. »Es ist ein großer Irrtum zu glauben, die Zeit des Gebets müsse sich von der übrigen Zeit unterscheiden. Nein! Es ist uns aufgegeben, bei Gott zu sein zur Zeit der Arbeit durch die Arbeit und zur Zeit des Gebets durch das Gebet. Beten ist nichts anderes als wissen und spüren, daß man in Gottes Gegenwart ist, daß man ... sich hingibt an die göttliche Liebe.«[35] Es gilt also, Gott in allem zu entdecken und zu lieben, alles mit Gott und aus Liebe zu ihm zu tun. »Ich kenne keinen besseren Weg zu Gott als den: Tu das, was dir dein Beruf oder dein Geschäft Tag für Tag aufgibt ... nur aus Liebe zu Gott ... Werden wir nicht müde, alle Dinge – auch die kleinen und die kleinsten – aus Liebe zu Gott zu tun. Er sieht nicht, wie wir, auf die Größe des Werks, sondern auf die Liebe, mit der wir es tun. Es darf uns nicht beirren, wenn uns im Anfang nicht alles gelingt.«[36]

Durch die Liebe zu Gott fand Bruder Lorenz sogar Freude an seiner Arbeit in der Küche, gegen die er anfangs »die größte Abneigung«[37] hatte: »Ich wende meinen kleinen Pfannkuchen in der Pfanne aus Liebe zu Gott um. Wenn er fertig ist und ich nichts zu verrichten habe, so werfe ich mich zur Erde und bete meinen Gott an, von dem mir die Gnade, diesen Pfannkuchen zu machen, gekommen ist, wonach ich mich dann viel vergnügter als ein König wieder aufrichte. Wenn ich nichts anderes kann, ist es mir genug, einen Strohhalm aus Liebe zu Gott von der Erde aufgehoben zu haben.«[38]

Es gibt nichts in unserem Leben, was nicht auf Gott hin durchsichtig werden kann. Wir müssen nur anfangen, uns bei allem, was wir tun, an Gott zu erinnern, alles zu ihm in Beziehung zu setzen und die Liebe zu ihm zum Beweggrund unseres Handelns zu machen. Der kürzeste »Weg, der unmittelbar zu Gott führt«, ist: »alles aus Liebe zu ihm zu tun«.[39]

Auch was Gebetszeiten, Gottesdienste und Frömmigkeitsformen betrifft, so vertritt Bruder Lorenz entschieden seinen Grundsatz, daß die Liebe zu Gott deren einziger Sinn und Maßstab ist: »Viele machen deshalb keine rechten Fortschritte im christlichen Leben, weil sie in Bußübungen oder anderen besonderen Übungen steckenbleiben und die Hauptsache vergessen: daß nämlich die Liebe zu Gott einzig und allein Zweck und Ziel solcher Übungen ist. Wird dies nicht beachtet, zeigt es sich bald in den Handlungen und Werken dieser Menschen. Daher finden wir so wenig echte Tugend.«[40]

Bruder Lorenz weiß, daß bestimmte religiöse Formen vor allem für den Anfänger von großem Nutzen sein können, aber er warnt eindringlich vor der Gefahr, von ihnen abhängig zu werden und das Eigentliche aus den Augen zu verlieren: »Es ist notwendig, daß wir unser Vertrauen auf Gott setzen und alle andern Sorgen und Gedanken beiseite legen – auch die besonderen Übungen der Frömmigkeit. So gut sie an sich sind, sie dürfen nicht zu sehr in den Vordergrund treten, denn sie werden sonst leicht zur Gewohnheit. Im Grunde sind besondere Andachten nur Mittel zum Ziel. Das Ziel ist Gott. Sind wir durch die Vergegenwärtigung Gottes unmittelbar bei ihm, der unser Ziel ist, was sollen da noch die Mittel? Halten wir uns in seiner Gegenwart auf, dann können wir die Übungen unserer Liebe und Andacht fortsetzen: sei es durch einen Akt der Anbetung des Lobes, des sehnsüchtigen Verlangens, sei es durch Hingabe oder Danksagung und andere Formen, die wir im einzelnen selbst auswählen können.«[41]

Zu einer solch freien, persönlichen Freundschaft mit Gott ermutigt Bruder Lorenz auch in einem anderen Brief: »Halten Sie sich ..., bitte, nicht überängstlich an vorgeschriebene Formen oder bestimmte Andachtsübungen. Vollziehen Sie alles im Glauben an Gott, aus Liebe zu ihm und voll Demut vor ihm.«[42] Über sich selbst schreibt er: »Ich habe alle äußeren Formen und Übungen der Andacht aufgegeben sowie die festgesetzten Gebete, ausgenommen jene, zu denen mich mein Stand verpflichtet. Mein einziges Tun ist, in seiner heiligen Gegenwart zu verharren, indem ich immer auf die Nähe Gottes achte und mich in ganzer Hingabe in ihn versenke. Da ist Gott so stark und nahe um mich – oder wie soll ich es sagen? –, da ist die Seele so schweigend und tief, so still und beständig im Sprechen mit Gott, daß ich es nur noch wahrnehmen kann an dem starken, warmen Strom tiefer Freuden, die innerlich von mir Besitz ergreifen und oft so stark nach außen drängen, daß ich sie mit allen Mitteln zurückhalten und vor andern verbergen muß.«[43]

Gott liebt uns in unserer Schwachheit

Von entscheidender Bedeutung ist für Bruder Lorenz das feste Vertrauen auf Gott und seine Liebe gerade angesichts unserer Fehler, Schwächen und Sünden. Weil Gott, »der ganz Erbarmen ist«[44], uns bedingungslos liebt – ganz ohne Vorleistungen und Verdienste, brauchen wir unsere Schattenseiten nicht vor ihm zu verbergen. Im Gegenteil: Ihm, der uns heilen und befreien will, dürfen wir unsere ganze Armseligkeit hinhalten. Wir müssen »mit einem gänzlichen Vertrauen unsere Zuflucht zu Gott nehmen ..., unser Elend und unsere Schwachheit Ihm vorstellen, Ihn mit liebreichem Herzen um den Beistand seiner Gnade ersuchen. Dann werden wir in Ihm alle Tugenden finden, ohne daß wir selber eine einzige haben.«[45] Im Bewußtsein der liebenden Gegenwart Gottes können wir unsere schlechten Seiten und unsere Sünden annehmen und zu ihnen stehen. »Erwarten wir stets, ohne große Ängstlichkeit, die Vergebung unserer Sünden durch das Blut Christi; streben wir danach, ihn mit allen Kräften unseres Herzens zu lieben, es scheint, daß Gott die Erweise seiner Liebe den größten Sündern zukommen läßt als besonderes Zeichen seines abgrundtiefen Erbarmens.«[46]

Bruder Lorenz schildert, wie schlicht und vertrauensvoll er selbst mit seinen Fehlern umgeht: »Habe ich gefehlt und meine Pflichten verletzt, bekenne ich meine Fehler vor Gott. Ich sage ihm ganz einfach: Herr, wenn du mich mir selbst überläßt, werde ich es nie anders machen. Du allein kannst es verhindern, daß ich falle, und nur du kannst bessern, was verkehrt in mir ist. Danach mache ich mir keine Gedanken mehr.«[47] Meine Sünden »machen mich ... nicht mutlos. Ich bekenne sie vor Gott, ich verteidige mich nicht vor ihm und suche nicht nach Entschuldigungen. Wenn ich so vor Gott gestanden bin, kehre ich friedvoll zu meiner gewohnten Übung der Liebe und Andacht zurück.«[48] »Ich bitte Gott um Vergebung, ich überlasse mich ganz seinen Händen, daß er mit mir mache, was ihm gefällt. Er aber – unterläßt nicht nur jede Strafe und Züchtigung, sondern empfängt mich in unbegreiflichem Erbarmen und abgrundtiefer Güte. Er lädt mich an seinen Tisch, bedient mich mit eigenen Händen und reicht mir die Schlüssel zu seinen Schätzen. Er unterhält mich, er freut sich mit mir in vielerlei Weisen. In jeder Hinsicht behandelt er mich als seinen besten Freund.«[49]

Solch ein einfacher und beherzter Umgang mit Versagen und Schuld ehrt Gott, weil seiner Liebe dadurch geglaubt wird: »Wir ehren Gott durch unser Vertrauen. Je mehr wir ihm vertrauen, desto mehr ehren wir ihn und ziehen große Gnaden auf uns herab.«[50] »Gewiß, wir sind Sünder, aber trotzdem dürfen wir mit grenzenlosem Vertrauen um seinen Beistand, seine Hilfe bitten. Wir haben einen unvergänglichen Gnadenreichtum bei Gott in unserem Herrn und Heiland Jesus Christus.«[51] Erst durch unser Vertrauen lassen wir es zu, daß Gott unsere Schwachheit in Kraft und das Böse in uns in Liebe verwandelt. »Werden wir nie müde, unser ganzes Vertrauen auf Gott zu setzen, ihm uns ganz zu übergeben. Wir dürfen sicher sein, er enttäuscht uns nie.«[52] »Wir können nie genug Glauben und Vertrauen in ihn haben. Er ist besser und treuer als der beste, treueste Freund. Er kann uns nie enttäuschen, weder auf dieser Erde noch in der kommenden Welt.«[53]

Früchte und Wirkungen der Gegenwart Gottes

Das Leben in der Gegenwart Gottes ist so bereichernd und frohmachend, daß es Bruder Lorenz kaum zu beschreiben vermag: »Was aber in mir jetzt vorgeht, kann ich nicht in Worte fassen. Ich leide nicht mehr, ich habe keinen Zweifel – und wie haben Qual und Unsicherheit früher in meiner Seele gewohnt! . . . Ich empfinde . . . etwas so Köstliches, eine solch ewigkeitstiefe Lust, tausendmal beglückender und inniger als die eines Kindes an der Brust der Mutter. Das ist so unaussprechlich, daß ich den Ausdruck wagen möchte: Ich ruhe an Gottes Brust, an Gottes Herz, in Gottes Schoß, so unaussprechlich sind die Freude, die Süße und Erquickung, die ich erfahre, empfinde und verkoste.«[54] Durch die Übung der Gegenwart Gottes wächst eine so vertraute und innige Beziehung mit Gott, daß sich der Mensch schließlich ohne Anstrengung und eigenes Zutun immer in Gottes Nähe geborgen weiß. Er ruht in Gott, und dieser erinnert nun selbst an seine Gegenwart: »Hat er sich einmal ein wenig von der Gegenwart Gottes getrennt, was vorkommen kann, wenn er zu sehr von äußeren Beschäftigungen in Anspruch genommen ist, macht sich Gott auf seinem Seelengrund bemerkbar und ruft ihn zu sich zurück.«[55] »Diese inneren Stimmen Gottes sind voll heimlichen Zaubers und von solcher Reinheit, daß ich nicht fähig bin, dies auch nur entfernt zu erklären.«[56] Die beständige Gewißheit, daß Gott im eigenen Herzen wohnt, schenkt dem Menschen ein unbeschreibliches Glück: »Urteilen Sie selbst, welche Freude und welcher Friede in ihm sein müssen, weil er weiß und fühlt, welch großen Schatz er dauernd mit sich trägt. Er ist kein ruheloser Sucher mehr. Er hat einen Reichtum entdeckt, von dem er nehmen kann, solange und sooft er will.«[57]

Die wunderbarste Frucht der Gegenwart Gottes ist ohne Zweifel die Teilhabe an der Liebesfähigkeit Gottes, seines größten Reichtums. Der Mensch wird so von der Liebe Gottes ergriffen, daß sein Leben zu einer unaufhörlichen Bewegung der Liebe wird.[58] Diese Liebe bezieht sich zuallererst auf Gott, aber ebenso auf die Mitmenschen: wer so innig mit Gott und seinem Willen eins geworden ist, hat auch teil an dessen Sorge um die Menschen. Er wird alles ihm mögliche tun, um anderen den Reichtum der Beziehung mit Gott zu erschließen.[59]

Die Vereinigung mit Gott und das Leben in seiner Gegenwart bewirken auch eine tiefe, innere Gelassenheit: »Die geistigen Dinge, die ich erfuhr, sind so groß, daß ich keine irdischen Sorgen mehr kenne, daß mich keine Furcht dieser Welt mehr bedrückt.«[60] Bruder Lorenz bezeugt, daß Gott seine helfende Nähe sogar in den alltäglichen Begebenheiten und Anforderungen schenkt. So befreit er den Menschen von aller übertriebenen Sorge und befähigt ihn zu einer ruhigen und frohen Lebensbewältigung: »Oft habe ich die rasche Hilfe Gottes in allen Angelegenheiten erfahren. Auf Grund dieser Erfahrungen überlege ich niemals die Erledigung dieser Angelegenheiten, wenn ich Geschäften nachgehen muß. Ist die Zeit für die Regelung dieser Dinge gekommen, finde ich in Gott, wie in einem Spiegel, alles, was ich zu tun habe. Seitdem tue ich alles in Ruhe, ohne mir vorher Sorge über die Ausführung zu machen. Das war nicht immer so. Ehe ich den Schritt des bedingungslosen Vertrauens auf Gott in allen Dingen wagte, machte ich mir über die Ausführung mancher Angelegenheiten viel Sorge.«[61]

Wer sich entschlossen und geduldig, in Freiheit und froher Zuversicht auf die Freundschaft mit Gott einläßt, den kann Gott an sich ziehen und bis ins innerste Wesen hinein verändern. Das geht nicht ohne Schmerzen, aber das Ziel ist die Freude und Erfüllung der Liebe. Bruder Lorenz hat den einfachsten Weg zu dieser Liebesbeziehung mit Gott gefunden: die liebevolle Vergegenwärtigung Gottes bei allem, was wir tun und lassen. »Wie kann man in seiner Gegenwart wandeln, wenn man nicht öfters an ihn denkt. Wie kann man öfters an ihn denken, wenn man nicht danach strebt, die Gedanken an ihn zu gewöhnen und sie so zu heiligen. Du könntest mir entgegenhalten, ich sagte immer das gleiche. Ich weiß es. Das ist nun einmal der beste und leichteste Weg, zu Gott zu kommen. Einen besseren kenne ich nicht; einen anderen gehe ich nicht; ich empfehle diesen Weg immer. Ehe wir Gott lieben können, müssen wir ihn kennenlernen. Um ihn aber kennenzulernen, müssen wir öfters an ihn denken. Wenn wir zur Liebe gelangen, denken wir oft an ihn, denn: Wo unser Schatz ist, da ist auch unser Herz. Erwäge dies oft, erwäge es gut.«[62]

Anmerkungen

1 Br. Lorenz wird in diesem Beitrag nach folgenden Schriften zitiert:
A = Bruder Lorenz von der Auferstehung, Allzeit in Gottes Gegenwart. Briefe, Gespräche, Schriften, Metzingen 1984
B = Bruder Lorenz, Du bist mir nahe. Gespräche, Briefe, Aschaffenburg [5]1986.
1. Brief; B, 26
2 vgl. auch 6. Brief; B, 37
3 3. Brief; B, 31.32
4 3. Gespräch; B, 20
5 1. Gespräch; B, 10
6 6. Brief; B, 38
7 Schriften; A, 97f.
8 16. Brief; B, 58
9 8. Brief; B, 43
10 10. Brief; B, 47
11 3. Brief; B, 31
12 16. Brief; B, 58
13 4. Gespräch; B, 21
14 vgl. A, 23f.; B, 13ff.; B, 24f.; B, 26f.; B, 28f.; B, 37ff.
15 1. Brief; B, 26f.
16 3. Gespräch; B, 19
17 4. Gespräch; B, 21
18 5. Brief; B, 35
19 4. Brief; B, 33
20 10. Brief; B, 47
21 Schriften; A, 103

22 11. Brief; B, 49
23 5. Brief; B, 35
24 2. Gespräch; B, 14
25 8. Brief; B, 43f.
26 Schriften; A, 106
27 Schriften; A, 105f.
28 Schriften; A, 98
29 1. Brief; B, 26
30 Bericht; B, 24
31 2. Gespräch; B, 13f.
32 vgl. 16. Brief; B, 59
33 Schriften; A, 106
34 9. Brief; B, 45f.
35 4. Gespräch; B, 22
36 4. Gespräch; B, 22.23
37 2. Gespräch; B, 15
38 Leben; A, 35
39 2. Gespräch; B, 16
40 3. Gespräch; B, 20
41 4. Brief; B, 34
42 5. Brief; B, 36
43 6. Brief; B, 39
44 8. Brief; B, 43
45 Schriften; A, 100
46 2. Gespräch; B, 16
47 2. Gespräch; B, 14
48 2. Gespräch; B, 15
49 6. Brief; B, 39f.
50 3. Gespräch; B, 18
51 4. Gespräch; B, 21
52 4. Gespräch; B, 22
53 11. Brief; B, 49
54 6. Brief; B, 39.40
55 2. Brief; B, 28
56 6. Brief; B, 40
57 2. Brief; B, 29
58 vgl. Schriften; A, 108
59 vgl. Leben; A, 41 und 1. Brief; B, 11f.
60 2. Gespräch; B, 17
61 3. Gespräch; B, 18
62 10. Brief; B, 48

Aus der Auferstehung leben

ROGER SCHUTZ

(* 1915)

Christian Feldmann

»Willst du stets Christus in deinen Brüdern wiedererkennen?« fragt der Prior von Taizé bei der Ablegung des »Engagements« – »Gelübde« nannte man das früher. »Willst du dich um der Liebe Christi willen ihm hingeben mit allem, was du bist?« Und auf das »Ja« des neuen Mönchs hin kommt die Ermunterung: »Zieh von nun an auf den Spuren Christi. Mach dir keine Sorge um den morgigen Tag. Der Herr Christus – in seinem Erbarmen und in seiner Liebe zu dir – hat dich dazu berufen, in der Kirche ein Zeichen brüderlicher Liebe zu sein. Er will, daß du mit deinen Brüdern das Gleichnis des gemeinsamen Lebens Wirklichkeit werden läßt.«

Überall in der Welt haben sich junge Menschen in das kleine Dörfchen Taizé im südfranzösischen Burgund und seine ökumenische Mönchsgemeinschaft verliebt. Die Brüder von Taizé wollen ein Gleichnis der Versöhnung sein, ein Stück Zukunft von Kirche. Der Motor dieses Experiments ist ihr Prior Roger Schutz: ein schmächtiger Mönch mit schütterem Haar, bäuerlich-markanten Gesichtszügen und einer unaufdringlichen, aber unabweisbaren Ausstrahlung.

Wenn er sich nach dem Abendgebet zu den Besuchern in die »Versöhnungskirche« setzt, um schweigend zu beten, nachzudenken, leise mit ihnen zu sprechen, dann gibt es keine fertigen Antworten, keine Patentrezepte, höchstens Anstöße, die seine Zuhörer weiterspinnen, mit ihrem persönlichen Leben füllen sollen. Wenn ihn ein junger Mensch direkt fragt: »Wer ist Christus für Sie, Bruder?«, dann sitzt er erst einmal eine Weile ganz still da, in sich hineinhorchend, nach einer Antwort suchend, die keine Schablone ist. Und dann beginnt er langsam, behutsam die Worte wählend, und sagt etwas ganz Einfaches: »Für mich ist Christus der, von dem ich lebe, aber auch der, den ich mit euch zusammen suche.«

Roger Louis Schutz-Marsauche, wie er mit vollem Namen heißt, war eigentlich immer schon so, wie er sich die Kirche und die Welt wünscht: versöhnte Vielfalt. Unter seinen Vorfahren gibt es fast so viele Bauern wie Pfarrer. Geboren ist er 1915 in der Schweiz, als Sohn einer Französin aus Burgund. Sein Vater war reformierter Pfarrer, aber er zögerte nicht, den Gymnasiasten bei einer katholischen Witwe in Kost zu geben, weil die jeden Pfennig brauchen konnte, und zu seinem Entsetzen sah Roger seinen Vater in einer katholischen Dorfkirche beten – zu einer Zeit, als »Ökumene« noch ein Fremdwort war.

Der Pastorensohn war durchaus nicht automatisch ein frommer Junge. »Einige Jahre war ich ein Nichtglaubender«, berichtet er von seiner Gymnasialzeit. »Trotzdem, ohne selbst glauben zu können, war ich immer mit Achtung erfüllt vor jenen, die es konnten – genau wie die jungen Menschen, die ich heute sehe.« Damals wollte er Bauer und Schriftsteller werden. Doch später begann er in Straßburg und Lausanne Theologie zu studieren.

Zweifel hatte er immer noch. Aber Jesus Christus faszinierte ihn zunehmend: »Seine Barmherzigkeit, seine Fähigkeit, zu lieben und zu verstehen.« Von Anfang an führte er lange Gespräche mit katholischen Ordensleuten und verbrachte viel Zeit in Klöstern. Und damals schon gründete er eine offene »Communauté«, eine Gemeinschaft für Studenten und Angehörige akademischer Berufe. Wenn es so etwas wie ein »Bekehrungserlebnis« bei Roger Schutz gab, dann war es jener hereindämmernde Abend, als er sich – wie so oft schon – fragte: »Warum dieses gegenseitige Sichbekämpfen unter den Menschen und selbst unter den Christen? Gibt es auf unserer Erde einen Weg, der so weit führt, alles vom anderen zu verstehen?«

Blitzartig, so erzählt er, habe er an diesem Abend eine Antwort gefunden, die sein ganzes Leben prägen sollte: »Wenn es diesen Weg gibt, beginne bei dir selber und engagiere dich selbst; du selbst, um alles von jedem Menschen zu verstehen.« Bereits 1940, während er seine Abschlußarbeit vorbereitete, begann er nach einem Haus zu suchen, um »zusammen mit anderen die wesentlichen Dimensionen des Christseins zu leben«, als »bescheidenes Zeichen der Gemeinschaft«.

In einer vom Krieg verwüsteten Region, in dem fast entvölkerten

Ruinendorf Taizé, fand er so ein Haus – mitten unter den Armen. Hier nahm er auch Juden und politisch Verfolgte auf, die auf ihrer Flucht vor den Nazis in Taizé untertauchten, bevor sie in die neutrale Schweiz hinüberwechselten. Später kümmerten sich Roger und seine Freunde wiederum um die deutschen Kriegsgefangenen, die in einem Lager in der Nähe untergebracht waren, teilten ihre Nahrung mit ihnen; sie mieteten ein Haus dazu und richteten dort zwei Wohngruppen für zwanzig Kriegswaisen ein. Die Brüder brachten später auch das Geld für ihre Ausbildung auf.

Gegen alle skeptischen Stimmen hielten die vier an ihrem Modell von Gemeinschaft fest. Sie bestellten ihren mageren Acker, beteten dreimal am Tag und empfingen die zahlreichen Gäste, die zu Besinnungszeiten oder aus neugierigem Interesse an diesem seltsamen Experiment einer evangelischen Brüdergemeinschaft kamen. Immer mehr wurde die kleine Communauté von Taizé zu einem prophetischen Gleichnis von Kirche, zu einer brüderlichen Gemeinschaft, zeichenhaft, mitreißend, ausstrahlend, um den Auferstandenen geschart.

Denn das ist das Geheimnis dieser ungemein vitalen, junge Menschen aus der ganzen Welt wie ein Magnet anziehenden Gemeinschaft auch heute noch: Die Brüder leben ganz aus der Kraft von Ostern. »Ein kleiner Tod nach dem andern«, um es mit Frère Roger zu sagen, »denen die Anfänge einer Auferstehung folgen. Hier liegt der Ursprung des Festes. Von nun an stehen alle Wege offen.« Ostern scheint in allen Niederlagen, in aller Verzagtheit und Verzweiflung wieder auf, Ostern verwandelt die Menschen, selbst wenn sie die schlimmste Prüfung trifft: »Das Herz ist gebrochen, aber nicht verhärtet; es beginnt wieder zu leben.«

Mit Christus durch den Tod zum Leben vorstoßen, seinen Todeskampf für die ganze Menschheit teilen, um auch an seiner Auferstehung teilzunehmen, ihm alle Angst und alle Sehnsucht anvertrauen, um ganz in seiner Gegenwart leben zu können – das gibt Kraft, voranzuschreiten. Roger über diese Kraft, die in der Auferstehung wurzelt: »Christus verpflichtet niemanden, ihn zu lieben. Aber er, der Lebendige, bleibt jedem von uns an der Seite wie ein Armer, ein Unbekannter. Selbst in den fragwürdigsten Ereignissen, in der Zerbrechlichkeit des Daseins ist er uns nahe. Seine Liebe ist Gegenwart, nicht nur für einen Augenblick, sondern für immer.«

Und weiter: »Im Angesicht dieser Liebe aus der Ewigkeit ahnen wir, daß unsere konkrete Antwort nicht flüchtig sein darf, sich nicht auf einen bestimmten Zeitraum beschränken kann, nach dem wir uns wieder zurücknehmen. Aber ebensowenig kann unsere Antwort in einer Willensanstrengung bestehen. Manche würden daran zerbrechen. Sie besteht mehr darin, daß wir uns überlassen. Wenn wir einfach vor ihm da sind, mit oder ohne Worte, wissen wir, wo unser Herz Ruhe finden kann, können wir antworten wie Arme ... Wirkliches Glück wird dem zuteil, der die Risiken dieser Liebe auf sich nimmt, ohne die Folgekosten zu berechnen ... Gerade durch deine Wunde hindurch öffnet er die Tür zu einem Glück: zum Lobpreis seiner Liebe. Überlasse dich, gib dich. Das heilt die Wunden, und nicht nur die deinen.«
Es überrascht nicht, daß die Brüder, sieben waren es inzwischen geworden, 1949 gerade das Osterfest wählten, um ihre Profeß abzulegen, mit der Verpflichtung zu lebenslangem Engagement. Roger verstand diesen ersten Männerorden im protestantischen Bereich immer als Ausdruck der Suche nach einem »Gleichnis der Gemeinschaft ... verkörpert im Leben einiger Männer; denn Worte werden erst glaubwürdig, wenn sie gelebt werden. Immer hatte ich nur einen Gedanken: unter den Teig der gespaltenen Kirchen ein Ferment der Gemeinschaft mengen«.
»Bleib niemals auf der Stelle, zieh vorwärts mit deinen Brüdern«, fordert die Regel auf. »Sei unter den Menschen ein Zeichen der brüderlichen Liebe und der Freude.« Die Brüder wollen nicht predigen, nicht missionieren – einfach da sein wollen sie, als lebendiges Gleichnis. 1951 verließen die ersten Brüder Taizé und gingen in die Bergbauregion von Montceau-les-Mines, um dort zu wohnen und in den Bergwerken zu arbeiten. Weitere solcher Fraternitäten, vorübergehender Natur, entstanden später in den algerischen Elendsvierteln, in einem schwarzen Getto von Chicago, als dort schwere Rassenunruhen tobten, in Rwanda, Schweden, Großbritannien, im brasilianischen Recife bei Erzbischof Câmara, in Bangladesh in engem Kontakt mit jungen Moslems und Hindus.
In der Kraft der Auferstehung die Welt verwandeln, das Ostergeheimnis – Durchgang von der Finsternis zum Licht, vom Tod zum Leben, vom Elend zur Freude – in der Gesellschaft zum Leuchten bringen, das gibt der Brüdergemeinschaft ihren Schwung und ihr

überzeugendes Charisma. »Wir feiern den auferstandenen Christus«, sagt der Prior, »in der Eucharistie ... Auf unserem Marsch durch die Wüste auf eine Kirche zu, die mit allen teilt, gibt uns die Eucharistie den Mut, das Manna nicht für uns zu behalten, auf materiellen Rückhalt zu verzichten und nicht nur das Brot des Lebens, sondern auch die Güter der Erde zu teilen.

Wir feiern den auferstandenen Christus durch unsere Liebe zur Kirche. Es ist eine Liebe, die auf Erden ein Feuer entzündet. Die Kirche hat den Auftrag, ein unersetzliches Ferment der Brüderlichkeit, der Gemeinschaft und des Teilens für die ganze Menschheit zu werden.

Wir feiern den auferstandenen Christus im Menschen, unserem Bruder ... Wir sehen im Menschen das Antlitz Christi, vor allem, wenn dieses Antlitz durch Tränen und Leiden transparenter geworden ist. Deshalb werden wir soweit gehen, unser Leben hinzugeben, damit der Mensch nicht mehr Opfer des Menschen sei.«

Daheim in Taizé waren währenddessen die ersten katholischen Brüder zur Communauté gestoßen; aus dem ersten protestantischen Orden wurde die erste ökumenische Brüdergemeinschaft der Kirchengeschichte. Der zuständige katholische Bischof – ermuntert vom damaligen Pariser Nuntius Roncalli, dem späteren Papst Johannes XXIII. – erlaubte der Gemeinschaft schon sehr früh, die kleine Dorfkirche von Taizé mitzubenutzen. Katholiken, Protestanten, Anglikaner geben in Taizé nichts von der wertvollen Tradition ihrer konfessionellen Prägung auf, sie rühren keinen verwaschenen Einheitsbrei zusammen, wie manche Skeptiker vermuten; aber die Art, wie sie zusammenleben und zu einem gemeinsamen Zeugnis finden, könnte ein Modell für die ganze gespaltene Christenheit sein. Roger: »Dürfen die Christen von Liebe reden, solange sie nicht zu einer sichtbaren Gemeinschaft vereinigt sind?«

Und dieses faszinierende Modell gelebter Brüderlichkeit zieht die suchenden Menschen aus der ganzen Welt magisch an. Mehr als 200 000 Besucher kommen jedes Jahr, vorwiegend junge Leute, die sich häufig dann zu Hause wieder treffen, kleine Zellen des Gebets und der gemeinsamen Erfahrung gründen oder auch Initiativen für hilflose Minderheiten. Die Mischung aus Gemeinschaftsleben zu Hause in Taizé und von hautnaher Erfahrung an den Brennpunkten der Not prägt auch die Communauté damals wie heute.

Jedes Jahr lebt Frère Roger selbst eine Zeitlang mit Brüdern und Jugendlichen zusammen an irgendeinem Ort des Elends; bei den großen alljährlichen Jugendtreffen teilt er dann den jungen Menschen in den reichen Ländern seine Erfahrungen mit, ermuntert sie zu einer praktischen Antwort auf die Weltsituation. »Du kannst keinen wirklichen Kampf im luftleeren Raum führen«, sagt er ihnen, »mit Ideen, die nicht konkret werden. Zerbrich die Unterdrückung von Armen und Ausgebeuteten: Du wirst erstaunter Zeuge sein, wie Zeichen der Auferstehung schon jetzt auf der Erde entstehen. Teile deine Güter, um größere Gerechtigkeit zu erreichen. Mache niemand zu deinem Opfer. Bruder aller, Bruder für alle ohne Unterschied, lauf hin zu den Menschen, die mißachtet und ausgestoßen sind!«

Denn der Auferstandene, da ist sich Frère Roger ganz sicher, provoziert keine schönen Gefühle, sondern will einen Entschluß, der das ganze Leben fordert. »Christus«, hat er in seinem vielleicht schönsten Gebet geschrieben, »du forderst mich unablässig heraus und fragst mich: ›Wer bin ich für dich?‹

Du bist der, der mich bis in das Leben liebt, das niemals endet.

Du öffnest mir den Weg zum Wagnis.

Das Nein in mir verwandelst du Tag um Tag in ein Ja.

Du willst von mir nicht nur einige Bruchstücke, sondern mein ganzes Dasein.

Du bist es, der Tag und Nacht in mir betet, ohne daß ich wüßte wie ...

Du bist es, der jeden Morgen den Ring des verlorenen Sohnes an meinen Finger steckt, den Ring des Festes.

Und ich, warum habe ich so lange gezögert?

Du hast mich unablässig gesucht. Warum habe ich von neuem gezögert und noch um Zeit gebeten, meine eigenen Sachen in Ordnung zu bringen?

Du hast es mir wiederholt gesagt: Lebe das, was du vom Evangelium begriffen hast, und sei es noch so wenig. Verkünde mein Leben unter den Menschen. Entzünde ein Feuer auf der Erde. Du, folge mir nach ...

Dann, eines Tages habe ich begriffen: Du wolltest meinen unwiderruflichen Entschluß.«
Denn wer Christi Grab – erschrocken zunächst und dann außer sich vor Glück – leer gesehen hat, der kann nicht im Grab der eigenen unentschlossenen Trägheit bleiben. Wem die Ostersonne über dem Todeshügel Golgota aufgegangen ist, dem lösen sich die Verhärtungen und Ängste, der beginnt zu laufen; zaghaft zuerst und dann immer sicherer, um die Botschaft vom Sieg des Lebens weiterzusagen und die Herzen der Menschen zum Brennen zu bringen.

Literatur

Kathryn Spink: Frère Roger – Gründer von Taizé. Leben für die Versöhnung. Herderbücherei
Frère Roger, Taize: Liebe aller Liebe. Die Quellen von Taizé. Herderbücherei

Leben heißt sich wandeln

JOHN HENRY NEWMAN

(1801–1890)

Esther Schöler

Neun Jahrzehnte des 19. Jahrhunderts hat John Henry Newman miterlebt, rund sechs Jahrzehnte hat er für die Kirchen Englands gewirkt. Am 21. Februar 1801 in London geboren, starb er am 11. August 1890 in Birmingham; am 9. Oktober 1845 war er von der anglikanischen zur katholischen Kirche übergetreten. Die Entwicklung beider Kirchen hat er entscheidend mitgeprägt als Autor, langjähriger College-Lehrer und zugleich als Priester in der Gemeindearbeit; denn er war der Überzeugung: »Wissen ist nichts im Vergleich zum Tun.«

Bereits zu seinen Lebzeiten wurde Newmans historische Bedeutung erkannt. W. E. Gladstone, mehrmaliger englischer Premierminister, sagte anläßlich einer Bibliothekseröffnung in Oxford, »daß Dr. Newman über einen Zeitraum von etwa einem Jahrzehnt nach 1833 einen großen Einfluß, einen absorbierenden Einfluß auf die größten Geister ... dieser Universität ausgeübt hat, für den es vielleicht keine Parallele in der akademischen Geschichte Europas gibt, es sei denn, daß man bis ins 12. Jahrhundert oder an die Universität Paris zurückgeht«. Newman war in dem genannten Jahrzehnt Wortführer der Oxford-Bewegung, einer Erneuerungsbewegung innerhalb der anglikanischen Kirche, die liberalen Kräften entgegenwirkte. Seine Flugschriften, die »Tracts for the Times«, waren weit über England hinaus verbreitet und beachtet. Er begründete die Richtung der »Via media«, des »mittleren Wegs« zwischen Anglikanismus und Katholizismus. Sein 90. Tract allerdings tendierte so stark zum Katholizismus, daß die anglikanische Obrigkeit Anstoß daran nahm.

Trotz Newmans zwölf Jahre danach erfolgter Konversion stand er bei den Anglikanern in hohem Ansehen, wie Kardinal Manning in einem Empfehlungsschreiben nach Rom berichtete: »Die Hoch-

schätzung seiner Fähigkeiten, seiner Gelehrsamkeit und sein von einzigartiger Frömmigkeit und Integrität gekennzeichnetes Leben wird von der nichtkatholischen Bevölkerung des Landes fast ebenso geteilt wie von den Mitgliedern der katholischen Kirche.«
Newman hat in England ökumenischen Geist geweckt, indem er das den verschiedenen Kirchen gemeinsame Erbe der Kirchenväter hervorhob. Er war seiner Zeit voraus. Themen des Zweiten Vatikanischen Konzils hat er in seinen Schriften vorweggenommen. In einer Zeitschrift von 1859 zum Beispiel trat er für die Mitverantwortung der Laien in der Kirche ein. Acht Jahre lang stand er deswegen im Verdacht der Häresie. Papst Leo XIII. bemerkte in einem Gespräch zu Newmans Kardinalserhebung: »Mein Kardinal: Es war nicht leicht ... Sie sagten, er sei zu liberal, aber ich hatte beschlossen, indem ich Newman ehren würde, die Kirche zu ehren ... Ich bin stolz, daß ich einen solchen Mann ehren konnte.« Heute wird Newman als der Kirchenlehrer des 19. Jahrhunderts bezeichnet.
Am auffallendsten an Newmans Biographie ist seine Konversion. Sie ist aber nur die Zuspitzung einer langen Entwicklung in seinem Glaubensleben. Bezeichnenderweise heißt der Untertitel seiner »Apologia pro vita sua«, eines Rechenschaftsberichts über seine Konversion, »Geschichte meiner religiösen Überzeugungen«. Newman war bis zu seiner Konversion ein Suchender, ein »Wanderer«, der »seine letzte Ruhestatt noch nicht gefunden« hatte. Sein Glaube war anfangs calvinistisch geprägt, später wandte er sich verschiedenen anderen Glaubensrichtungen innerhalb der anglikanischen Kirche zu. Dann meinte er, in der Via media seinen Weg gefunden zu haben, erkannte dies jedoch im Verlauf seiner Studien der frühen Kirche als Irrtum und trat zur katholischen Kirche über. »Die Väter haben mich katholisch gemacht«, bekennt er in der »Apologia«.
Ein Satz aus Newmans Schrift »Über die Entwicklung der Glaubenslehre« trifft auf sein eigenes Leben zu: »Hienieden heißt leben sich wandeln, und vollkommen sein heißt sich oft gewandelt haben.«
Es hat schon vor seiner Konversion Wendepunkte gegeben, die ihm als entscheidende Lebenseinschnitte sehr bewußt waren. Im Alter von fünfzehn Jahren erfuhr er seine »erste Bekehrung«, über die er

schreibt, daß sich in seinem Denken eine »große Änderung« vollzog, die seinen festen Glauben an Gott und seine Offenbarung begründete. Zur Jahreswende 1859/60 notiert er in Erinnerung daran: »Oh, mein Herr ... Damals hast du mein Herz verwandelt und zum Teil meine ganze geistige Verfassung ...«

Als Newman 1832 zu einer Mittelmeerreise eingeladen wurde, erwartete er nicht nur neue Eindrücke, sondern auch eine »innere Umwandlung«. Während der Reise, auf der er lebensbedrohlich erkrankte, verdichtete sich diese Erwartungshaltung. Er kam zu der Überzeugung: »Ich habe ein Werk in England zu vollbringen.« Zwei Monate nach seiner Rückkehr erschien sein erster Tract. Das war keineswegs so geplant von ihm. Vielmehr fügte es sich, weil er darauf vorbereitet war, sich auf neue Menschen, neue Ideen einzulassen. In seinem Tagebuch findet sich unter dem 7. September 1829 die Notiz: »Ich bewohne jetzt mein Zimmer im Orielkolleg wieder, gehe bedächtig voran ... und überlasse mich blind der Hand Gottes, ohne zu wissen, wohin er mich führt.« Dies war seine Grundhaltung, besonders an Wendepunkten seines Lebens mit ungewissem Ausgang.

Schon bei Prüfungen während seines Studiums, von deren Ergebnis viel abhing, bemühte er sich, seinen Ehrgeiz zu zügeln, und betete: »Ich bitte dich nicht um Erfolg, sondern um den Frieden des Herzens.« Am schönsten kommt seine Einstellung zum Ausdruck in seinem berühmten Gedicht »Du führe mich, mildes Licht!« Darin heißt es: »Die Heimat ist fern, kein Sternbild am Himmel funkelt – / Führ mich hinan! / Behüte deines Pilgers Fuß: ich will nicht sehen / Verhülltes – nur einen Schritt vor dem andern gehen.« Newman schrieb diese Verse am Ende seiner Mittelmeerreise.

Sein Wissen um die Wandelbarkeit menschlichen Lebens schützte Newman nicht vor dem »Schrecken und Widerwillen«, vor den »furchtbaren Besorgnissen«, die ihn befielen, als ihm die ersten Zweifel kamen, ob er am Anglikanismus werde festhalten können. Er geriet in eine Krise, die den ganzen Menschen in allen seinen Lebensbereichen erschütterte: Denken, Fühlen, Beziehungen zu Verwandten und Freunden, Lebensumstände, sein Ansehen bis hin zu seinem Aussehen: sein Lächeln war verschwunden, »die Muskeln haben sich jetzt so versteift, daß ich gar nicht mehr anders als ernst und abstoßend aussehen kann«, steht in seinem Tagebuch. In dieser sechs Jahre währenden Krise wird die ganze Tragweite von dem Satz »Leben heißt sich wandeln« offenbar. Für Newman wurde Wandel gleichbedeutend mit »Prüfung«, »Opfer« und »Berufung«.

Der Himmel habe sich für einen Augenblick geöffnet, erkennt Newman im Rückblick auf seinen ersten Zweifel anläßlich eines Augustinus-Zitats. Zum Zeitpunkt, als dies geschah, war er dessen nicht so sicher. Damals dachte er an den Propheten Samuel, der beim ersten Anruf Gottes nicht wußte, wer ihn rief, und sich wieder schlafen legte. Auch Newman war sich nicht im klaren darüber, ob sein Zweifel eine göttliche Eingebung war oder nicht, und sagte sich: »Die Zeit allein kann diese Frage lösen.« Er blieb zunächst bei seinen alten Überzeugungen. Nur Schritt für Schritt näherte er sich seiner Konversion, ohne das Ziel zu kennen – ganz so, wie er es in seinem Gedicht geschrieben hatte. Dabei schwankte er während seiner Studien zwischen Argumenten gegen und für den Anglikanismus, für und gegen den Katholizismus: »Wer kann angeben, wann sich die Waagschale der Meinung zu neigen beginnt und ein Glaube, der bis dahin die Wahrscheinlichkeit für sich hatte, durch den Zweifel aufgehoben wird?«

Seine endgültige Abwendung vom Anglikanismus, an dem er mit allen Fasern gehangen hatte, schildert er als ein langsames Sterben: »Vom Ende des Jahres 1841 an lag ich, was meine Zugehörigkeit zur anglikanischen Kirche betrifft, auf dem Sterbebette, nur merkte ich es damals erst allmählich.«

Schritt für Schritt zog Newman auch die Konsequenzen aus seinem Überzeugungswandel, sobald er sich in seinem Gewissen dazu verpflichtet fühlte. 1843 nahm er offiziell alle antikatholischen Äußerungen zurück und verzichtete auf seine geistlichen Ämter. 1845, als er sich für die Konversion entschieden hatte, trat er von seinem Lehramt in Oxford zurück – er hatte immer gehofft, hier sein Leben lang wirken zu können. Auch dies war – bildlich gesprochen – ein Sterben.

Wie schwer Newman der Abschied von seiner Gemeinde in Littlemore fiel, für die er sich verantwortlich wußte, zeigt seine letzte Predigt: »Meine Brüder«, spricht er sie an, »ihr gütigen und liebreichen Herzen! Ihr meine lieben Freunde!« und bittet sie um ihr Gebet für ihn, »daß er in allem den Willen Gottes erkenne und allzeit bereit sei, ihn zu erfüllen«. Ein Oxforder Professor erinnerte sich noch viele Jahre später an die »schmerzvolle Leere«, die »furchtbare Stille, die über Oxford kam, als diese Stimme aufhörte und wir wußten, daß wir sie nie mehr wieder hören würden ... keine hat je die Seele durchdrungen wie diese«.

Wenige Monate vor seiner Konversion schrieb Newman an einen Freund: »Es ist freilich eine Verantwortung, zu handeln, wie ich es tue, und ich fühle ohne Unterlaß Seine Hand schwer auf mir, der alle Weisheit und Liebe ist; mein Herz und mein Geist sind ermattet, gerade wie die Glieder eines Menschen, der eine schwere Last auf dem Rücken trägt. Ich empfinde dumpfes Weh und Leid; aber diese Verantwortung ist nichts im Vergleich dazu, mit meinen Überzeugungen für Seelen, für vertrauende, liebende Seelen in der englischen Kirche verantwortlich zu sein.«

Newman begriff seine Konversion als den tiefgreifendsten Einschnitt in seinem Leben. Er unterschied scharf zwischen der Zeit davor und danach, sprach vom »alten« und vom »neuen« Menschen. Über seine neue Lebensphase sagt er 1864, daß er keine entscheidenden Änderungen mehr durchzumachen hatte: »... es schien mir, als hätte ich nach stürmischer Fahrt den sicheren Hafen erreicht: und das Glück, das ich darüber empfand, hat bis heute ununterbrochen angehalten.«

Als ein Kommentar zu Newmans ungewöhnlichem Lebensweg können manche seiner Predigten gelesen werden. In ihnen sind die individuellen Erfahrungen ins allgemein Menschliche übertragen. So weist er in seiner Predigt über Berufungen – zu Beginn seiner Glaubenskrise – auf die sich wandelnden Glaubenserfahrungen im Laufe eines Lebens hin: Christus rufe uns unser ganzes Leben hindurch, erstmals in der Taufe, später zur Buße, »von einer Reifestufe zur andern ..., um uns wieder und wieder zu begnaden ... und einst zu verklären«. In derselben Predigt erläutert er den Sinn einer Prüfung: »Wir verstehen unter ›Prüfung‹ gemeinhin etwas, das bei guter Bewährung einen Menschen in seiner gegenwärtigen Haltung bestärkt – ich spreche hier von etwas mehr, sofern die Prüfung den Menschen nicht nur bestärkt, sondern ihn auch zu höherer Stufe der Erkenntnis und Heiligkeit erhebt.«

In einer anderen Predigt unter dem Thema »Gott führt jeden« spricht er von Gottes Gegenwart in der Prüfung: »Gott sieht dich als

Einzelwesen, in der Lage, in der du gerade bist ... er hört das Pochen deines Herzens und den Atem deiner Brust. Du liebst dich selber nicht mehr, als er dich liebt; du kannst nicht erschreckter vor einer Prüfung erbeben, als er teilnehmend sie mit dir tragen will; und er legt sie dir mit solcher Rücksicht auf, wie nur du selbst es um eines größeren Gutes willen tätest, wenn du weise wärest.«

Aus diesem Vertrauen in Gottes Gegenwart schöpfte Newman Kraft in den Jahren seiner großen Glaubenskrise. Ein Hörer seiner Predigten schreibt, Newman habe »aus der Einsamkeit seiner Studien, seiner Askese, seiner Gebete, aus der Gewohnheit heraus, im Ungesehenen zu wohnen, schier einmal in der Woche den andern von den Dingen künden wollen, die er geschaut und erkannt hatte«.

1842 zog sich Newman mit einigen Freunden bis zu seiner Konversion nach Littlemore zurück, um ein religiös strenger geregeltes Leben zu führen. Von 1843 an hielt er regelmäßig Exerzitien. »Der Wandellose, des Wandelbaren Halt und Ziel« ist Thema einer seiner Meditationen. Dort heißt es:

> *»Alles außer dir, Herr, ist wandelbar. Du allein beharrest ... Das Geschöpf ist in Veränderung, der Schöpfer nie; nur dann kann das Geschöpf die Veränderung aushalten, wenn es in dir seine Stütze hat.«*

Literatur

John Henry Kardinal Newman, Apologia pro vita sua. Geschichte meiner religiösen Überzeugungen, übers. von Maria Knoepfler, Mainz o. J. (Ausgewählte Werke, Bd. 1)

Günter Biemer, John Henry Newman. 1801–1890. Leben und Werk, Mainz 1989

Christliche Weltfrömmigkeit

TEILHARD DE CHARDIN

(1881–1955)

Richard Brüchsel

Die wissenschaftliche Erforschung des Universums wird uns heute in vielen Büchern und Vorträgen zugänglich gemacht. Wir erhalten Kunde vom Urknall, von der Entwicklung des Kosmos in 15 Milliarden Jahren, von der Entstehung der Erde vor 4,5 Milliarden Jahren und den ersten Lebensspuren, die 3 Milliarden Jahre zurückliegen. Wir leben auf einem kleinen Planeten des Sonnensystems, am Rande einer Galaxie, die wir nachts als Milchstraße am Himmel bewundern. Sie ist aber nur eine unter Milliarden solcher Sternformationen, die sich mit großer Geschwindigkeit nach allen Richtungen ausbreiten und den kosmischen Raum bilden. Die Distanzen sind so groß, daß das meiste, was wir in diesem Raum beobachten, schon einer entfernten Vergangenheit angehört. Dabei wird dieses unendlich Große vom unendlich Kleinen der Atomwelt aufgebaut. Und bis heute kennen wir nur einen Ort, wo sich dieses Materielle über Zellbildung und Organismen des Pilz-, Pflanzen- und Tierreiches zu mittlerer Größe des Lebens aufgebaut hat: die Erde. So sind wir Menschen die Einzigen inmitten dieser Unendlichkeiten, in denen das Leben zu bewußtem Mitwissen erwacht ist, so daß wir von diesem Universum Kenntnis nehmen und es erforschen können.

In dieser kosmischen Welt offenbart sich uns aber noch ein anderer Bereich. Die Bibel gibt uns Kunde von Gott, dem Schöpfer dieses Universums, und in den Evangelien wird uns berichtet, wie sich über Jesus ein Himmel öffnet, die göttliche Stimme ihn als geliebten Sohn anspricht und der Schöpfergeist herabkommt, um auch uns zu ergreifen und für diesen Himmel zu öffnen.

Sind wir fähig, diese beiden Offenbarungen anzunehmen? Schließen sich die himmlische und kosmische Welt nicht gegenseitig aus, so daß wir zwischen beiden wählen müssen? Kann man Jesus lieben

und gleichzeitig sich mit Herz und Hand dem Universum widmen? Sagt nicht die Schrift: verlasse und komm, folge mir nach?
Wie vielen Menschen vor und nach ihm, war diese Frage das Lebensproblem des französischen Jesuiten und Paläontologen Pierre Teilhard de Chardin. 1881 in Sarcenat bei Clermont-Ferrand geboren, war er das vierte von elf Kindern des Emmanuel Teilhard und der Berthe-Adèle de Dompierre d'Hornoy. Pierre sagte von sich, er sei von Geburt ein Sohn der Erde und durch Erziehung ein Sohn des Himmels. Tatsächlich war er sozusagen ein geologisches Naturtalent, ganz der »Mutter Erde« zugewandt. Gleichzeitig erkannte er aber in der Liebe zu Jesus die Grundausrichtung seines Lebens, so daß er sich nach seiner Gymnasialzeit entschloß, Jesuit und Priester zu werden, ohne dabei aber daran zu denken, seine »irdischen« Interessen und deren Entfaltung aufzugeben. Was vielen als Widerspruch erscheint, brachte er im Laufe seines Lebens in eine fruchtbare Synthese, von der er in etwa 200 Aufsätzen, drei Büchern und vielen Briefen Zeugnis gab. Im Bewußtsein, einen Weg zur Vereinigung der Welt- und Gottesliebe aufgezeigt zu haben, starb er in New York am Ostertag 1955.
Wenn wir uns heute fragen, was es Teilhard möglich machte, den scheinbaren Gegensatz der Liebe zum Kosmos und der Liebe zu Jesus in eine Einheit – astronomisch gesprochen: von der Opposition zur Konjunktion – zu bringen, so ist dies die in Evolution sich befindliche Welt einerseits und der sich selbst mitteilende Gott andererseits: Gott teilt sich, die Welt schaffend, nach außen selber mit. Und die Welt strebt unter diesem schöpferischen Einfluß von ihrem Anfang an Gott zu, so daß beide sich in Jesus treffen und vereinigen. So findet der Weltprozeß in Jesus seine Erfüllung, indem er sich auf Gott hin öffnet. Weltliebe vertieft sich zu Gottesliebe.
Natürlich bedarf eine solche Sicht der Dinge einer theologischen Begründung. Diese kann hier nicht gegeben werden. Es sei lediglich darauf hingewiesen, daß Teilhard damit eine theologische Tradition wieder zum Bewußtsein bringt, die im Kolosserbrief ihren Anfang genommen hat, von einigen Kirchenvätern weiterentwickelt wurde, bei Duns Scotus ihren Höhepunkt erreichte und in der Franziskanischen Schule gelehrt wird. – In diesem Beitrag sollen die drei Etappen aufgezeigt werden, welche Teilhard zu dieser christlichen Weltschau führten.

»Ich universalisiere, was ich liebe, damit ich es lieben kann.« Dieses Verhalten entwickelte Teilhard in seiner Jugend im Umgang mit Steinen. Seine Liebe zu ihnen entzündete sich an seltenen Quarzen und weitete sich allmählich aus zur Erkenntnis der Lithosphäre (der Steinschicht) und damit zur Erde. Als Philosophiestudent auf Jersey von 1902–1905, war er schon fähig, die Insel geologisch aufzunehmen, und als Lehrer der Physik und Chemie am Jesuitengymnasium in Kairo von 1905–1908, erforschte er in seiner Freizeit die ägyptischen Wüsten, wobei sich die Liebe zu den Steinen auf Pflanzen und Tiere auszuweiten begann. Die Erde als ein Ganzes hatte ihn ergriffen.

Wir dürfen uns aber Teilhard nicht als einen erdverfallenen Materialisten vorstellen. Er war zwar Mensch genug, um diese Gefahr zu kennen, sagt aber deutlich, was ihn in der Materie fasziniere, sei ein »inneres Leuchten«. Darunter muß eine bestimmte Qualität der materiellen Dinge verstanden werden: bei den Steinen ihre Allgegenwart. Da er diese Qualität suchte, blieb er nicht am Einzelnen hängen, wurde kein Sammler, sondern erwachte durch die Steine zum Universum. – Vielleicht dürfen wir Teilhard mit den Impressionisten, etwa einem Paul Cézanne (1839–1906) vergleichen, deren Landschaften in einem inneren Lichte aufleuchten.

Wie kam nun Teilhard dazu, seine Erdverbundenheit religiös zu deuten? Die Liebe zu Jesus, die er getreu pflegte, und die Liebe zur Erde entwickelten sich zunächst noch getrennt voneinander. Aber sein wachsendes Bewußtsein der Allgegenwart der Steine übertrug er (wohl unbewußt) auf Jesus. Im Laufe der Zeit sah er Jesus eine Energie entströmen, die fähig war, alles von innen zu erreichen und zu bewegen. Um bei unserem Bilde zu bleiben: der Himmel, der sich über Jesus öffnet, erfüllt seine irdische Existenz und teilt sich durch seine Menschheit der Umgebung mit. Teilhard bildete den Begriff des universalen Christus. Er ist es, der alle Dinge von innen her erleuchtet. Das »Leuchten« in der Materie war der Grund dessen, was Teilhard später »das Göttliche Milieu« nannte. Der Schritt zu dieser ausdrücklichen Einheit gelang aber erst in der zweiten Etappe. Denn es mußte ihm dazu erst noch eine neue Dimension der irdischen Existenz aufgehen.

Wir sind durch unseren technischen Fortschritt von der unmittelbaren Erfahrung der Natur abgerückt: es fällt uns schwer, die inneren Dimensionen der Dinge und ihr »Leuchten« zu erahnen. Aber auf etwas andere Art gibt es auch in unserem Alltag Momente, da wir plötzlich uns als sehr still und meditativ erfahren. Es ist dann, wie wenn eine Tiefendimension unseres Daseins uns erfaßte und uns den Eindruck des Universalen vermittelte. – Wir sollten solche Erfahrungen auf Christus hin ansprechen, denn in seiner Universalität »leben wir, bewegen wir uns und sind wir« (Apostelgeschichte 17,28). So könnten wir unsere Liebe zur Welt auf die Liebe zu Christus hin vertiefen, und in innerer Einheit des Liebens leben.

Zweite Etappe: Das Universum ist von innen her bewegt

Von 1908–1912 studierte Teilhard in Hastings (Südengland) Theologie und wurde 1911 zum Priester geweiht. In seiner Freizeit erkundete er die Geologie der Gegend. In den Schiefern der unteren Kreideschichten der Kanalküste und in den Steinbrüchen von Sussex entdeckte er Fossilien. Damit wurde seine Aufmerksamkeit auf die Geschichte und das Alter des Lebens auf dieser Erde gelenkt. Er schreibt: »Es war in den Jahren meines Theologiestudiums in Hastings, als nach und nach in mir das Bewußtsein einer tiefen, ontologischen [existenziellen], totalen Drift [Grundbewegung] des Universums um mich herum zu wachsen begann, bis es meinen inneren Himmel ganz und gar erfüllte« (Das Herz der Materie, Walter 1990, S. 40).
Es ist eine alte Überzeugung der Naturkundigen, daß das Universum sich aus einer inneren Bewegung heraus entfaltet. Im letzten Jahrhundert haben besonders Lamarck und Darwin wichtige Entdeckungen dieser Evolution genannten Bewegung gemacht. Heute liegen uns sehr differenzierte und auch kontroverse Erklärungen darüber vor. Aber alle Welt ist sich darüber einig, daß das Universum einen Prozeß darstellt, der einen gewissen Anfang hat und mindestens im lebendigen Bereich einem Ende zustrebt.
Seit seinen Entdeckungen in Hastings hat Teilhard nicht aufgehört, an der Erforschung dieses Prozesses mitzuwirken. Er studierte zunächst Naturwissenschaften an der Sorbonne in Paris und dokto-

rierte in Paläontologie. Von 1923 bis 1946 hielt er sich in China auf und erforschte für das geologische Landesamt in Peking die Geologie und Paläontologie des Landes. Mit anderen Wissenschaftlern zusammen entdeckte er den Sinanthropus, ein Repräsentant des Typus Homo erectus, der Steinwerkzeuge und Feuer machte und vor rund einer Million Jahren lebte. Teilhard war zu seiner Zeit ein Paläontologe von Weltruf. Die Wenner-Gren-Stiftung in New York stellte ihn ab 1950 an, um Forschungsprojekte in Afrika zu begutachten. Dort war man daran, die Frühformen der Menschheit zu entdecken: die Australopithecinen, die aufrecht gingen, später den Homo habilis, der Steinwerkzeuge herstellte und auch den Homo erectus. Teilhard wurde durch persönliche Beobachtung und Erfahrung ein Zeuge der Evolution des Lebens.

Die »leuchtende« Qualität der Allgegenwart der Steine, die ihn in Jersey und Ägypten zur Ganzheit der Welt und auch schon in Ansätzen zum Leben geöffnet hatte, war übergegangen zur Leuchtspur, die das Leben in seinem Evolutionsprozeß zog. Nun war jene Dimension der irdischen Existenz erkannt, die es ihm ermöglichte, die kosmische Erfahrung auf Christus hin zu vertiefen. Teilhard sagte, er höre die Welt wie einen riesigen Gong in Christus ertönen. Die Berechtigung zu einer solchen Aussage fand er vor allem im Kolosserbrief: »In Christus hat alles Bestand und auf ihn hin ist alles geschaffen« (Kolosserbrief 1,16–17). Er verstand die Evolution als einen Prozeß auf Christus hin. In ihm leuchtete sie auf als ein Göttliches Milieu.

Wir wollen versuchen, diese Sicht etwas zu verdeutlichen:

1. Unser Kosmos ist nach der Lehre der heiligen Schrift Gottes Schöpfung. »Er trägt das All durch sein machtvolles Wort« (Hebräerbrief 1,3), durch das es auch geschaffen wurde (1 Mose 1,1–2,4a).

2. Nach menschlicher Erfahrung und guter Metaphysik steht jedes Geschöpf mit seinem Schöpfer in einer gegenseitigen Beziehung. Das gilt nicht nur für Eltern und Kinder, sondern für Gott und seine Schöpfung, den Kosmos mit allen seinen Teilen. Je lebendiger diese Teile sind, um so lebendiger muß diese Beziehung sein.

3. Nun ist aber eine Beziehung nicht ein leeres Wort. Sie ist existenziell und muß sich auf irgendeine Weise ausdrücken. Wir sagen, das Geschöpf habe ein Bewußtsein nicht nur von seiner

Umgebung, sondern auch vom Schöpfer. (Teilhard sagt Französisch: conscience d. h. mit-wissen, mit-erfahren, mit-sein.) In diesem Bewußtsein äußert sich Beziehung. Natürlich darf man sich damit auf den verschiedenen Stufen der Schöpfung nicht ein menschliches, schon gar nicht ein reflexes Bewußtsein vorstellen. Aber wie das Licht sich im Spektrum in verschiedene Farben auffächert, warum sollte man nicht auch Stufen des Bewußtseins als Mit-Sein und Mit-Erfahren bis ins tiefe »Ultraviolett« der Trägheit des Un- und Vorlebendigen annehmen?

4. Eine solche Einsicht bringt einiges Licht in den Prozeß der Evolution. Unter dem sich schöpferisch mitteilenden Einfluß Gottes erstrebt jedes Geschöpf in seinem »Bewußtsein« die ihm mögliche Lebendigkeit, wobei auf Grund der Beziehung zum Schöpfer der Drang vorhanden sein muß, über den erreichten Stand hinauszukommen, weil es die unendliche Lebendigkeit Gottes in seinem Bewußtsein »erahnt«. So hat schon Thomas von Aquin geredet, wenn er sagt: »Alles erstrebt Gott, indem es seine eigene Vollkommenheit erstrebt.«

5. Wenn solches Denken richtig ist, kann gesagt werden: die Evolution der Welt und die Selbstmitteilung Gottes in seinem Wort haben sich in Jesus zur Einheit gefunden. Um nochmals an unser Bild zu erinnern: der Himmel öffnet sich über Jesus und wird durch ihn aller Schöpfung zugänglich. Und in der Stimme »das ist mein geliebter Sohn« neigt sich der Himmel Gottes auf Jesu Menschheit nieder, um sie zusammen mit der ganzen Schöpfung, aus der sie hervorgegangen ist, im göttlichen Bereich aufleuchten zu lassen.

Wenn die Evolution als ein Prozeß auf Christus hin begriffen wird, so folgt daraus, daß unser Leben in seiner Situation von der Dynamik (Drift) auf ihn hin getragen und durchwirkt ist. Es ist möglich, das nicht zu sehen oder sich der Bewegung zu verweigern. Das ändert nichts an der Einladung, die Liebe zur Situation auf die Liebe zu Christus hin zu vertiefen und sein Leben gegebenenfalls zu verändern. Aus dieser gläubigen Sicht der Dinge heraus formulierte Teilhard seine Lebensdevise: »Am Werden mitwirken« (collaborer au Devenir).

Dritte Etappe: Die Evolution geht in der Konvergenz der Menschheit weiter und strebt einem Zentrum zu

In den Evangelien sehen wir, wie Jesus die Menschen um sich sammelt und seine Apostel in alle Welt sendet, um das gleiche zu tun. Diese Sammlung im Glauben an Gott ist der Anfang des Reiches Gottes, das in der Versammlung der Auferstehung seine Vollendung finden soll. Ist diese Sammelbewegung total unabhängig von der Evolution oder kann sie als ihre Vertiefung und Vollendung verstanden werden? Das ist die letzte Frage, die im Zusammenhang der Liebe zu Gott und Welt beantwortet werden muß.

Von 1914–1919 mußte Teilhard seine naturwissenschaftlichen Studien unterbrechen, um als Sanitätssoldat in einem Eliteregiment, das in allen Schlachten eingesetzt wurde, am Ersten Weltkrieg teilzunehmen. Wie alle seine Zeitgenossen, so ist auch er damals »für Gott und Vaterland« in den Krieg gezogen, um sein Bestes herzugeben. Er hat unter dem großen Blutvergießen gelitten, aber er hat auch ungewöhnliche und interessante Beobachtungen gemacht: daß in den Extremsituationen des Krieges die Menschen über ihre Grenzen hinweg zueinander finden und miteinander sprechen; daß in der Vorbereitung der Schlacht unter den Soldaten wie von selbst eine Besinnung und moralische Erneuerung stattfindet; daß es im Einsatz Momente gibt, da sich alle eins fühlen; und schließlich, daß er all seine Kameraden hat leicht sterben sehen. Wie sollte er das interpretieren?

Was da inmitten aller Grausamkeit des Krieges geschah, stellte sich ihm als eine Veränderung im Verhalten der Menschen dar. Die Evolution meldete sich wieder. Diesmal aber in der Form des Aufeinanderzugehens und der Öffnung auf das Absolute hin. Er nannte das: die Menschen konvergieren auf ein Ziel (Omega) zu.

Sollte in diesen Extremsituationen des menschlichen Lebens zum Vorschein kommen, was die Evolution im menschlichen Bereich in ihrer Tiefe eigentlich ist: das Drängen zur Antwort auf den schöpferischen Einfluß der Selbstmitteilung Gottes, der die Menschen auf Christus hin sammelt?

Die Vision dieser menschlichen Konvergenz – unser Angezogenwerden und Zusammengehen – auf Omega-Christus hin war von da an das Thema, das Teilhard bis zu seinem Tode beschäftigte. Er wies darauf hin, daß die Menschen Erfindungen wie Buchdruckerkunst, Telegraph, Telephon und Television rasch und gerne aufnahmen, um ein weltweites Kommunikationsnetz aufzubauen. Das sei ein Zeichen dafür, daß die Menschen die Konvergenz in ihrer Tiefe eigentlich ersehnen. – Auch das weltweite Verkehrsnetz, das aufgebaut wird, sollte letztlich dem Zusammenkommen der Menschen dienen.

Ist es die Trägheit und Blindheit der Menschen, welche die eigentliche Kommunikation so schwierig machen, obwohl sie eigentlich als Erfordernis des Lebens erkannt wird?

Gerne wies Teilhard auch auf das Bild der runden Erde hin. Wir leben auf einer geschlossenen Oberfläche. Das hat auf uns die gleiche Wirkung, wie wenn wir in einem geschlossenen Raume lebten, in dem die Dichte der Bevölkerung ständig zunimmt: Entweder nehmen wir uns gegenseitig an oder wir gehen alle zusammen zugrunde. Wir wissen das, und das Leben drängt uns dazu, uns zu organisieren. Warum ist das so schwierig?

Um auf diese Frage zu antworten, setzte Teilhard zu seiner kühnsten Behauptung an: Es fehle uns der Ort, wo sich ein Ausweg aus Raum und Zeit eröffne, von dem her wie Luft zum Atmen uns Sinngebung des Lebens zufließe. Nur eine Person, die über Raum und Zeit stehe, aber jetzt schon so auf unser Leben einwirke, daß wir unsere Existenz in ihr geborgen wissen, könne uns motivieren, uns gegenseitig anzunehmen. Und Teilhard fügte hinzu: er kenne in der Geschichte der Religionen niemanden, der diese Bedingungen erfülle außer Jesus Christus. Golgota sei der Ort der Sinnfindung des Lebens. Von dort her würden die Widerstände gegen die Konvergenz auf Grund der Auferstehung Jesu im Laufe der weiteren Menschheitsgeschichte ausgeräumt, so daß die Evolution im fernen und doch immer nahen Punkt Omega-Christus ihre Vollendung finde.

Eine Utopie? Theologen und Naturwissenschaftler haben dabei ihre Schwierigkeiten. Sie empfangen aber auch Anregungen von Teilhard. Denn er leitet dazu an, den Gegensatz zwischen Welt und Christus zu überwinden, und das Leben eingebettet in den Prozeß der Evolution perspektivisch auf Christus hin zu sehen, von dem uns die schöpferische Selbstmitteilung Gottes zukommt.

Das Bemühen aller geistlichen Wege kann stets nur darin bestehen

– und das ist altbewährte Glaubenstradition –, sein eigenes Leben und seine persönliche Situation vor Gott zu stellen und darin seine Vorsehung am Werk zu sehen, anzunehmen und mitzuwirken.
Teilhard sprach nicht so sehr von Vorsehung, sondern vom Göttlichen Milieu, das wir in allem gebreitet erkennen sollen, um unser Leben auf dieses hin und von diesem her zu lieben: im inneren Licht der Schöpfung und im Geheimnis unserer Situation, in den Veränderungen der Welt und in den Erfordernissen des menschlichen Zusammenlebens.
So hat er uns modernen Menschen den Weg zu einer christlichen Weltfrömmigkeit aufgezeigt und sich darin als Schüler des Ignatius von Loyola erwiesen, der uns anleiten will, *in allen Dingen Gott zu suchen und zu finden.*

Literatur

Josef Vital Kopp, Entstehung und Zukunft des Menschen. Pierre Teilhard de Chardin und sein Weltbild, Luzern [10]1986
Teilhard de Chardin, Werke, Olten

Freundschaft mit dem allmächtigen Gott

TERESA VON AVILA

(1515–1582)

Michael Plattig

Jeder Mensch, auch der theoretische oder praktische Atheist, trägt in sich ein »Gottesbild«. Denn jeder Mensch bewahrt in sich Überzeugungen, Sehnsüchte, Ahnungen von dem, was Leben ausmacht, was es sinnvoll sein läßt, worauf es ankommt. Jeder Mensch hängt sein Herz an etwas. Religiöse Menschen nennen den geglaubten endgültigen Sinn und tragenden Grund ihres Lebens »Gott«.
Dieses Wort ist freilich nicht eindeutig, es kann vieles bezeichnen, ein Prinzip, eine Kraft, eine Person. Es ist heute fast beliebig geworden, das allgemeine esoterisch-religiöse Angebot gleicht einem großen Supermarkt, in dem sich viele »Götter« finden, je nach Geschmack und Bedarf; ihr Marktwert richtet sich nach Angebot und Nachfrage. Die entscheidende und unterscheidende Frage in dieser Situation ist, mit welchen Inhalten, Bildern, Vorstellungen der Begriff »Gott« gefüllt wird.
Wo findet ein suchender Mensch Orientierung, Kriterien der Unterscheidung in dieser wichtigen Lebensfrage?
Von der Kirche sollte man meinen. Doch viele in der Kirche sind mit allem möglichen beschäftigt, nur nicht mit der Frage nach Gott. Die Diskussion zum Beispiel über die Zulassung von Ministrantinnen und andere Nichtigkeiten werden mit wesentlich mehr Vehemenz, Energie und Kraft betrieben, als die Auseinandersetzung mit den uns umgebenden Gottesbildern, als die Frage nach dem christlichen Gott, dem Gott des Jesus aus Nazaret.
Es ist deshalb besser die zu fragen, die mit diesem Gott Erfahrungen gemacht haben, die Mystikerinnen und Mystiker.
Einer dieser erfahrenen Menschen ist Teresa von Avila. Geboren am 28. März 1515 in Avila/Spanien und gestorben am 4. Oktober 1582 in Alba de Tormes/Spanien, lebte sie in einer Zeit des Umbruchs. Amerika war entdeckt worden, die Reformation brei-

tete sich aus, die Neuzeit war angebrochen. Sie lebte in bewegter Zeit und hat selber viel bewegt. Als Karmelitin erkannte sie nach und nach, daß in den überkommenen Strukturen und Formen, in dem von Adelsprivilegien und Ausnahmen geprägten Ordensalltag alles starr und festgefahren war. Ihr eigener Weg in diesen Strukturen und religiösen Vorstellungen, ein Weg, geprägt von vielen Umwegen, Krankheiten und Leiden, von Unverständnis und Engstirnigkeit ihrer Beichtväter, führte sie zu einer intensiven Gottesbeziehung, machte sie zu einer außergewöhnlichen, selbstbewußten Frau. So konnte sie die Reform des Karmel mit der ersten Klostergründung 1562 einleiten und erfolgreich durchführen. Fundament ihres Lebens und Kraft ihres Wirkens sind ihre Erfahrungen mit Gott, ist ihre vertraute Beziehung zu ihm. Damit ist sie genau die richtige Adresse für unsere Frage nach Gott.

Gott, die Majestät, die zum Freund wird

Für Teresa ist ohne Frage Gott der ganz andere, die Majestät, unendlich größer als alle irdischen Könige, Mächtigen und Majestäten: »O König der Seligen, o Herr über allen Königen – dein Reich in seiner Unendlichkeit ist frei von Umzäunung! Wie ist dir doch kein Mittler vonnöten! Ein einziges Hinschauen auf dich, und alsbald ist klar, nur du bist es wert, Herr genannt zu werden! So groß ist deine Majestät ... O mein Herr! O mein König! Wer deine erhabene Majestät in Worte fassen könnte. Unmöglich ist es, nicht zu gewahren, wie unvergleichlich herrscherhaft du in dir selber bist« (Leben 37,6).

Es ist dies die Anerkennung der Souveränität, der Andersartigkeit Gottes. Daraus wächst die Demut, die Gottesfurcht, die Ehrfurcht vor Gott, die Achtung vor ihm. Die Ehrfurcht wohlgemerkt, nicht die Angst. Teresa sagt es so: »Die wahre Demut, so groß sie auch sei, beunruhigt die Seele nicht, verängstigt sie nicht und wühlt sie nicht auf; sondern sie kommt mit Frieden, innerer Freude und Stille ... Sie weitet die Seele und macht sie fähig, Gott mehr zu dienen« (Weg 39,2).

Die Ehrfurcht, die Anerkennung der Größe Gottes macht den Menschen offen und weit für all das, was dieser Gott ihm schenken will; sie verwischt nicht die Grenzen, sie läßt Gott Gott sein und streckt sich im Bewußtsein eigener Endlichkeit und Bedürftigkeit nach diesem Größeren aus. Die Angst dagegen vor dieser Größe Gottes, die etwa in Form von Gerichts- und Höllenpredigten systematisch geschürt wird, nicht nur zur Zeit Teresas, sondern in vielen subtilen Variationen bis heute, die Angst macht eng und verschlossen, die Angst nimmt dem Menschen den Lebensatem und die Würde als Geschöpf und Ebenbild dieses Gottes.

Aufgrund eigener, schmerzlicher Erfahrung mahnt Teresa ihre Schwestern: »Hütet euch auch, Töchter, vor einer gewissen Art von Demut, die der Teufel eingibt und die uns wegen der Schwere unserer Sünden in große Unruhe versetzt. Auf vielfache Weise pflegt er dadurch manche Menschen in die Enge zu treiben, so daß sie sogar der Kommunion und dem persönlichen Gebet fernbleiben (weil sie dazu nicht würdig sind, wie der Teufel ihnen einflüstert); ... Ja, es kommt sogar so weit, daß sie meinen, Gott habe sie wegen ihrer Schlechtigkeit verlassen, und beinahe an seiner Barmherzigkeit zweifeln ... Sie haben so geringes Vertrauen, daß sie die Arme sinken lassen und nichts Gutes mehr tun können, weil ihnen das, was bei anderen gut ist, bei sich selbst schlecht vorkommt« (Weg 39,1).

Gott ist aber mit der Darstellung und Betonung seiner Größe und Verschiedenheit nicht erschöpfend beschrieben, denn dieser große Gott hat sich uns Menschen zugeneigt. Er hat gezeigt, daß er Interesse an uns hat, bezeugt im Alten Testament, in der Geschichte Israels, in der Verkündigung der Propheten und unüberbietbar demonstriert und dokumentiert in Jesus Christus. Teresa: »Der Anblick solcher Hoheit [Gottes] versetzt in Staunen, allein staunenswerter ist es, Herr, zugleich mit deiner Hoheit deine Niedrigkeit zu sehen ...« (Leben 37,6).

So rät Teresa ihren Schwestern: »Kümmert euch nicht um diese scheinbare Haltung der Demut, sondern geht mit dem Herrscher des Himmels und der Erde um wie mit einem Vater und wie mit einem Bruder, wie mit einem Herrn und wie mit einem Bräutigam; manchmal in dieser, manchmal in jener Weise; er selbst wird euch zeigen, wie ihr ihn erfreuen könnt. Seid doch nicht dumm! Er ist euer Bräutigam; bittet ihn um ein Wort, euch als seine Bräute zu behandeln« (Weg 28,4).

Teresa kommt zu dieser Überzeugung durch die Betrachtung der Menschheit Jesu, durch die Orientierung an der biblischen Botschaft von ihm und durch ihren inneren Dialog mit Gott, den sie folgendermaßen beschreibt: »Das innerliche Gebet ist meiner Meinung nach nichts anderes als ein Gespräch mit einem Freund, mit dem wir oft und gern allein zusammenkommen, um mit ihm zu reden, weil wir sicher sind, daß er uns liebt« (Leben 8,5).
Teresa praktiziert und lehrt eine »Christologie von unten«, die sich nicht in abstrakten Begriffen und philosophisch-theologischen Überlegungen verstrickt und dabei Gefahr läuft, das Eigentliche zu übersehen, sondern die den Menschen Jesus von Nazaret in die Mitte stellt. Damit überholt sie die Christusbilder und Gebetslehren ihrer Zeit und die Inquisition, die 1559 alle geistliche Literatur in spanischer Sprache unter anderem wegen dieser Abweichungen verboten hatte, wird auf sie aufmerksam. Da Teresa dies als Frau wagte, war sie doppelt verdächtig.
Doch sie läßt sich nicht einschüchtern, sie setzt sich scharf mit der Inquisition auseinander und sie tut dies, wie könnte es bei ihrem vertrauten Umgang mit Gott anders sein, im Gespräch mit Gott: »... Herr meiner Seele, als Ihr auf der Erde weiltet, habt Ihr die Frauen nicht zurückgewiesen, vielmehr habt Ihr sie mit großer Hingabe bevorzugt und bei ihnen so viel Liebe gefunden und mehr Glaube als bei Männern, denn Eure heiligste Mutter war dabei ... Reicht es noch nicht, Herr, daß uns [Frauen] die Welt einpfercht ..., so daß wir in der Öffentlichkeit nichts tun, was etwas gilt, noch wagen, von einigen Wahrheiten zu sprechen, die wir im Verborgenen beweinen, als daß Ihr eine so gerechte Bitte nicht erhören müßtet? Nein, Herr, das glaube ich nicht, bei Eurer Güte und Gerechtigkeit, denn Ihr seid ein gerechter Richter und nicht wie die Richter dieser Welt, die Söhne Adams und zudem alle Männer sind, und die auch nicht eine Tugend einer Frau für nicht verdächtig halten. Ich spreche nicht für mich, denn die Welt kennt meine Schlechtigkeit bereits, und ich freue mich, daß sie bekannt ist, sondern ich sage das, weil ich die Zeiten so sehe, daß es nicht recht ist, nach Tugend strebende und starke Gemüter zu verachten, nur weil es Frauen sind« (Weg 4,1/1. Fassung).
Kein Wunder, daß dieser Text der Zensur zum Opfer fiel und in der 2. Fassung des Weges der Vollkommenheit ganz fehlt.

Auch dieser Text zeigt, wie sich Teresas Betrachtung des biblischen Jesus auswirkt. Im menschlichen Antlitz Jesu zeigt sich, wie Gott ist, sein Handeln macht Gottes Handeln sichtbar. Dabei geht es um den ganzen Jesus, der das menschliche Antlitz als Leidender und Sterbender trägt, weil darin Gottes Hinwendung zum Menschen ihren tiefsten und überzeugendsten Punkt erreicht. So ist es keineswegs ein Zufall, daß die Begegnung mit dem leidenden Christus im Leben Teresas zu einem Wendepunkt wird: »Eines Tages, als ich ins Oratorium eintrat, fiel mein Blick auf ein Bild, das man wegen eines Festes im Haus herbeigeschafft und aufgestellt hatte. Es war ein Schmerzensmann, übersät mit Wunden und Mitleid erregend. Als ich ihn sah, wurde ich innerlich aufgewühlt, ihn in einem solchen Zustand zu sehen, denn man konnte nachempfinden, was er für uns litt. Der Schmerz, den ich empfand, weil ich mich für jene Wunden nur in so geringem Maß dankbar zeigte, war so groß, daß mir das Herz zu zerreißen schien. Aufgelöst in Tränen warf ich mich vor ihm nieder und bat ihn, mir ein für allemal Kraft zu geben, ihn nicht mehr zu beleidigen« (Leben 9,1).
Dieser Text macht deutlich, daß es sich bei der Betrachtung, wie Teresa sie versteht, nicht um einen distanziert-intellektuellen Vorgang handelt, sondern daß sie ganzheitlich ist und deshalb Denken und Empfinden, Herz und Hirn, Verstand und Willen einschließt, so daß Teresa, durch das Bild angerührt, im Mitleiden Tränen vergießt. Aus dieser Betrachtung, aus diesem inneren, freundschaftlichen Gespräch lebt sie und erwächst ihr die Kraft zum Widerstand gegen die Widrigkeiten ihrer Zeit und zu ihrem Reformwerk. Denn nur wer innerlich »bewegt« ist, kann etwas bewegen.

Schuld ist eine Beziehungsfrage

»Nehmt euch dies zu Herzen und seid auf der Hut, bis ihr so fest entschlossen seid, den Herrn nicht mehr zu beleidigen, daß ihr lieber tausendmal das Leben verlieren als eine Todsünde begehen wolltet und auch die läßlichen Sünden mit großer Sorgfalt meidet« (Weg 41,4).
Vielleicht erscheint dieser Text übertrieben, doch ist er auf dem

Hintergrund des eben skizzierten Gottesbildes durchaus verständlich und wegweisend auch für heute.
Teresa spricht im Zusammenhang von Schuld, wie schon bei der Begegnung mit dem Schmerzensmann, von »Beleidigung«. Dabei ist nicht etwa die Beleidigung des in seiner Allmacht und Distanziertheit thronenden Richtergottes gemeint, dessen Rache man dann zu fürchten hätte. Es ist vielmehr die Beleidigung, vielleicht besser die Enttäuschung des Freundes, von dem »wir sicher sind, daß er uns liebt«. Schuld ist die Störung einer gegenseitigen Liebesbeziehung. Sie hat deshalb existentielle Qualität als Untreue gegenüber dem geliebten und mich liebenden Freund.
Auf dieser Ebene verliert Schuld endgültig den sie so verzerrenden juristischen Charakter eines Verstoßes gegen ein Gebot. Buße, Beichte, Sündenvergebung ist nicht die Ahndung eines Verstoßes, ist nicht ein richterliches Tribunal mit gutem, weil barmherzigem, Ausgang, sondern ist die Bitte um Verzeihung dem geliebten Freund gegenüber, ist die Wiederherstellung der freundschaftlichen Beziehung, im Vertrauen darauf, daß der Herr des Himmels und der Erde sich in seiner allmächtigen Barmherzigkeit auch mir zuwendet, weil er mich liebt.

Leben in der Freundschaft mit Gott

Für Teresa ist diese Gottesbeziehung so grundlegend und entscheidend für ihr Leben, daß sich für sie Beten, also die Pflege dieser Beziehung, nicht nur in der Ableistung von religiösen Übungen oder im Aufsagen gelernter Gebetsformeln erschöpfen kann, sondern daß Gebet ein Grundakkord ihres Lebens ist, ein Grundthema, das sich in tausendfacher Variation wiederholt und sie ständig beschäftigt. Sie steht damit in der alten Tradition des Karmel, dem »Wandel in der Gegenwart Gottes« oder, nach dem Wort des Propheten Elija: »Gott lebt, vor dessen Angesicht ich stehe« (1 Könige 17,1), dem »Stehen vor Gott«. Dies meint, daß Gott nicht eine gelegentliche Beschäftigung ist, sondern daß Beten eine, das Leben prägende Grundhaltung des Menschen sein soll, beziehungsweise werden soll.
Gerade im Buch der Klosterstiftungen wird immer wieder deutlich,

wie Teresa all ihr Tun, alles, was ihr begegnet, in Beziehung zu Gott bringt, aus ihrer Beziehung zu Gott heraus sieht und beurteilt: »Nachdem ich also die Erlaubnis besaß und das Haus mir zugesichert war, begab ich mich im Vertrauen auf die Güte Gottes dorthin; denn sonst hatte ich niemand, der mir zur Einrichtung des Hauses, wozu sehr viel notwendig war, in etwa hätte behilflich sein können« (Buch der Klosterstiftungen 18,3). Und Julian de Avila überliefert ein Gebet Teresas: »Herr, die Angelegenheit ist nicht die meinige, sondern die deine. Willst du, daß sie zustande kommt, so liegt es in deiner Macht; willst du es aber nicht, so geschehe dein Wille.«

Ihre Schwestern ermuntert sie: »Wohlan, meine Töchter, betrübt euch nicht! Wenn der Gehorsam euch zur Übernahme äußerer Beschäftigungen bestimmt, so bedenket, daß der Herr auch in der Küche inmitten der Töpfe euch nahe ist und sowohl innerlich als auch äußerlich beisteht« (Buch der Klosterstiftungen 5,7).

Ein Text, der schmunzeln läßt, der aber in einfacher Form deutlich macht, worum es Teresa geht. Für sie gibt es keine Trennung von Gottesdienst und Weltdienst, von heilig und profan, von Sonntag und Alltag in ihrer Gottesbeziehung. Ihre Beziehung ist eine ganzheitlich totale, alles umfassende und alles verbindende, deshalb heil und ganz machende, liebende Beziehung zu einer Person, mit der sie in ständigem Kontakt und Dialog steht.

In Beziehung zu Gott leben heißt lieben

»Alles diente mir dazu, Gott mehr kennenzulernen und ihn mehr zu lieben« (Leben 21,10). »Selig, wer den Herrn wahrhaft liebt und ihn immer bei sich hat« (Leben 22,7). Die Grundbewegung der Gottesbeziehung Teresas ist die Liebe. Dabei bleibt sie durchaus realistisch und kritisch. Sie lebt und lehrt keine abgehobene Mystik, sondern ihre Frömmigkeit ist geerdet und erweist sich in dieser Erdung als echt: »Das sicherste Zeichen dafür, ob wir diese beiden Gebote der Gottes- und Nächstenliebe halten, ist meiner Meinung nach die Nächstenliebe. Denn ob wir Gott lieben, kann man nicht wissen, wenn es auch bedeutende Anzeichen gibt, um erkennen zu können, daß wir ihn lieben; aber ob wir den Nächsten lieben, das merkt man. Und seid sicher, daß, je mehr ihr in dieser Liebe vorangeschritten seid, ihr es auch um so mehr in der Gottesliebe seid. Denn die Liebe, die seine Majestät zu uns hat, ist so groß, daß er zum Lohn für unsere Nächstenliebe bewirken wird, daß unsere Liebe zu ihm auf tausendfache Art und Weise wächst. Daran kann ich nicht zweifeln« (Die innere Burg V,3).

Die Liebe ist das entscheidende, das unterscheidende Kriterium: »Will man auf dem Weg [des Gebetes] gut vorankommen ..., geht es nicht darum, viel zu denken, sondern viel zu lieben; darum sollt ihr das tun, was euch mehr zur Liebe anregt« (Die innere Burg V,2). »Und diese Liebe zu Gott, Töchter, darf nicht das Werk unserer Einbildung sein, sondern sie muß durch Taten erwiesen werden. Denkt aber nicht, daß der Herr unserer Werke bedarf; er braucht die Entschlossenheit unseres Willens« (Die innere Burg III,1). »Hierfür ist das Gebet da, meine Töchter, das ist die Bestimmung dieser geistlichen Ehe, nämlich daß ihr immerfort Werke entsprießen, Werke« (Die innere Burg VII,4). »Ich sage es nochmals: allein mit Gebet und Beschauung könnt ihr euer Fundament nicht legen. Wenn ihr nicht nach Tugenden trachtet und euch nicht tätig darin übt, werdet ihr Zwerge bleiben. Ja, Gott gebe, daß dann das Wachsen immer stockt; denn ihr wißt doch: Wer nicht wächst, schrumpft ein. Ich halte es für unmöglich, daß die Liebe sich damit begnügt, ständig auf der Stelle zu treten« (Die innere Burg VII,4).

Klingt das nicht sehr nach der »Werkerei«, die die Reformatoren gerade zur Zeit Teresas der kirchlichen Lehre vorwarfen, geht es nicht wieder darum, sich den Himmel zu verdienen?

Ganz im Gegenteil. Genauso wie bei der Frage nach der Schuld ist auch hier festzuhalten, daß die Werke nicht geleistet werden zu irgendeinem Zweck oder um sich etwas zu verdienen, sondern die Werke entspringen der Gottesbeziehung: Weil der Mensch sich als so geliebt von Gott erfährt, kann er gar nicht anders, als diese Liebe weiterzugeben in Übung der Tugenden und in Werken.

Nicht umsonst sind die letzten drei Zitate und auch das noch folgende der siebten Wohnung der Inneren Burg Teresas entnommen, das heißt dem innersten Zentrum, wo die Vereinigung mit Gott erfolgt. Wenn ich mich von diesem allmächtigen Gott als geliebt erfahre, dann brauche ich nicht zu beweisen, daß ich wer bin, daß ich etwas kann. Dann weiß ich auch, daß ich den Himmel nicht verdienen kann, daß er mir aber geschenkt werden wird. Und aus dieser Überzeugung entsteht die Gelassenheit und die Freiheit der Kinder Gottes, die Freiheit zum unverkrampften Einsatz für die Menschen und zur absichtslosen, nicht ausbeuterischen Liebe des Nächsten. »Zum Schluß, meine Schwestern, noch ein Rat: Bauen wir keine Türme ohne Fundament; denn der Herr sieht nicht so sehr auf die Größe der Werke wie auf die Liebe, mit der sie getan werden« (Die innere Burg VII,4).

Teresa als Wegweisung für heute

Mit der Frage nach Gott wandten wir uns an Teresa und in ihrer Gottesbeziehung zeigten sich, wie ich meine, entscheidende und unterscheidende Kriterien für diese Frage. Zwischen den Polen Nähe und Distanz, Verbundenheit und geachtete Andersartigkeit, in ehrfürchtiger Freundschaft und orientiert am Christus der Bibel könnten auch heute Menschen zu einem Gottesbild gelangen, oder ihr vorhandenes, vielleicht anerzogenes, so korrigieren, daß eine wirkliche Beziehung zu ihm möglich ist: eine angstfreie und freundschaftliche Beziehung, in der Gott Gott und der Mensch Mensch bleibt.

Die Betonung der persönlichen Beziehung und die Definition von Glaube als Beziehungsgeschehen befreit von aller Erfüllungsmentalität, die etwas tut, weil es Gebot oder Vorschrift und deshalb angstbesetzt ist. In einer freundschaftlichen Beziehung werde ich wie Teresa die Herausforderungen und Zumutungen Gottes als Chancen wahrnehmen, zu wachsen und zu reifen. Und um dieser Freundschaft willen, nicht um der Gebote oder der verdienten Seligkeit willen, werde ich versuchen, das weiterzugeben, was ich empfangen habe. M. Sievernich hat dies mit einem Bild so formuliert: »Christen sollten nicht ihre mystische Rose gegen einen ethischen Blumenkohl eintauschen.« Katechese, Weitergabe des Glaubens, Einführung ins Christentum heißt dann nicht, einen neuen Katechismus zu erstellen und zu verbreiten, heißt nicht, den moralischen Zeigefinger zu erheben, heißt nicht, Schuldbewußtsein zu erzeugen, sondern heißt, Beziehungsfähigkeit auf allen Ebenen fördern und stärken, heißt, mit aller Phantasie Räume öffnen zur Begegnung mit Gott und den Menschen, heißt, Chancen für Glaubenserfahrungen schaffen, die eine positive Gottesbeziehung ermöglichen und falsche Gottesbildprägungen korrigieren.

So bewahrheitet sich von neuem der prophetische Satz Karl Rahners: »... der Fromme von morgen wird ein ›Mystiker‹ sein, einer, der etwas ›erfahren‹ hat, oder er wird nicht mehr sein ...«

Literatur

Das Leben, hrsg. von A. Alkhofer, Sämtliche Schriften Bd. 1, München 1933

Das Buch der Klosterstiftungen, hrsg. von A. Alkhofer, Sämtliche Schriften Bd. 2, München 1935

Weg der Vollkommenheit, hrsg. von A. Alkhofer, Sämtliche Schriften Bd. 6, München 1941

Die innere Burg, hrsg. von F. Vogelsang, Zürich 1979

(Die Zitate beziehen sich, was Kapitel und Abschnitt betrifft, auf diese Ausgaben, wobei die Texte der Übersetzung Alkhofers an einigen Stellen durch neuere ersetzt wurden.)

Die Mitarbeiter dieses Buches

Norbert Baumert SJ, Jahrgang 1932, Dr. phil., Professor für neutestamentliche Theologie an der Philosophisch-Theologischen Hochschule St. Georgen in Frankfurt/M. Fachgebiet: Paulusbriefe. Veröffentlichungen u. a. Frau und Mann bei Paulus. Überwindung eines Mißverständnisses, Echter: Würzburg 1992.

Günter Benker OCarm., Jahrgang 1964, Diplomtheologe; Mitglied der Oberdeutschen Karmelitenprovinz; Autor des Buches: »Loslassen können – die Liebe finden«, die Mystik des Johannes vom Kreuz, Mainz 1991. Gegenwärtig im 1991 gegründeten Karmelitenkloster St. Elija in Ohrdruf/ Thüringen.

Roman Bleistein SJ, Jahrgang 1928, Dr. theol., Professor für Pädagogik an der Hochschule für Philosophie in München, Redakteur an den »Stimmen der Zeit«. Seit 1977 zeitgeschichtliche Studien. Editionen über Alfred Delp, Augustin Rösch, Lothar König und Rupert Mayer.

Richard Brüchsel SJ, Jahrgang 1925, lic. phil.; MA; Mitglied der Schweizer Jesuiten. Gegenwärtig in Basel.

Christian Feldmann, Jahrgang 1950, Diplomtheologe, lebt als freier Schriftsteller in Regensburg, Mitarbeiter von Rundfunkanstalten und Wochenzeitungen, Autor zahlreicher, mehrfach übersetzter Bücher, wie »Träume beginnen zu leben – Große Christen unseres Jahrhunderts« (7. Auflage 1991), »Adolf Kolping – Für ein soziales Christentum« (3. Auflage 1991), »Hildegard von Bingen – Nonne und Genie« (3. Auflage 1993).

Werner-Egon Groß, Jahrgang 1920, seit 1937 Kapuziner, Exerzitienleiter, Schriften über die abendländische Tradition des kontemplativen Betens und über bisher unbekannte Kapuzinermystiker (»Mystik, was ist das?«, »Mystik und Demut«, »Du, o Gott, bist das alles«, »Der himmlische Kreis« und andere).

Anselm Grün OSB, Jahrgang 1945, Dr. theol., Cellerar der Benediktinerabtei Münsterschwarzach, daneben Kurse zu spirituellen und psychologischen Themen, geistlicher Begleiter im Recollectio-Haus (für Priester und Ordensleute), Autor verschiedener Kleinschriften (»Bilder von Verwandlung«, »Eucharistie und Selbstwerdung«, »Geistliche Begleitung bei den Wüstenvätern« und andere).

M. Margareta Gruber, Jahrgang 1961, Franziskanerin vom Kloster Siessen/Saulgau, derzeit Doktorandin in Frankfurt/St. Georgen.

Ernst Gutting, Jahrgang 1919, Weihbischof in Speyer, Bischofsvikar für die Seelsorge. Veröffentlichungen: Nur die Liebe zählt, 7. Auflage 1991 Leutesdorf; Offensive gegen den Patriarchalismus, 7. Auflage 1989, Freiburg.

Benedikta Hintersberger OP, Jahrgang 1944, Dr. theol., Dominikanerin in Augsburg; Studium in Pädagogik, Theologie und Mathematik; Promotion in Moraltheologie; Akademische Rätin an der Universität München; seit 1987 Leiterin der ordenseigenen Realschule.

Elisabeth Kralemann OSB, Jahrgang 1949; 1976 Eintritt in die Benediktinerinnenabtei Kloster Engelthal bei Altenstadt (Nähe Frankfurt), Studium der Religionspädagogik in München, seit 1987 Novizenmeisterin.

Willi Lambert SJ, Jahrgang 1944, Dr. theol., 1977–1987 Spiritual am Germanicum in Rom, seit 1987 Geistlicher Assistent der »Gemeinschaft Christlichen Lebens« (GCL), Augsburg. In seinem Buch »Aus Liebe zur Wirklichkeit« hat er Grundworte ignatianischer Spiritualität ausführlich dargestellt (Mainz 1991).

Johannes Mohr, Jahrgang 1932, kath. Priester, nach Pfarrdienst seit 1966 Lehrer für kath. Religion und Geschichte an Realschulen, außerordentliche Jugend- und Erwachsenenbildung, verantwortlich für die charismatische Erneuerung im Bistum Trier.

Michael Plattig OCarm., Jahrgang 1960, Diplomtheologe; Mitglied der Oberdeutschen Karmelitenprovinz. Promoviert gegenwärtig an der Universität Wien im Fach Theologie der Spiritualität.

Georg Popp, Jahrgang 1928, Studium der Philosophie, Theologie und Volkswirtschaft. 30 Jahre Buchverleger, Herausgeber der »Großen der Welt«-Bände, Autor geistlicher Bücher (Der uns die Angst nimmt, Einander zum Segen werden, Verführung zur Liebe . . .) Leiter von Besinnungstagen.

Bernardin Schellenberger, Jahrgang 1944, 1966–1991 Mönch der Trappisten-(= Zisterzienser-)Abtei Mariawald (Eifel), 1991 Ordensaustritt und Heirat, freier Schriftsteller.

Esther Schöler, Jahrgang 1926, Studium der Germanistik und Philosophie in Köln, Verlagsredakteurin, seit 1986 freiberuflich, Verfasserin biografischer Beiträge, lebt in Nürtingen.

Michael Sievernich SJ, Dr. theol., Jahrgang 1945, 1965 Eintritt in die Gesellschaft Jesu, Studium der Philosophie und Theologie in München, Frankfurt und Münster/W., Professor für Pastoraltheologie an der Philosophisch-Theologischen Hochschule St. Georgen in Frankfurt/Main.

Josef Sudbrack SJ, Jahrgang 1925, Dr. theol., Dozent für geistliche Theologie an der Universität Innsbruck, Visiting Professor an der Harvard-University Cambridge/USA, ehemals Herausgeber der Zeitschrift »Geist und Leben«, Vorträge, Vorlesungen, Exerzitien, Buchveröffentlichungen, Aufsätze zum Thema Spiritualität, Meditation, Mystik, Neue Religiosität, Drewermann . . .

M. Immolata Wetter, Jahrgang 1913, Studium der Germanistik, Dr. theol. h. c., Mitglied des Institutes Beatae Mariae Virginis, bereitet in Rom die Positio für den Seligsprechungsprozeß Maria Wards vor.